全国高职高专规划教材·财经系列

公共关系实务新编

主　编　甄　珍
副主编　叶秀兰　万　青　安　博
参　编　赵国鹏　王素玲

北京大学出版社
PEKING UNIVERSITY PRESS

内 容 简 介

　　本书结合全国公关员职业资格考试的要点,系统简明地介绍了公共关系的基本理论,阐述了公共关系调研、策划、实施、评估的四步工作法的基本内容,通俗易懂地介绍了公关传播、公关协调、公关技能、组织形象塑造与管理、危机管理、公关礼仪以及公关专题活动等具体实务。

　　本书内容新颖实用,案例丰富,每章后面附有思考、实训及案例分析。本书可作为高职高专贸易经济类专业的教材,也可作为公关从业人员的学习用书。

图书在版编目(CIP)数据

公共关系实务新编/甄珍主编. —北京:北京大学出版社,2011.8
(全国高职高专规划教材·财经系列)

ISBN 978-7-301-18995-5

Ⅰ.①公… Ⅱ.①甄… Ⅲ.①公共关系学-高等职业教育-教材 Ⅳ.①C912.3

中国版本图书馆 CIP 数据核字(2011)第 111230 号

书　　　　名:公共关系实务新编
著作责任者:甄　珍　主编
策 划 编 辑:桂　春
责 任 编 辑:桂　春
标 准 书 号:ISBN 978-7-301-18995-5/C·0676
出 版 发 行:北京大学出版社
地　　　　址:北京市海淀区成府路 205 号　100871
电　　　　话:邮购部 62752015　发行部 62750672　编辑部 62765126　出版部 62754962
网　　　　址:http://www.pup.cn
电 子 信 箱:zyjy@pup.cn
印　　刷　　者:涿州市星河印刷有限公司
经　销　　者:新华书店
　　　　　　787 毫米×1092 毫米　16 开本　11.75 印张　301 千字
　　　　　　2011 年 8 月第 1 版　2011 年 8 月第 1 次印刷
定　　　　价:24.00 元

前　言

随着社会经济的发展，公共关系作为一门科学的管理手段和经营艺术，越来越受到众多企事业单位的重视。公共关系在组织搜集信息、决策参谋、传播沟通、联络协调、教育引导、科学预警等方面发挥着越来越重要的作用。1999 年 1 月，公共关系正式列入《中华人民共和国职业分类大典》，公共关系从业人员从此进入了岗位资格考试的管理范畴，公共关系专业化的发展日趋成熟，中国的公共关系事业逐步进入一个崭新的发展时期。

作为一本高职高专的应用型教材，本书以全国公共关系员职业资格考试的要点为出发点，结合实践岗位需求，进行了内容的编写；以提高学生的公共关系素质，培养学生的公共关系能力为立足点，分模块介绍了公共关系工作的程序及内容。

本书共九章，石家庄职业技术学院经贸系甄珍编写了第一章、第八章，广东松山职业技术学院叶秀兰编写了第三章、第四章，天津工业大学万青编写了第五、六章，宣化科技职业学院赵国鹏编写了第七章、石家庄职业技术学院王素玲编写了第二章，石家庄职业技术学院经贸系安博编写了第九章，石家庄金平台公共关系工作室马建平经理对本书提出了许多中肯的建议并参与了部分案例的编写，甄珍对全书进行了统稿。在编写过程中，我们参考了国内外出版的各种公共关系专著，在此对所引文献的著作者们表示诚挚的谢意。

公共关系作为一门年轻的学科，正在探索中前进，再加上我们的时间和水平有限，难免有不足之处，还望读者不吝赐教。

编　者
2011 年 6 月

目　　录

第一章　公共关系概述

学习目标

了解公共关系的含义、功能以及发展历史，掌握公共关系的要素，并能区分公共关系与人际关系、庸俗关系、市场营销、广告和宣传的异同。

情景导入

小张重点大学毕业后被一家大型食品企业兴达集团录取，该公司由于这两年发展迅速，所以调整完善了各职能部门，新组建了公关部，小张就被分到该公司公关部工作。小张想：公关还不简单？大学时自己是学生会主席，沟通能力很强，胜任这份工作应该没问题。没想到，工作伊始，小赵感觉有点晕，因为他发现公关工作不像自己想得那么简单，要想做好，里面的学问大着呢。于是小张赶紧利用业余时间恶补相关知识。

公共关系在 20 世纪 80 年代引入中国内地，经过几十年的发展，公共关系在我们的政治、经济、社会和文化生活中的意义与价值已被越来越多的公众认同和接受。但是，如何才能更好地开展公关工作？首先就要澄清公共关系概念的内涵，了解其发展历史，界定公共关系的研究对象、基本要素、相关功能，这样才能有的放矢。

第一节　公共关系的含义

"公共关系"一词，源于美国，英语原文是"Public Relations"，缩写为"PR"。"Public Relations"一词意为：通过宣传手段建立的与公众的联系，译成中文应是"公众关系"。但"Public Relations"刚传入中国时，被译为"公共关系"，且沿用至今，简称"公关"。

一、公共关系的定义

定义公共关系是公共关系学研究面临的首要问题，也是学术界争论不休的问题。由于公共关系是一个内涵极为丰富的概念，人们在为它下定义上颇费了一番心思。一百多年来，人们在对公共关系进行广泛的研究和探讨中从不同的角度给公共关系下过不同的定义，定义分别从传播沟通、决策咨询、形象塑造、社会关系、管理职能等不同侧重面强调了公共关系的内涵和外延，可谓仁者见仁，智者见智。下面，仅从世界上上千条定义的表述中，撷取一些有代表性的介绍如下。

（一）社会关系说

1923 年美国公共关系专家、公共关系学创始人爱德华·伯纳斯在《公众舆论的形成》一书中指出："公共关系是一种处理一个团体与公众或者是决定该团体活力的公众之间的关系的职业。"

1976 年第 2 版的《韦伯特斯 20 世纪新辞典》给公共关系下的定义是："公共关系是通过宣传与一般公众建立的关系；是公司、组织或军事机构等向公众报告它的活动、政策等情况，企图建立有利的公众舆论的职能。"

英国公共关系协会对公共关系的定义是："公共关系工作是为建立和维持一组织与其公众之间的相互理解而付出的一种有目的、有计划的持续努力。"

（二）管理职能说

1952 年美国公共关系专家卡特里普和森特在《有效公共关系》一书中写道："公共关系是在某一组织与决定其成败的各方公众之间建立和保持互利关系的管理职能。"

1976 年美国公共关系学者雷克斯·哈罗博士提出了他自己独特的定义："公共关系是一种特殊的管理职能。它帮助一个社会组织建立和维持与其公众之间的相互沟通、认可和合作；负责解决和处理各种问题和争端；使管理部门了解民意并及时作出反应；规定和强调管理部门为公众利益服务的责任；帮助管理部门及时觉察并有效地利用发生的变化，从而起到早期警报系统预测趋势的作用；运用调查研究和健全的、合乎道德的传播技术作为其主要工具。"

王乐夫等编著的《公共关系学》一书中把公共关系定义为："公共关系是一种内求团结、外求发展的经营管理艺术。它运用合理的原则和方法，通过有计划而持久的努力，协调和改善组织机构的对内对外关系，使本组织机构的各项政策和行为符合广大公众的需求，在公众中树立起良好形象，以谋求对本组织机构的了解、信任、好感和合作，并获得共同的利益。"

（三）传播沟通说

1981 年版《不列颠百科全书》对公共关系的解释是："公共关系是旨在传递关于个人、公司、政府机构或其他组织的信息，以改善公众对他们的态度的一种政策和活动。公共关系部或公共关系公司的重要任务是分布新闻，安排记者招待会，回答公众的投诉，规划对社区活动的参与，准备电影、宣传资料、雇员刊物、给股东的报告以及标准文件，规划广告项目，规划展览和参观访问，调查公众舆论。"

英国公共关系学院教授弗兰克·杰弗金斯 1983 年在他的《公共关系》一书中把公共关系定义为："公共关系就是一个组织为了达到与它的公众之间相互了解的确定目标，而有计划地采用一切向内和向外的传播方式的总和。"

（四）决策咨询说

1978 年 8 月，在墨西哥城召开的世界公共关系协会大会上提出的公共关系定义：公共关系是一门艺术和社会科学，公共关系的实施是分析趋势，预测后果，向机构领导人提供意见，履行一连串有计划的行动，以服务于本机构和公众利益。

（五）形象塑造说

方宪开主编的《公共关系学教程》一书中对公共关系的定义是："公共关系是一个组织为了塑造良好形象，以传播沟通为手段，对公众采取的一种持久的策略行动。"

余阳明认为：公共关系是社会组织为了塑造组织形象，通过传播、沟通来影响公众的科学和艺术。

此外，还有一些定义侧重于多种关系的综合阐释，如劳动和社会保障部《公关员职业培训和鉴定教材》定义是："公共关系是从事组织机构公众信息传播、关系协调与形象管理事务的调查、咨询、策划和实施的一种实践活动。

综上所述，本书认为公共关系是一门内求团结、外求发展的经营管理的科学和艺术，它通过有计划的传播，协调和改善组织的对内对外关系，树立组织的良好形象，以谋求公众对本组织的了解、信任、好感和合作。

二、公共关系的内涵

把以上所述的众多定义归纳综合，可以得出公共关系包含了以下几层内涵。

（一）公共关系是一种状态

公共关系状态是社会组织的现实形象状态，是社会组织在公众心目中的总和，是一个组织赖以生存和发展的公众环境的情形和状况。具体体现为：公众舆论状态，即公众舆论对社会组织的反映、评价，体现为知名度和美誉度；社会关系状态，即组织与相关公众之间的具体关系状态是紧张还是和谐。比如，在公众心目中的知名度是否高，美誉度怎么样，相互间的关系是否亲密，是相互合作还是彼此对抗等。公共关系状态是无形的，却是一种客观存在的社会状态，与组织相关的"社会关系状态"和"社会舆论状态"就是组织的公共关系状态。任何组织，只要它与环境、公众发生过交往，事实上就是处在一定的公共关系状态之中。

（二）公共关系是一种活动

公共关系活动是社会组织为了塑造自身的良好组织形象而从事的各种实务。当一个社会组织有目的、有计划地采取实际行动去改善自己与公众的关系时，就已经在从事公共关系活动了。公共关系活动是运用传播沟通的方法来协调组织的社会关系，影响组织的公众舆论，塑造组织的良好形象，优化组织的运作环境的一系列公共关系工作，包括调查研究、设计制作、活动策划、宣传实务、交际事务等。

（三）公共关系是一种经营管理思想或意识

公共关系本质上是一种思想、文化，是一种意识、观念。公共关系活动是受公共关系观念制约的。当一个组织认识到公共关系状态的客观存在并自觉开展公共关系活动时，它的公共关系意识也开始形成，变为一种影响和制约组织政策、行为的管理哲学。公共关系意识作为一种现代意识和现代管理思想，是现代公共关系的灵魂，也是公共关系工作人员必备的基本素质。

案例 1-1

长城饭店成立之际，即聘请了美国达拉斯凯饭店富有经验的公共关系经理露丝·布朗女士担任该店公共关系部经理。当时人们对公共关系活动相当陌生，觉得很神秘。一次，有位服务员在打扫房间时，发现客人的床头上摊放着一本书，她没有挪动书的位置，也没有信手把书合上，而是细心地在书摊开的地方夹了一张小纸条，以起书签的作用。事后，客人对服务员细致的服务倍加称赞，并将此事告诉了同来的几十名同事，告诉了她所认识的所有朋友。布朗女士抓住这件事，告诉大家："这就是公共关系"。布朗女士一语道出了公共关系的真谛。公共关系需要从细微处做起，所有的饭店工作人员都应通过自己的一举一动体现公共关系意识，从各方面树立完美的形象。

由此可见，所谓公共关系意识就是指现代公共关系在社会实践活动中，以科学、系统和开明的管理观念为核心的思维方式和行为方式，是一种人性化的管理哲学，是公共关系规范与行为准则的内化。一个组织如果从管理者到全体组织成员都具有公共关系意识，那么这个组织一定能在各种竞争中立于不败之地，而且一定能在公众中树立起良好的组织形象。作为现代管理思想重要组成部分的公共关系意识包括一系列的具体观念，如：信誉意识、形象意识、公众意识、传播意识、协调意识、双向沟通意识、互惠互利意识、公开意识、责任意识、服务意识、环保意识、信息意识、危机意识、整体意识、长远意识、战略意识、科学意识、创新意识、社会意识等。其中主要包括九个方面的内涵。

1. 信誉和形象意识。信誉和形象意识是公共关系意识中的核心意识。要树立公共关系意识，首先必须树立形象意识。这是因为在市场经济激烈竞争的今天，形象、信誉已成为一个社会组织谋求生存、争取发展的重要基础和条件，一个明智的管理者，往往把组织的形象视为生命，把组织的声誉看做是至高无上的，十分注意维护组织的良好形象。好的形象一旦建立起来就会产生一种魅力，良好的信誉和形象不仅对组织员工具有内聚力，而且对组织外的公众具有吸引力，好的形象能为组织创造出一种消费信心，即获得消费者对该组织任何产品或服务的信赖。好的形象有利于吸引合作伙伴，有利于吸引社会上的资金，有助于获得政府和社会各界真诚的信赖、广泛的支持和合作、理解和帮助。好的形象有助于组织和社会的协调发展。

2. 公众意识。所谓公众意识就是指尊重公众，重视公众意愿和舆论，从维护公众利益的观点出发去进行决策和行动，即以公众利益和要求作为组织行动的导向，尽量满足不同公众的不同需求，树立公众利益优先的思想。当组织自身利益与公众利益发生冲突时，应首先照顾公众利益、保护公众利益，坚持公众利益至上的原则，只有这样才能真正赢得公众的支持和信赖。

3. 双向沟通意识。公共关系特别强调双向沟通，即通过双向的信息交流来促进组织与公众的相互了解和支持，消除误解，解决矛盾，进而协调组织与公众的相互关系，增进彼此的团结、合作和发展。组织把信息传播给公众，让公众了解自己，同时又要广泛地收集公众的反馈信息，使自己了解公众，从而不断地调整和改善组织自身的决策和行为，建立双方良好的关系。

4. 互惠互利意识。现代公共关系是建立在商品经济基础上的人际关系。成功的公共关系活动应以组织利益与公众利益的统一为宗旨，既要对组织负责，又要对公众负责。在现代社会中，组织之间、组织和个人之间、个人之间存在着相互依赖的关系，公共关系既要考虑到企业的利益，又要考虑到公众利益。从组织本身来说，在市场经济社会，企业与公众要建立长期的合作关系，必须实行互惠互利的原则，只顾自己赚钱而不考虑对方利益，就会失去公众。遵循互惠互利的原则，才能使组织与公众之间的沟通得以顺利进行，为组织争取社会公众的支持，使公共关系活动更加健康地发展。

5. 公开意识。要沟通信息，必须根据客观存在的事实说话，毫不隐瞒地把组织的信息公开地告诉公众，这是公共关系的核心。组织应尊重公众的知晓权。只有强化公开意识，自觉把本组织的决策放在公众舆论的监督下，提高经营管理的透明度，才能得到公众的理解和支持。公开事实真相，有时会带来一些消极影响，或暂时削弱组织的形象，但至少可以让公众看到组织的真诚。经过公共关系工作，可以逐步改进工作，重新获得公众的信任。这样，公共关系工作才能收到良好的效果。

6. 责任意识。社会是人与人关系的总和，是各类社会群体的总和。只有对社会负有强烈的责任感，并在最大范围内尽最大努力给社会及公众带去充分的利益，取得了公众的支持，才能确保自身的延续并使组织的利益得以充分实现。所以，对公众负责是公共关系根本利益所在。公共关系追求的是组织利益与社会效益的统一。对公众负责也是社会发展的需要。

7. 服务意识。现代社会组织的形象竞争很大程度上取决于服务的竞争，谁的服务好谁就容易赢得公众的心。世界各发达国家从 20 世纪 60 年代开始就已经跨越产品质量竞争的台阶，上升到产品服务竞争的新台阶。良好的服务意识，是企业获得公众信任、获得社会好评的关键。优质服务不能只停留在承诺上。

服务意识强的企业，也往往把优良服务融入企业精神，作为企业信念。

案例1-2

海尔的服务有口皆碑，海尔的经营道德是："售后服务是我们的天职，卖信誉，不是卖产品。"海尔推出了国际星级服务，先后创造了著名的售后服务"一、二、三、四模式"、"五个一"升级服务模式，即一证件：上门服务时出示"星级服务资格证"；二公开：公开出示海尔"统一收费标准"、公开一票到底的服务记录单，服务完毕后请用户签署意见；三到位：服务后清理现场到位、服务后通电试机演示到位、服务后向用户讲解使用知识到位；四不准：不喝用户的水、不抽用户的烟、不吃用户的饭、不要用户的礼品；五个一：递上一张名片、穿上一副鞋套、配备一块垫布、自带一块抹布、提供一站式产品通检服务（一站式产品通检服务：服务人员为用户提供一个产品的售后服务完毕后，不但要对此产品进行全面的通检、维护，同时主动对用户家中其他海尔家电问寒问暖，对用户提出的需求、建议一票到底地跟踪解决，直到用户满意）。

8. 环保意识。保护环境对企业来说有着不可推卸的义务和责任。这既是利民也是利己的重大举措。在"人类只拥有一个地球"的警示下，全球已发起了保护人类自身生态环境的"绿色运动"。现代人追求绿色、渴盼绿色。

案例1-3

日本本田汽车公司总裁青木勤乘车外出，看到公路上一辆接一辆如蚂蚁般的汽车，突然想到，假如我们不顾一切地生产汽车、销售汽车，汽车排出的废气将加剧空气污染、恶化城市环境，最终还会引起社会公众的不满。他想，这个问题应当由汽车生产者加以解决才是。我们不应只顾卖车，更应通过销售汽车促进城市的绿化、美化。于是，青木勤总裁便定下了一个方针：今后每卖一部车，便在街上种一棵树。后来，本田汽车公司将卖车所得利润的一部分转为植树费用，以用来美化城市街道。本田公司这一举措，在公众中造成很好的印象：本田公司不光为赚钱，还注意为社会谋利。既生产汽车、又绿化城市，都是为大家生活更美好。同样是买汽车，那么为何不买绿化城市的本田公司的汽车呢？这种你买我的汽车，我为整个社会植树造福防止公害的做法，使本田公司树立了良好形象，不光做了善事，还多出售了汽车。

9. 创新意识。创新意识是公共关系意识中的特征意识。它集中深刻地反映和体现了公共关系的创造性这一本质特征。作为一种创造性的活动，公共关系活动决不能因循守旧、墨守成规，而要标新立异、独辟蹊径，可根据不同的对象、不同的目标，创造出与之相应的公共关系活动方案，社会组织能够通过求新、求变、求发展的活动，把公共关系活动做得生动、活泼、新奇、美好，不断地给组织的公共关系增添新的营养，注入新的活力，使之在日益激烈的竞争中立于不败之地，创新是公共关系具有生命力的永恒主体。

案例1-4

1915 年，我国商人带着茅台酒参加巴拿马国际博览会，由于包装很差，加之当时中国的国际地位很低，茅台酒虽然参展但却没有列入评比行列。我国商人苦思冥想，急中生智，于是有了这样一幕：当评委们走进展室时，我国商人故意把酒瓶打落到地上，瓶破酒溢，顿时酒香弥散，评委和其他商人们都一片哗然，纷纷要求把地上的这种酒列入评比行列。最终茅台酒终于荣获了金质奖章，从此享有了国际盛誉。

公共关系意识除了包括以上内容外，还有合作意识、未来意识、团队意识、战略意识、科学意识等。公共关系意识是自觉构建良好的公共关系状态的思想基础和有效的公共关系活动的行动指南。一个企业公共关系意识的强弱对企业有直接的影响，它影响企业的知名度与美誉度；影响社会公众的信任度和支持率；影响企业的社会效益和经济效益。强化公共关系意识会给企业带来许多正面的影响，如增强企业内部的凝聚力和向心力；充分发挥企业员工的聪明才智和主观能动性；增强企业员工的主人翁意识；增强企业员工工作的成就感和自豪感；提高企业的工作效率和效益。这些正面影响为塑造良好的企业形象打下了坚实的基础。总之，强化公共关系意识有利于企业塑造良好形象。

公共关系意识是现代组织及其人员的必备素质，也是公共关系的根本所在。公共关系的竞争是公共关系人员素质的竞争，而公共关系素质的核心就是公共关系意识。一个好的社会组织总是强调"全员 PR"，即要求全体员工都要树立公共关系意识，以展示组织的良好形象。

（四）公共关系是一种职业

作为一项新兴的事业，公共关系的学科性质决定了它是一项美好的事业、智慧的事业、富有的事业和未来的事业。越来越多高素质、高学历的人将加入到这一事业中来，公共关系职业将成为人们羡慕的一种"白领"职业。世界各发达国家和世界著名的大公司，都有许多高水平的专职公共关系人员在卓有成效地工作着。在21世纪的知识经济时代，社会组织对传播沟通和形象塑造更加重视，这为公共关系职业的发展提供了更加广阔的背景和更加美好的前景，"海阔凭鱼跃，天高任鸟飞"将成为公共关系职业的真实写照。

（五）公共关系是一门科学，又是一门艺术

公共关系学科是一门应用性很强的综合性的交叉性的边缘学科，涉及的学科有社会学、哲学、政治学、经济学、传播学、管理学、行为科学、营销学、伦理学……它是以传播学和管理学为基础建立起来的新兴学科。它是一门专门研究社会组织与有关公众之间传播沟通的行为、规律和方法的综合性学科。同时，公共关系又是为社会组织的生存和发展创造良好的社会环境和舆论环境，运用传播沟通手段来影响公众、缓解矛盾与塑造组织的良好形象的一种艺术，是联络感情的艺术。公共关系活动的过程是传播，传播需要很强的艺术性。可以说，科学性是开展公共关系工作的理论前提，而艺术性则是公共关系取得成功的重要条件。只有把科学性和艺术性紧密结合起来，才能使公共关系工作步入正确的轨道，取得有效的成果。因而，公共关系是科学与艺术的统一体。

三、公共关系的界定

公共关系在未被人们真正认识之前，常常被人们曲解。有时，它被误认为是请客送礼、拉拉扯扯的不正之风；有时，又被人与广告、营销画上等号；人际关系会被人误认为是公共关系；公共关系活动与新闻传播又常常难以分清。尽管我们在前面已经讨论过公共关系的定义，但仍有必要对现代公共关系与相关概念作一个界定，划清公共关系和其他一些活动的区别与联系，排除误区，以便更准确地领会公共关系的本质内涵。

公共关系的界定是指通过将公共关系与相近事物的比较，来明确其相互之间的联系与区别，以利用社会组织有效地开展公共关系工作。

（一）公共关系与人际关系的区别

人际关系是指人们在相互联系、相互影响、相互作用的过程中所建立和维系的人与人之间的关系。公共关系与人际关系之间的区别有以下几点。

1. 公共关系和人际关系产生基础都包括业缘；人际传播是公共关系手段之一；公共关系是从广义的人际关系演化而来的，需要借助人际关系的相关理论进行研究。

2. 公共关系的主体是社会组织，处理的是社会组织与公众的关系；而人际关系的主体是个人，处理的是个人与个人之间的关系。公共关系的客体是公众；而人际关系的客体是人与人群。

3. 公共关系以现代传播为手段，沟通的范围广，信息量大；而人际交往的传播手段

比较单一，主要通过个人之间的语言或非语言符号进行直接的接触。所以，沟通的范围狭窄，信息量小。

4. 公共关系考虑的是社会组织的整体和长远的利益，要为本组织创造良好的公共关系环境作出努力；人际关系考虑的是个人的局部利益，要为改变个人的境遇和地位作出努力。

5. 公共关系的产生基础主要是业缘；人际关系的产生基础是血缘、地缘、业缘、趣缘。

（二）公共关系与庸俗关系的区别

有人认为，公共关系与人际关系都是通过人与人之间的沟通，使组织能得到有关方面的支持，以顺利地解决问题。至于是叫公共关系还是庸俗关系，只是名称不同而已。甚至有人认为公共关系就是"拉关系"、"走后门"。一些人将暗中请客送礼的活动冠之以"公共关系"之名，把行贿说成"公共关系"，这是完全错误的。公共关系的出现，正是对庸俗关系的抵制和冲击，两者毫无共同之处。庸俗关系是一种约定俗成的说法，指人际交往活动中的违法乱纪行为和非道德行为及不良风气。它的表现形式各种各样，但究其实质只有一个：以权谋私，以钱谋私。这也是人们对此深恶痛绝的根本原因所在。公共关系虽然有着人际交往的行为，但公共关系与庸俗关系有着原则的、本质的区别。

1. 两者产生的基础不同。公共关系是以商品经济的高度繁荣、高度民主政治的健全和大众传播媒介的高度发达为特征的开放型社会的产物。而庸俗关系则是以自然经济、集权政治和封闭落后为特征的封建社会的产物。

2. 两者活动的目标不同。公共关系所考虑的是社会组织的长远利益，追求社会组织与其公众利益的一致化和均衡化，强调社会组织与社会公众的互利互惠、共同发展。公共关系是通过自己卓有成效的工作，树立起本组织的良好形象，取得社会各界的长期支持。因此，公共关系必须对社会负责，对公众负责。而庸俗关系所考虑的是小集团或个人的一时的或短期的利益，既不对社会负责，也不考虑公众的利益。常常是通过损害国家、集体、他人的利益，不惜违反社会道德、国家法律，以谋取个人或小团体的私利。

3. 两者遵循的原则不同。公共关系以公众的利益、社会的利益为最高准则，本着光明正大、真诚信用和奉行公开事实真相的原则，在符合社会道德和法律的前提下，发展创造良好的人事环境和社会舆论环境。而庸俗关系根本不考虑公众的利益和社会的利益，它所奉行的是唯我所用的原则、实用主义的原则和庸俗的处世哲学。

4. 两者活动方式和手段不同。公共关系活动是通过正式的渠道和适当的活动，主要靠出奇的策划与大众传播媒介将组织的政策和行为传播给公众，与公众进行双向沟通，用事实来说话，以取得公众的了解、信任和支持，促进事业的成功。而庸俗关系的活动方式往往通过个人与个人的私下交易，利用物质引诱、吹牛拍马、色情勾引等不正当甚至违法乱纪的手段，以权谋私，以情谋私，以钱谋私。

5. 实际效果不同。公共关系活动为组织建立长期的信誉和友谊，不计眼前得失，追求组织的整体利益和长远利益，有利于发展社会主义市场经济，有利于社会主义政治文明、精神文明和物质文明建设。而庸俗关系则是人走茶凉、酒肉朋友、害人害己、堵塞正常的社会沟通与合作渠道，违背公开、公平、公正原则，损害组织和公众的利益，既有悖于市场经济的客观规律，又破坏了民风、党风和社会风气。

所以，公共关系的出现，正是针对庸俗关系这种不良现象的。公共关系的普及与发展，就意味着庸俗关系范围的缩小。如果全社会都具备了法治意识，都接受了公共关系思想和公共关系的活动方式，则庸俗关系就将失去所有的市场而归于消失。

（三）公共关系与市场营销的区别

市场营销是一项综合性的业务活动。它是以市场为范围，以消费者为对象，运用特定的沟通方式和促销手段，把产品或服务转给消费者，满足他们不同需要的一种活动。

就企业而言，公共关系和市场营销有不可分割的联系，因而，公共关系与市场营销常被有些人混为一谈。其实，它们之间有明显的区别。表现在如下几个方面。

1. 公共关系应用的范围要比市场营销广泛得多。公共关系的应用领域不仅在工商企业，还广泛应用于事业单位、社会团体和其他组织。

2. 公共关系的工作对象不单纯是消费者，其他诸如内部员工、社区居民、政府机构、新闻媒介等都是社会组织的重要公众，都是公共关系的工作对象。

3. 公共关系主要运作无形资产，以无形带有形，以塑造形象、建立信誉和导向来影响销售，是一种间接的促销。而市场营销主要运作有形资产。

（四）公共关系与广告的区别

公共关系活动中经常要使用广告来扩大影响，公共关系和广告也都属于传播形式，但公共关系不等于广告，广告也不能代替公共关系。两者在不少方面有所区别，表现在如下几个方面。

1. 两者的目标不同。公共关系的最终目标是树立组织的整体形象，增进公众对组织的了解，使组织能够长期生存和发展。广告的目标很明确，就是希望以最小的花费在最短的时间和最大的范围内打开市场或推销出更多的产品或服务。用通俗的话说，公共关系就是要公众爱我，而广告就是要人买我。

2. 两者的传播原则不同。公共关系信息传播原则是真实可信，不能有任何虚假。公共关系传播在引人注目的同时，必须服从于真实性，主要靠新闻传播的手段和真实的、客观的、具有新闻价值信息去影响公众、联络公众。而广告的信息原则就是引人注目。广告在传播过程中允许在真实性的基础上，采取文学的、艺术的手法来增强传播的效果。可以运用各种传播方式，给人以新鲜感、形象感，以达到吸引消费者注意的目的。

3. 两者的地位不同。公共关系囊括每一个人和每一件事，它在组织的经营管理中处于全局的地位；而广告则局限在特定的销售和购买环节上，它在组织经营管理的全局中处于局部的地位。

4. 两者的效果和评估方法不同。公共关系的效果是长远的、一般很难直接测量。公共关系的有效成果是全局性、战略性的，是包括政治、经济、社会各方面的整体效益。公共关系的效果测量只能看组织的知名度和美誉度两个指标。而广告的效果一般是直接的、可测量的，经济效益是明显的，但广告的效果只是局部性、战术性的，只对某一阶段或局部范围产生影响，一般不会决定一个组织的成败。广告的效益可用产品销量、利润等指标来衡量。

（五）公共关系与宣传的区别

宣传是社会组织通过传播一定的观念来影响或控制他人的信仰、态度或行为的有系统的劝说活动。公共关系在传播形式上近似于宣传活动，它们都借助于一定的传播媒介进行劝说，同属于传播活动的范畴。因此，公共关系的传播活动必然要运用宣传活动积累的理论、经验和技巧，来引起公众注意，扩大组织影响，引导公众行为。但是，公共关系与宣传有着一定的区别也是显而易见的，表现在如下几个方面。

1. 两者的所属范畴不同。传统的宣传工作，属于政治思想工作范畴，是思想政治工作的手段和工具。而公共关系，则属于组织经营管理范畴，它直接参与管理过程，是经营管理的重要组成部分。

2. 两者的目的不同。宣传的目的是通过传播活动来影响和控制他人的思想，而公共关系的目的是争取社会各界的理解、支持和合作。

3. 两者的内容不同。宣传活动侧重于"说"，而公共关系则是说和做的统一，其中"说"包含了宣传的内容，但"90%靠自己做得对，10%靠宣传"。

4. 两者的对象不同。宣传以一般的"大众"、"群众"为对象，没有明确的指向；公共关系传播则在公众细分的基础上，对目标公众进行有针对性的信息输出，有明确的指向性。

5. 两者的方式不同。宣传一般是单项的灌输，仅仅是向外宣扬，这只是公共关系的一部分。所以有一定的主观性、诱导性甚至是强制性，反动宣传还有欺骗性。而公共关系传播是用推介的方式进行理性的劝服，讲求诚信，强调主客体在平等的情况下进行双向交流、双向沟通，即在社会组织与社会公众之间信息的传递和交流时，它既强调及时、准确地向公众传播社会组织有关信息，又注重社会公众的信息反馈，缺任一方面均被视为不健全、不完整的公共关系。

第二节　公共关系的要素

公共关系由主体、对象、手段、本质、目标要素构成。公共关系的主体是社会组织，公共关系的对象是社会公众，联结社会组织与公众的中介环节、手段是传播沟通。而现代"公共关系传播"的本质就是信息的双向交流。塑造良好的组织形象，优化组织的生存环境是公共关系的最终目标。其中，公共关系的主体、对象、手段是构成公共关系的三个基本要素，缺一不可。公共关系的理论研究、实际操作和运行发展都围绕这些要素的关系层层展开。

一、公共关系的主体——组织

公共关系的主体是指谁来搞公共关系，即公共关系的承担者、实施者、行动者是谁，公共关系的主体是组织。而公共关系里的"组织"是指社会上按一定宗旨和系统建立起来的有稳定的成员关系和一整套管理体系以及机构的各种群体。公共关系是一种组织的活动和职能，而不是个人的事务和技巧；公共关系涉及组织管理的战略、目标、政策、计划、环境、方法等，而不是停留在个人活动的层面上；公共关系处理的是组织的关系和舆论，而非个人的关系和意见；公共关系追求整体的公共关系效应和组织的社会形象，而不局限于个人的印象、情感和利益。因此，公共关系的行为主体绝不是任何个人，而是特定的社会组织，是公共关系的第一构成要素，是公共关系的主导。它决定了公共关系的状态、活动以及发展方向。

但并不是所有社会组织都先天是公共关系的主体，只有当它意识到本组织与公众的关系为首要关系时，才能成为公共关系的主体。同时，在具体的公共关系环境中，任何一个社会组织都具有双重性。一方面是作为公共关系主体存在，另一方面又是其他社会组织开展公共关系活动的客体。也就是说，任何一个社会组织都应具有主体与客体的双重意识，才能摆正它在整个社会公共关系大环境中的位置。

社会组织是多种多样的，每一种组织的性质、结构、功能和活动方式都不相同。它具有交叉性和复杂性的特点。按照组织的社会职能来划分，这样可以把社会组织区分为经济组织、政治组织、文化组织；按组织目标与受益者的关系来划分，可以把社会组织分为营利性组织、服务性组织、互益性组织、公益性组织。

二、公共关系的对象——公众

组织公共关系工作的对象是组织内外的有关公众。它是组织在运行过程中涉及的个人关系、群体关系、组织关系的总和。每个社会组织都有自己特定的公众，否则就无法开展工作。并且，公共关系的成败直接表现为对公众对象的影响效果。

在公共关系学里，"公众"一词不能简单地理解为一般概念的"人民大众"或是"群众"的意思。"公众"是指与特定组织存在某种现实的或潜在的利益关系，从而发生直接或间接联系、作用，其成员面临共同问题、共同利益和共同要求的组织内部和外部的社会群体。它是构成公共关系的客体因素，是组织开展公共关系工作的重要对象。

根据不同的标准，公共关系的公众可以这样来划分。

1. 根据公众与组织有无归属关系来划分，可以分为内部公众和外部公众。内部公众包括员工公众和股东公众，他们是公共关系工作的起点；外部公众包括政府公众、媒介公众、社区公众、顾客公众、竞争公众等，他们是公共关系工作的重点。

2. 根据公众对组织的重要程度来划分，可以分为首要公众、次要公众和边缘公众。首要公众是与组织关系重大，甚至可以决定组织生死存亡的公众，他们是组织公共关系的重点工作目标，如商业企业的顾客；次要公众虽然对组织不起决定作用，但也有一些影响，是需要兼顾和转化的公众，如新闻媒介等；边缘公众对组织的影响很间接，但有条件也要与他们搞好关系，如员工家属、社区居民中尚未成年的孩子等。

3. 按照公众对组织的态度来划分，可以分为顺意公众、逆意公众和独立公众。顺意公众是对组织的政策、行为和结果持积极支持态度的公众，是最受组织欢迎也是组织需要稳定扩大的公众；逆意公众是对组织的政策、行为和结果持反对态度的公众，组织需要花大力气去转化这部分公众；独立公众又称中间公众或不确定公众，对组织持中立态度，是组织需要去争取的公众。

4. 根据公众对组织的稳定程度来对分，可以分为临时公众、周期公众和稳定公众。临时公众是因某个临时因素、偶发事件或专题活动而形成的公众，如因为飞机航班误点而滞留机场的旅客、足球场上滋事的球迷、上街游行示威的队伍等；组织对临时公众应有灵活的应对措施；周期公众是按一定规律和周期出现的公众，如春节探亲访友的旅客、暑假期间旅游的师生、招生时节的考生及家长等，组织应掌握好这些规律，争取把某些周期公众变为自己的长期公众；稳定公众是具有稳定结构和稳定关系的公众，如内部员工、老顾客、常客、社区人士等，有"自家人"或"准自家人"的性质，这部分公众的多少是衡量一个组织公共关系成熟性的一个标志。

5. 根据公众形成和发展的过程来划分，可以分为非公众、潜在公众、知晓公众和行动公众。这是美国公共关系专家格罗尼格和亨特提出来的。非公众是公共关系学的一个特殊概念，社会学中没有这个概念，这是指既不受组织行为的影响也不对组织产生作用的一类公众。如美国总统竞选，中国公民就是他的非公众；大学招生，幼儿园小朋友就是非公众。了解了这一点，公共关系工作就可以避免盲目性，减少不必要的浪费。潜在公众是已经与组织有某种利益联系但本身并未意识到这种利益联系的这部分公众，如组织行为的受益者、产品质量的潜在受害者等。这需要公共关系人员未雨绸缪，争取主动性和超前性，预测和监控事态发展，把问题解决在萌芽状态。知晓公众是由潜在公众发展而来的，这部分公众不仅面临共同的问题，并且已意识到问题的存在。这部分公众是公共关系工作无法回避的公众，组织必须及时地向他们传递有关信息，争取这部分公众的合作。行动公众是知晓公众发展的结果，这一部分公众不仅意识到问题的存在，而且已经准备或已经开始采取实际行动来求得问题的解决。无论他们的行动是积极的还是消极的，组织都应该采取实际和有效的行为去对待他们，除此之外别无选择。

总之，对复杂多样的公众进行科学的分类是公共关系工作的出发点，主要是了解和明确公共关系工作的对象，有针对性地开展公共关系工作，从而提高公共关系活动的效率。

三、公共关系的手段——传播沟通

公共关系的手段是指组织与公众联系的方式。传播沟通是联系公共关系主体和客体的中介手段。在现实生活中，社会组织与公众之间的联系可以有多种方式，如：决议、指示等行政手段，物质奖励或罚款、赔偿等经济手段，法律法规等法律手段，但这些手段都不是公共关系，只有用信息传播的方式才是公共关系。

信息传播是人类信息的传递、接收、交流、分享与沟通的过程。公共关系不是强权关系，也不是金钱关系，它是一种光明正大的活动，是通过主客体之间信息的交流来协调双方的关系，达到共同繁荣、共同发展。公共关系的信息传播实际有两种状态，一种是无目的、无计划、无组织性的自发传播；另一种是社会组织有目的、有计划、有组织的自觉传播活动。公共关系理论研究中的公共关系信息传播，即是指这种自觉的公共关系传播，也就是运用包括各种人际传播、组织传播、公众传播、大众传播等沟通手段和包括各种言语沟通、文字沟通、非语言沟通的方法，以及各种印刷媒介、电子媒介、图像媒介的技术，在组织与公众之间建立有效的双向联系和交流，促成相互间的了解、共识、好感与合作的过程和方式。

四、公共关系的本质——双向信息交流

所谓双向信息交流，是信息的传递、接收、交流和分享，即运用一定的符号，通过一定的媒介，将信息传递给对方，对方接收到信息后被引起一定的反应，也以一定的信息形式反馈回来。通过这种双向的交流与沟通，双方逐渐达到了解，达成共识。公共关系一方面是向外传播，善于针对不同公众的特点，抓住适当时机，选择适当的传播方式，运用适当的传播媒介，把组织适当的信息内容及时地传递给适当的公众。另一方面是使信息反馈，在公共关系工作中敏锐地反映外界的信息。这样，通过双向交流，调整组织决策，改善组织行为。因此，公共关系的双向信息交流，是公共关系的本质属性。可以说，整个公

共关系的实务工作就是双向信息交流的工作，这是准确理解公共关系的关键。

五、公共关系的目标——塑造良好的组织形象，优化组织的生存环境

一个社会组织的公共关系目标即公共关系活动要达到的理想境地和标准，是组织开展公共关系活动的指南，是公共关系活动得以顺利进行的保证，也是衡量一个组织公共关系活动效果的尺度和标准。

公共关系目标又称最终目标，是社会组织所有公共关系活动的总目标，是各项公共关系活动具体目标的最高抽象和概括。任何一个社会组织都要考虑自己的生存和发展，社会组织的信誉和形象对于自身的发展起着十分重要的作用。一个具有良好形象的组织，可以赢得社会舆论的好评，可以取得领导机关的信任，可以吸引大量的人才和资金，可以建立起畅通的原料供应和产品销售渠道，可以得到社会各个方面的赞誉和支持，组织的发展就有了可靠的保证。因此，塑造良好的组织形象，优化组织的生存环境是公共关系的最终目标。

第三节　公共关系的功能

公共关系之所以越来越受到社会各界的重视，主要是由于它在现代社会生活的各个领域中发挥着多方面的作用。公共关系功能是指公共关系作为社会组织管理活动在组织生存、发展过程中所具有的能力和独特作用与影响，是公共关系之所以产生和存在的基础，是其价值所在。认清公共关系的主要功能，对于正确评价公共关系的价值，提高公共关系实务的自觉性有着重要的意义。

一、搜集信息

现代社会中信息已成为与资本同等重要的财富。在信息时代的社会环境中，信息就是财富，信息就是效益，信息就是生产力。组织的生存和发展离不开信息，信息不畅就会失去主动。任何一个公共关系组织要适应复杂多变的社会关系，在激烈的竞争环境中稳操胜券，只有有意识地建立起自己的信息系统和信息网络，进行有效的双向信息交流，才能准确地了解其在公众中的形象地位，才能使组织及时地把握公众的舆论，才能为组织决策提供科学的依据，才能提高组织公共关系活动的成功率，才能有利于塑造组织的良好形象。因此，准确、及时、有效地获取和传播并处理组织内外的信息，是公共关系工作的首要任务，是公共关系部门的重要职能之一，做好搜集信息的工作，有着十分重要的意义。

二、决策参谋

组织决策是组织针对存在的问题，选择解决问题的行动方案，以期顺利实现组织目标的行为。决策是管理职能的核心内容。组织的决策工作，就是在调查、预测的基础上，充分利用各种信息，对组织的各项目标和达到目标的方案加以选择和决定。组织经营决策，是由组织的领导作出的，但是由于公共关系在组织中的地位和作用，它必须参与组织的经营决策。就是说，公共关系人员对组织的经营目标、方针和计划提出咨询建议，通过咨询建议的方式参与经营决策，起到组织决策、参谋作用。

三、传播沟通

公共关系活动的一项重要内容，就是通过双向沟通，有效地将组织的有关信息及时、准确、有效地传播出去，争取公众对组织的了解和理解，提高组织及其产品、人员的知名度和美誉度，树立良好的社会形象。

公共关系中的传播沟通主要是通过语言交流来进行的双向沟通，组织向其相关公众提供它将要实施或正在实施的政策、行为等方面的信息，同时，组织又要接受来自公众方面的信息反馈。它不仅要交流一般的信息，还要进行思想、观念、情感、态度的交流，其最终目的在于建立良好的组织形象，争取社会公众广泛的好感、理解、支持与合作。

在采集信息、监察环境的基础上进行双向的传播沟通，是公共关系人员的最基本的工作，是其他一切公共关系活动的基础，因而也是公共关系最基本的功能。这是类似组织"宣传部"的职能。

四、联络协调

公共关系是塑造形象的艺术，是组织与各界公众沟通的桥梁。一个社会组织，要想获得生存和发展，必须建立广泛的社会联系。公共关系的重要任务就是努力和社会各方面保持友好的交往，尽可能扩大组织的公共关系网络，广结善缘。有矛盾时要主动进行磋商，妥善处理，消除敌意，化解冲突。通过争取公众的好感和支持，为组织的生存和发展创造"人和"的环境。

五、教育引导

一个组织良好形象的建立和良好声誉的赢得，必须靠全体员工的共同努力。在海外公共关系界流行一条准则，叫做"全员 PR"，就是说只有全体员工都来做公共关系工作、组织才会有良好的公共关系状态。组织中的广大员工是经营活动的基本要素，也是塑造组织良好形象的基本保证。组织良好形象的形成并不是自发的，而是要公共关系人员行使教育引导的职能，调动广大员工共同做好公共关系工作。因此，教育引导组织中每一个员工重视本单位的形象和声誉是公共关系的重要职能之一。

强化组织领导者的公共关系意识，这将有助于组织内部公共关系工作的顺利开展；强化员工的文化素质、道德观念、业务技术的培训教育，将有助于提高员工的基本素质，树立员工的主人翁责任感，通过向公众提供优质产品和优质服务，为组织树立良好形象。

六、科学预警

组织危机是组织生存发展的大敌，处理不好往往给组织造成重大损失，甚至断送组织的"生命"，因而组织公共关系将危机的防范和处理作为公共关系的一项特殊功能和一种特别的实务活动及工作重点之一。随着公共关系理论和实践的发展，事前预测和管理危机已成为公共关系对待危机的主流方法，这是组织公共关系的新发展。

第四节 公共关系的产生与发展

公共关系有其产生、形成和发展的历史过程。从公共关系的起源、发展历程和历史特点来看，公共关系是人类社会发展进步的一种必然现象，它是一门既古老又年轻的科学。说它古老，是因为它自人类社会组织的出现就已经存在了。说它年轻，是因为现代意义上的公共关系及其理论，直到19世纪末20世纪初才开始在美国出现，并逐步发展成为一门新兴的社会科学。

一、公共关系产生的条件

公共关系产生于20世纪初的美国绝不是偶然的，它是当时经济背景、政治背景及技术背景等多方面历史条件综合作用的结果，是时代进步的必然产物。我们有必要了解公共关系产生的这些背景条件。

1. 商品经济的繁荣是公共关系产生的经济基础。20世纪初，美国的经济发展迅速，形成了以市场为纽带的广泛的社会分工与协作，构成了一个极其活跃的、开放性关系网络。为了吸引和留住消费者，销售者便会想办法有效地维护买卖双方的联系，最大限度地争取广大公众的理解、信任、支持与合作。因此，了解消费者、研究消费者、与消费者公众建立密切的联系并赢得支持，就显得至关重要。这种市场经济的背景为公共关系的产生提供了直接的现实的土壤。

2. 民主政治的发展是公共关系产生的政治前提。资产阶级革命以后，民主观念逐渐深入人心。民主政治成为大工业社会的政治生活的核心。政府官员为了争取民众支持，就必须取信于民，注意与社会各界公众搞好关系，在这种民主政治的社会氛围中，民众的地位发生了根本性的变化。这就为公共关系的产生提供了重要的政治环境。

3. 大众传播技术的发展是公共关系得以发展的物质手段。资本主义大工业时代使各种形式的传播沟通技术和理论迅速发展。特别是在现代社会中，科学技术日新月异，信息传播飞速发展，从报纸、杂志、电报、电话、广播、电视到光导通信、卫星转播、互联网……无不具有极高的传播广度、速度、深度与高保真度，并且费用低廉。崭新的传播媒介迅猛发展，甚至超出人们的想象。现代化的手段使世界范围内大规模的信息沟通和交往成为可能，也就为公共关系的产生和公共关系事业的大发展创造了得天独厚的技术保障和方法。

由于20世纪初的美国首先具备了公共关系产生所需要的经济、政治、技术等条件，因此公共关系职业和公共关系学科就从那里应运而生并迅速传遍世界各地。

二、公共关系的发展阶段

形成一种独立的、较为完整的学科体系，作为一种新兴的专业化的社会职业，公共关系不过才有近百年的历史；但它作为一种客观存在的社会关系和社会现象，则已经源远流长，有着悠久的历史。类似现代公共关系的某些基本思想与活动方式，在古代并不少见。因此，古代公共关系属于"准公共关系"，从公共关系的历史归属来看，它属于"早期公共关系"。

（一）早期公共关系

在古代，部落的首领都懂得运用诱导和劝说方式来影响公众的态度和社会舆论。在古希腊，社会对于熟悉沟通技巧并能应用自如的演说家给予很高的评价，其中杰出的人物常常被推选为首领。美国独立战争期间，公共关系手段得到广泛运用。塞缪尔·亚当斯和其战友从 1750 年到 1783 年间，他们出版了 1500 多种攻击英国人的小册子，通过一系列有计划的传播活动，成功地为美国革命制造了舆论，取得了独立战争的胜利。

在我国古代，也有很多准公共关系的例子。春秋时期的中国思想家孔子认为"人无信不立"，对国家来说则是"民无信不立"。战国时期君子士大夫争相养士为其游说，为的是争取民心。继而又有孟子提出"天时不如地利，地利不如人和"的思想，并历来为世人所称道。不少杰出的政治家依靠公共关系思想得以治国平天下。战国时期的苏秦和张仪，依靠自己的口才和宣传的功能，来游说君王接受自己的策略，可以称作公共关系活动的范例。刘备三顾茅庐，感化诸葛亮。诸葛亮为了搞好"社区关系"，对孟获七擒七放，终使孟获归顺汉室。这些争取朋友，妥善处理各种关系的方法和技巧，在公共关系史上都传为佳话。

在中国古代的经济生活中，公共关系的例证也是很多的。比如，酒店门前挑出一面旗帜，上书"酒"字以招揽顾客，类似于今天的"广告"宣传；有的店铺招牌上写着"百年老店"等字样，目的就是让人们知道该店牌子老，信誉好；理发店门前安装有醒目的红、白、蓝三色旋转灯柱至今仍被采用，成为人们认同的行业标识，这与现代公共关系促销技巧有异曲同工之妙。

但上述中外历史上的种种公共关系思想和公共关系实践，都是公共关系萌芽时期的产物，与具有科学定义的现代公共关系有着本质上的区别。

（二）中期公共关系

有组织的公共关系活动发端于 19 世纪中叶，即在美国风行一时的报刊宣传代理活动。当时，不少公司和财团发现舆论宣传对公众的影响力，于是纷纷雇佣专人炮制煽动性新闻，为自己企业作夸大和虚假的宣传，巴纳姆正是这一时期的代表人物。作为报刊代理人，他以制造舆论宣传，炮制各类假新闻而闻名，巴纳姆全然不考虑公众的利益，不择手段地为自己制造神话，欺骗公众，在根本上与公共关系的宗旨背道而驰。因此这一时期也被称为"公众受愚弄时期"。

19 世纪下半叶美国商品经济的蓬勃发展促进了公共关系的兴起与发展。当时美国经济从自由竞争走向垄断，新闻界掀起揭露强盗大王丑恶行径的运动，写了大量的文章在报刊发表，这就是历史上有名的"扒粪运动"。

"扒粪运动"的冲击，使工商企业领导人意识到取悦公众，与公众建立良好关系的重要性，纷纷向新闻界请教，希望能通过新闻媒介从正面树立良好的企业形象，并且打开工厂的大门邀请社会各界人士，特别是新闻界人士参观企业，使企业从与外界隔绝的"象牙塔"变成了"玻璃屋"，企业的透明度加强了。这样，一种代表企业利益，对公众负责，运用各种传播沟通手段帮助企业与公众对话，并从中获取劳务收入的新职业便应运而生。这一崭新行业的开创者就是艾维·李。

艾维·李原是纽约的记者，于 1903 年创办了全世界第一家公共关系咨询事务所，代表企业与公众对话，这标志着"公共关系"这种新职业的产生。艾维·李被称为"公共关系之父"。艾维·李的宣传思想是"说真话"，他认为一个组织要获得好的声誉，就要把真情告诉公众，如果真情对组织不利，那就应该调整组织的行为。1906 年，艾维·李成功地处理了宾夕法尼亚州的铁路事故和煤矿工人罢工事件，为公共关系的基本原则奠定了基础，开创了公共关系的正确道路。

在 19 世纪 20 年代与艾维·李同为公共关系先驱者的是出生于奥地利的美国人爱德华·伯内斯。他在创立公共关系学方面，有其独特的贡献。1913 年，他被福特汽车公司聘为公共关系经理；1919 年伯内斯夫妇创办了美国第一家公共关系公司，进一步推动了公共关系事业的发展。伯内斯积极从事公共关系实践，积累了丰富的经验。他同时也十分重视公共关系研究，1923 年出版了划时代的著作《公众舆论的形成》，创造了"公众关系顾问"这个术语，明确肯定了公共关系不仅是向社会做宣传，很重要的一点还要向政府和组织提供政策咨询。这是系统论述公共关系的第一部著作。1952 年他又出版了第一本公共关系教科书《公共关系学》。伯内斯对公共关系的原理和方法的总结，已经形成了较为完整的体系。他为公共关系开辟了更加广阔的新天地，是现代公共关系学科的奠基人。他的公共关系思想的一个重要组成部分是"投公众所好"，他认为，应该首先了解公众喜欢什么，对组织有什么期待或要求，在确定公众的价值观和态度的基础上，再进行组织宣传工作，以投公众所好。

（三）现代公共关系

19 世纪 50 年代后，公共关系的实践和理论都有了新的发展，从业人员开始和专家学者结合起来。1952 年，美国著名公共关系学者斯科特·卡特里普和阿伦·森特出版了《有效公共关系》，对公共关系学原理与实务的各个方面都作了透彻的论述，最早提出了公共关系工作原理的"四步工作法"和主张组织公众利益并重平衡的"双向平衡"公共关系模式。他们认为，公共关系就是一个组织为了和公众建立良好的关系而运用的传播原理和方法。这个思想完善了公共关系学的理论体系，使公共关系学日趋成熟，上升到了新的理论高度，并被国际公共关系界普遍接受。《有效公共关系》一书标志着公共关系作为一门学科已基本成熟，所以被称为"公共关系圣经"。自 1952 年出版以来，已经印了 7 次，被美国公共关系协会定为高校公共关系课程标准教材，斯利特·卡特里普被人们誉为"公共关系教育之父"。

1945 年至 1955 年的 10 年间，西欧、南美洲、大洋洲的主要国家和日本、加拿大都出现了公共关系职业，1955 年，国际公共关系协会在伦敦成立。1958 年在比利时首都布鲁塞尔召开了第一次世界公共关系大会。现代公共关系已经成为一种全球性的事业。

1. 公共关系在中国的传播与发展

早在 20 世纪 50 年代，现代公共关系就在我国的台湾、香港地区兴起，在这些地区的一些大中型企业中纷纷设立了公共关系部，聘用受过专门训练的公共关系人员从事公共关系活动。在 20 世纪 70 年代，港台地区的公共关系实务已相当普遍，并达到了较高的水平。

中国内地的公共关系起步较晚。1983 年 9 月，广州中国大酒店成立公共关系部。1984 年 10 月，美国的希尔-诺顿公共关系公司和伟达亚洲有限公司在北京设立了办事处。1985 年 9 月深圳大学举办第一期公共关系大专班。以后不少大学相继开设公共关系课程，设立公共关系专业。各种公共关系社团相继成立。1999 年 1 月，国家劳动和社会保障部成立了国家职业资格工作委员会公共关系专业委员会，《公共关系人员国家职业标准》在北京通过鉴定，公共关系正式列入《中华人民共和国职业分类大典》。公共关系从业人员从此进入了岗位资格考试的制度管理规范，许多人获得了相应级别的公共关系员资格。

由于市场竞争的推动，公共关系专业化的发展日趋成熟，中国的公共关系事业正逐步进入一个更新的发展时期。

相关链接1-1

《公关世界》主办首届公关节

2010 年 4 月 26～27 日，由《公关世界》杂志社主办的以"推动公关在经济舞台上的地位和影响"为主旨的"2010 首届博鳌公关节暨首届公关创新示范单位/领军人物评选颁奖典礼"在海南博鳌成功举行。

此次公关节以"推动公关在经济舞台上的地位和影响"为宗旨，围绕"公关缔造和谐——公共关系与海南国际旅游岛建设"这一主题，重点研讨公共关系对旅游经济，特别是海南国际旅游岛建设的重大推动作用，深入探讨了海南国际旅游岛品牌建设的国际化之路。本次公关节还对 2009 年中国公关事业的发展进行了盘点，表彰了 2009 年对中国公关事业做出重大贡献、具有重大影响力的年度公关创新单位、领军人物及新锐人物。

2. 国际公共关系的发展趋势

世界公共关系已走过了整整一百年的历程。随着人类已经进入 21 世纪，世界正在经历着复杂而深刻的变化，经济全球化、政治多极化、文化多样化和信息网络化，正在成为这个时代的重要特征。人类当代的社会生活方式和工作方式正在发生巨大改变，公共关系也必须跟上时代的步伐，在发展中寻求蜕变。展望未来的公共关系事业，大体可呈以下几种发展趋势。

(1) 公共关系理论的系统化。公共关系理论是一门综合交叉学科，也是一门系统科学，随着时代的发展，公共关系学科将不断吸纳各门社会科学和人文科学的最新成果，不断丰富公共关系理论的内涵，从而日趋科学化、完整化、系统化。

(2) 公共关系活动的全球化。伴随电子计算机和国际互联网的迅速普及应用，以及信息传播手段的全球化必将带来公共关系活动的全球化。

(3) 公共关系主体的多元化。随着公共关系在社会生活中的广泛应用，公共关系的主体已经从一元化走向多元化。除目前公认的三大公共关系领域外，知识经济的发展必然导致公共关系主体向知识战场的转移。

(4) 公共关系客体的专门化。现代条件下，公共关系对象的分类日益细化和专门化，公共关系必将涌现出更为详尽的专门化的公共关系活动，如员工公共关系、金融公共关系、营销公共关系等，据预测本世纪营销公共关系将是公共关系工作的重点。

(5) 公共关系手段的高科技化。随着新世纪科学技术的不断发展，各级组织已越来越认识到信息网络、现代传媒技术对公共关系传播的重要意义。网络传播的交互性、个性化、多媒体以及容量无限和传播的全球性特点，决定了未来的公共关系手段将是一种更加数字化的手段，人们会在高科技的服务支撑下，实现真正意义的人际互动。

（6）公共关系知识的普及化。公共关系越来越成为现代组织参与社会竞争的重要手段。任何组织要想求生存、求发展，必须重视学习与应用公共关系的知识与技巧，积极开展公共关系活动。同时，公共关系是指导人们日常行为，调整人际关系，增强自身社会适应性的一种有效工具。公共关系对于每一个个人来说，无论你从事什么工作，都要与组织、与他人相处，广交朋友、化解矛盾、处理危机等，因此，公共关系必将越来越被重视，公共关系知识越来越被普及。

（7）公共关系人才的复合化。现代社会的发展，对公共关系人才的要求已不再是单一的知识或技能，它要求人才知识面宽，又有一定深度，既是某一领域的"专才"，又是社会领域的"通才"；既具有复合型的思维，又富于形象化思考。只有如此，才能化无形的知识为有形的生产力。

（8）公共关系地位的战略化。如今，公共关系已成为企业家们经营必不可少的战术手段。随着世界经济的一体化进程，促使了全球公共关系时代的到来。面对如此形势，公共关系行业的战略地位必将逐步确立并日益提高。2008年北京奥运会、2010年上海世博会已经极大地推动了我国公共关系服务市场的全面发展。在新时代背景下，公共关系将在更广泛的社会经济领域发挥积极作用。

公共关系组织机构是具体承担和实施公共关系活动的部门或组织。常见的公共关系组织机构有组织内的公共关系部、社会上独立的公共关系公司和公共关系社会团体。

第五节 公共关系组织机构

一、公共关系部

（一）公共关系部在企业中的性质和地位

组织内部设置的公共关系机构一般称作"公共关系部"，它的名称还有公共事务部、公共信息部、公关广告部、沟通联络部、团体关系部等。公共关系部在组织中扮演"中介"角色，它是组织内部为处理、协调、发展本组织与社会公众和组织内部公众的关系而设立的贯彻组织的公共关系思想、开展公共关系活动的专业管理职能机构。公共关系部追求组织和社会利益的一致性，努力树立组织良好形象，在管理部门与其他部门之间、组织与外部环境之间，负责建立联系、沟通信息、协调行动、并有机会参与决策。因此公共关系部在组织中实际还承担着"情报部"、"参谋部"、"策划部"、"宣传部"、"外交部"、"消防队"等角色，是组织重要的职能部门，它在组织中的地位与作用是其他部门无法取代的。

（二）公共关系部的主要职能

1. 信息收集和处理。通过对组织内各部门、各方面的接触联系，对组织外公众的信息进行收集，掌握组织内外公众的要求和倾向，为最高领导层提供决策进行参谋。

2. 新闻传播。公共关系部根据组织的决策，对组织内外部公众进行宣传、阐释等信息传递。新闻传播的内容包括：编制刊物、画册等宣传品；与社会媒体沟通，并提供相关新闻资料；负责公共关系广告设计。

3. 协调沟通。公共关系部要与组织内外部公众保持沟通，协调组织上下、内外各方面关系，为组织创造和谐的人际环境和社会环境。

4. 处理突发事件。对突发事件，公共关系部门要及时协助组织最高当局，迅速客观地调查处理，营造有利于组织生存发展的环境。

5. 举办专门活动。公共关系部门要适时地策划举办各种专门活动，如展览、参观访问、新闻发布会、记者招待会、交流会、联谊会等，有效塑造组织的良好形象。

（三）公共关系部的组建原则

公共关系部是组织内部的一个专门从事公共关系工作的部门，它的组建必须遵循一定的组织原则。

1. 精简原则。这是组建一个机构的基本原则，公共关系部的人员岗位和编制要精简，不要人浮于事。组织的公共关系部的规模可大可小，在确定公共关系部的规模时，一般要考虑组织本身规模、组织内部各职能部门的职能分配、组织对公共关系部的要求、组织的公众特点等情况。

公共关系部的人员通常是按组织的规模或组织的工作量与营业额两个变量来确定的。以企业为例，公共关系部的人数一般不能超过各管理机构的平均人数。一般说来，公共关系部的规模与组织规模呈现一种正相关态势。美国公共关系学者经过调查发现：年产值超过 10 亿美元的大型企业，公共关系部平均人数为 44 人，一般的大中型企业平均为 10 人，其他文教、医疗、基金会等组织为 6～7 人。

2. 效能原则。公共关系部的每一项工作都可能涉及组织的声誉和形象。因此在设立公共关系部时，一方面要界定公共关系部的职责和权利，让公共关系部门拥有其职责范围内相应的人、财、物的决策权，以保证其工作的主动性和积极性；另一方面要合理设置公共关系部内部的二级机构，使整个公共关系部能有效地整合起来，发挥最大威力。

3. 灵活机动原则。公共关系部的工作既包括日常性的信息收集和整理分析、公众来访接待、常规公共关系宣传等工作，也包括一些临时性大型专题活动的组织和临时性突发事件的处理。这就要求组织在设立公共关系部时，保持高度的灵活性和应变能力。

（四）企业内部设置公共关系部的模式和特点

组织公共关系部设置的模式是多种多样的，可以根据各个组织不同的具体情况来定。从公共关系部在组织中的地位和它自身的内部设置入手，把组织公共关系部设置的模式分为宏观模式和微观模式两种。宏观模式也称地位模式，是根据公共关系部在企业中的位置即隶属关系来划分的，微观模式是根据公共关系部的内部结构来划分的。

1. 宏观模式。宏观模式包括部门所属型、部门并列型、领导直属型三种形式。

（1）部门所属型。部门所属型是指公共关系隶属于组织中的某个二级职能部门，如经营部门、销售部门、人力资源部门、外事接待部门、广告部门、办公室等，是这个二级职能部门的一个下属分支机构。作为组织的第三级机构，公共关系部不同的归属体现其工作的不同的侧重点，由所在部门负责人兼任公共关系部负责人。这种模式不能全面体现公共关系的职能，对中小型组织比较适用。部门所属型如图 1-1 所示。

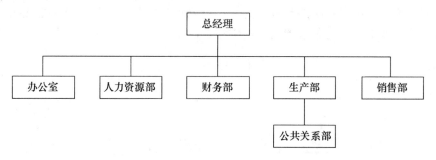

图1-1 部门所属型

（2）部门并列型。部门并列型是指公共关系部与组织的其他职能部门平行设置，共处于二级职能部门的位置。公共关系部的负责人与其他职能部门负责人地位平等。部门并列型比部门所属型的公共关系部的地位高了一级，可以参与最高层决策，能相对独立和较为全面地开展公共关系活动。但当其他二级部门与公共关系部门之间发生矛盾需要协调时，同属于二级部门的公共关系部很难用这种平行部门的角色去开展"内求团结"的工作。但这种模式一般只适用于较大型的组织，中小型组织不太适用。部门并列型如图1-2所示。

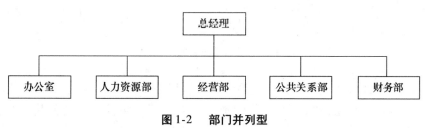

图1-2 部门并列型

（3）领导直属型。领导直属型是指公共关系部直接属于组织的最高决策层领导，其活动与最高决策层直接联系，从组织形式上充分显示了公共关系工作的权威性和公共关系部在企业中的重要地位，公共关系部成为介于最高决策层与二级职能部门之间的相对独立性机构。领导直属型如图1-3所示。

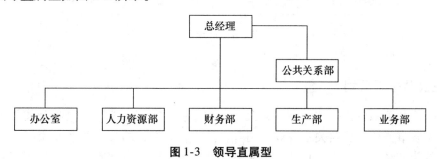

图1-3 领导直属型

领导直属型是一种较为理想的设置模式，它使公共关系部能够自由地与其他部门沟通，充分地参与组织的决策，有效地协调各部门之间的关系，统筹安排组织的各项公共关系活动。

2. 微观模式。微观模式包括对象型、职能型、过程型三种形式。

（1）对象型。对象型是指公共关系部以不同公众为对象，分别设立以相应的工作对象作为机构的名称。其优点是能熟悉自己的工作对象，准确及时了解公众的需要和反映，便于有针对性地开展工作。对象型如图 1-4 所示。

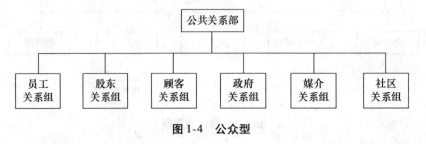

图 1-4 公众型

（2）职能型。职能型是指按公共关系职能分类建立起来的公共关系部，其特点是各职能部门都配有通晓专门业务的人员，他们运用专门知识处理公共关系活动中所遇到的各类问题，使公共关系工作更有针对性。职能型如图 1-5 所示。

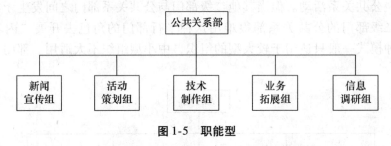

图 1-5 职能型

（3）过程型。过程型是指按公共关系工作的过程分类所建立起来的机构。其特点是各职能部门的工作内容专业性强，工作范围集中，易于积累经验，提高公共关系活动的效果。过程型如图 1-6 所示。

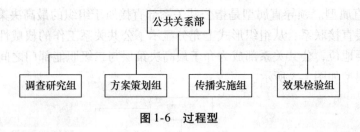

图 1-6 过程型

二、专业公共关系公司

独立的公共关系机构称"公共关系公司"（简称"公关公司"），也叫公共关系代理公司、公共关系事务所、公共关系咨询公司等，是由各具专长的公共关系专家组成，运用专门知识、技能和经验，以法人身份专门从事公共关系活动和咨询服务或接受客户委托为其开展公共关系活动，并收取费用的社会服务性机构。它不隶属于特定组织，在产权上是独立的，体制上也是独立的；以办理社会上其他组织或个人委托的公共关系事务的收入作为本机构的经济来源，自负盈亏，经济上是独立的。公共关系公司是公共关系职业化发达的产物。由于公共关系公司大都由专业人士组成，具有较高的专业水平、广泛的社会影响和显著的工作效果，因而公共关系公司得到了迅速发展。

最早的公共关系公司是"现代公共关系之父——艾维·李创立的公共关系事务所，而世界上最早的以公共关系公司名义出现的公司则是1920年美国人N.艾尔创立的。总部设在纽约的博雅公共关系公司是目前全球最大的公共关系公司，在35个国家和地区的76家办事处雇佣了2 100多人。1986年，北京成立了中国首家公共关系公司——中国环球公共关系公司，随后全国各地都纷纷涌现出许多公共关系公司。无论是在国外还是国内，公共关系公司都已成为发展迅速、成长潜力良好的一类服务性公司。

（一）公共关系公司的经营范围

公共关系公司有大有小，其经营的业务也各有不同。有的公司专门提供咨询服务，如采集信息、分析公共关系状态、预测公共关系环境发展趋势，或提供客户要求的其他服务。有的公共关系公司则提供全方位服务，从教育培训、咨询服务到专题策划、形象设计、公共关系广告设计等。专业、规范的公共关系公司提供的服务主要是以下几种。

1. 信息调研。为客户搜集、分析、处理信息。

2. 咨询建议。就客户的公共关系状态、组织形象、所实施的公共关系活动成败得失或未来公共关系决策等，提供分析、诊断和咨询建议。

3. 业务培训。受客户委托，对客户的公共关系从业人员或全体员工进行公共关系理论和实务的培训。

4. 编写资料。如公共关系宣传海报、新闻稿、宣传手册、讲演稿、股东年度报告等。

5. 策划活动。为客户提供并实施形象策划、专题活动策划方案。

6. 其他服务。客户要求的其他公共关系业务工作。

（二）公共关系公司的类型

公共关系公司的经营范围是广泛的，但并不是所有公共关系公司都能经营所有业务。根据公司所经营的业务不同，可以分为以下四种类型。

1. 综合型公共关系公司。这一类公共关系公司能提供全面的公共关系服务。它们为客户收集情报、提供咨询、制订方案、设计广告、制作徽标、撰写资料、传播新闻、举办展览、组织联谊、培训人员等。这类公司一般都是规模大、实力强、联系广泛、手段齐全，以它的各种专业人才和专门设备为客户提供灵活多样的全面服务。如美国爱德曼国际公共关系公司等。

2. 咨询型公共关系公司。这一类公共关系公司的主要业务是为客户提供智力型服务，进行公共关系的分析、预测、策划、评估，提供有关政策、法律、市场、人才、商品、投资等各种信息。

3. 服务型公共关系公司。这一类公共关系公司的业务局限在某些行业上，如"金融服务公司"、"财政服务公司"、"公共关系广告公司"、"文化传播公司"等。这类公司最大的特点是能对有关客户给予权威性解答，在所专长的行业里对客户提供满意的服务。

4. 顾问型公共关系公司。这一类公司是由享有盛誉的各行业专家组成的，他们固定或不固定地受聘于客户，为客户提供公共关系实地调查、公共关系方案策划、进行公共关系评析、处理公共关系危机，也有的专为一些政客参加竞选制订竞选策略并组织竞选活动。

第六节 公共关系从业人员

公共关系从业人员是指以从事公共关系工作为专门职业的人员，不包括业余或兼职的公共关系从业人员，他们是公共关系活动的主体核心。在欧、美国家，对公共关系从业人员的称呼有 PR Practitioner（公共关系从业人员）、PR Man（公共关系从业人员）、PR Officer（公共关系官员）。我国对公共关系从业人员的职业定义是：专门从事组织机构公众信息传播、关系协调与形象管理事务的调查、咨询、策划和实施的人员。

任何公共关系活动，如公共关系活动的策划、组织、实施、评价，公共关系教育和培训，公共关系咨询和普及推广均需要由人来组织和实施，因为公共关系从业人员作为公共关系的实施者，公共关系从业人员素质的优劣，能力的高低，直接影响公共关系工作的成败，甚至影响整个企业在公众中的形象。所以，公共关系从业人员是整个公共关系活动的核心，企业建立公共关系机构之后，必须配备一批德才兼备的公共关系工作人员。

公共关系人才分为通才型和专才型两种人才。通才型人才是指知识结构合理，有良好的综合能力素质，在工作中能独当一面，能较好地处理复杂问题的公共关系领导人才或专职管理人员。有人把此类人才结构形象地称为"三个 1/3"，即 1/3 具有企业家的头脑，以及竞争精神；1/3 具有宣传家的传播能力，信息灵通；1/3 具有外交家的高雅举止，善交朋友。专才型人才是指比较精通于编辑、写作、创意、市场调查等某方面的公共关系技术技能的人才。

公共关系从业人员是公共关系活动赖以成功的最根本要素，而且随着社会的不断发展，对公共关系从业人员的需求还在不断增加。公共关系从业人员不仅需求多、增长快，而且也是少数几个高薪行业之一。与高薪职位相对应的是富有挑战性的工作。他们必须和高层领导、挑剔的顾客、怨气冲天的内部员工、不懂专业的股东、狡猾的竞争对手等各类公众打交道，必须在变幻莫测的复杂环境中与各色人物周旋。显然，公共关系职业对公共关系从业人员提出了相当高的要求，所以并不是任何人想从事公共关系工作就能从事，公共关系职业需要一种资格，这种资格就是我们将要讲到的公共关系从业人员的素质。素质是一个人身心条件的综合表现，包括身体条件、性格、气质、能力、智慧、经验、品德等。这里我们是从广义的角度去探讨公共关系从业人员的专业素质和能力结构。

一、公共关系从业人员的素质

（一）公共关系从业人员的生理素质

生理素质是指一个人在先天遗传性和后天获得性的基础上发展起来的人体形态结构和生理功能上相对稳定的特征，它包括性别、年龄、体型、体质、体格、神经系统、脑、感觉器官等生理解剖特点，也包括反应速度、运动能力、应激水平、负荷限度、环境适应能力、疾病抵抗能力等生理机能特点。因为公共关系从业人员经常要代表组织与外部各方面的公众进行交往，从其一个方面表现了组织形象，所以公共关系从业人员从生理素质而言，应该有健康的体魄、快捷的反应、较强的适应能力等。这些"硬件"可以给公共关系对象留下良好的第一印象，从而更加顺利地实现双方的沟通合作。

（二）公共关系从业人员的道德素质

公共关系是一门塑造形象、建立企业良好声誉的科学和艺术，这就要求从业人员必须具有优秀的道德品质，恪尽职守的态度，公道正派的作风。在代表组织协调各种关系中，尽心尽责，不谋私利，不徇私情，为人正直，处事公道，讲究信用，遵纪守法。

（三）公共关系从业人员的文化素质

知识是公共关系从业人员施展才能的基础。公共关系工作是一项综合性的创造活动，它需要公共关系从业人员具备复合的知识结构和较高层次的文化修养。因此，公共关系从业人员要有效地做好公共关系工作就必须具有一定的文化知识素质，主要包括以下几点。

1. 理论政策水平。理论政策水平是公共关系从业人员文化素质的首要方面，理论政策水平决定着公共关系活动的方向和质量。公共关系从业人员的重要职能之一是抓住各种有利时机，向组织领导提供及时准确的政策咨询，这就需要公共关系从业人员有较高的理论觉悟和政策水平。

一方面公共关系从业人员要熟悉掌握党和政府的各项政策、法规、法律，以及与本组织相关的政策法令，使自己的公共关系工作能纳入国家政策的大轨道。另一方面，必须熟练地运用组织内部的有关政策和方针，使各项公共关系活动为组织整体目标服务，以促进组织发展。此外，还应关注和把握其他组织，尤其是竞争对手的方针、政策，关注整个行业的变化。总之要使公共关系活动用对政策、用好政策、用活政策。

2. 专业知识结构。公共关系是一项专业性很强的工作。公共关系学科的特点，决定了从事公共关系工作的人员必须同时具备以下三个层次的结构。

（1）公共关系专业知识。它主要包括公共关系原理，如公共关系的基本概念、过程、基本要素；公共关系实务，如公共关系调查、策划、项目实施、方案评估、专门活动等，其中要有很重要的公共关系专业技能知识：如宣传资料的设计、新闻报道的写作、摄影与采访技术、舆论调查，民意测验、演讲、接待等技能知识。

（2）公共关系相关知识。公共关系是一门新兴的综合性的边缘学科，相关学科很多，如管理学、社会学、心理学、市场学、广告学、新闻学、传播学、法学、经济学、演讲与写作等。在公共关系实务活动中公共关系从业人员要收集信息，就需掌握统计学、调查方法、市场学、心理学等知识；公共关系要传播，就需掌握传播学、广告学、社会学等知识。公共关系从业人员应广泛涉猎，最好建立如国外经济管理学派提出的"蜘蛛网型"知识结构。

（3）公共关系业务涉及的特定行业知识。公共关系是为特定的行业服务的，如旅游行业、餐饮行业、娱乐行业等，这就需要公共关系从业人员具备相应的行业知识，才能有效地开展工作。

公共关系专业知识结构，涉及面很宽，既有理论知识，又有操作技能。因此，理想的公共关系从业人员应当是专才式或通才式的人物。通才式的人物除了具有理论政策水平、专业知识结构外，最好能够具有特定行业相关工作经验，这样有助于应付各种复杂局面。

（四）公共关系从业人员的心理素质

公共关系从业人员要和社会上的各种各样的人打交道，常常需要面对各种难题、矛盾和困境，公共关系活动的综合性、复杂性决定了公共关系从业人员必须具备良好的心理素质。心理素质是指人在心理方面的特点与品质，它包括人的感知能力、思维能力、反应能力、记忆能力、运动能力，以及个人的性格、气质、兴趣、意志等方面的特征。公共关系从业人员的良好心理素质应该体现在以下几个方面。

1. 自信豁达。公共关系是一种开放型的工作，又是一种创造性很强的工作，也是一种艰苦的工作，它要求公共关系从业人员以开放的心理和热情的态度去不断面对新挑战、接受新观念、认识新事物、熟悉新情况。

自信，是对公共关系从业人员心理素质最基本的要求，是取得事业成功的基石，一个公共关系从业人员只有相信自己的能力和力量才能在人际交往中充分发挥自己的才能。

豁达是指公共关系从业人员必须具有良好的心理承受能力，宽宏大度。公共关系从业人员要和各种各样的人交往，要为组织协调方方面面的关系网络。公共关系从业人员要有海纳百川的性格，能容纳他人的不同观点，善于同各种各样的人结交朋友。还要能以豁达乐观的态度，能冷静地对待和处理工作中的困难与挫折，无论是成功还是失败，顺境还是逆境，都善于控制自己的情绪和行为，理智地对待问题，解决问题。

2. 成熟乐观。公共关系工作始终是争取人心、求得"人和"的工作。公共关系状态复杂多变，要求公共关系从业人员遇事冷静思考，意志坚定，同时要热情开朗、乐观幽默、举止得体、善解人意，既有感染力和吸引力，又有忍耐力和周旋力，使别人能愉快地接受你。只有这样才能处理好各种关系，应付各种复杂的公共关系任务，从而有利于公共关系工作的顺利进行。据分析，外向型性格的人比内向型性格的人更适于从事公共关系工作。所以从公共关系工作的要求看，公共关系从业人员的性格最好是自信豁达、开朗乐观，只有这样才能搞好公共关系工作。另外，从气质类型上看，人的气质类型分四种，分别为胆汁质、多血质、黏液质、抑郁质，对于公共关系从业人员来讲，最好的气质类型是多血质。

3. 思维敏锐。敏锐的思维是在与公众沟通中不可缺少的一种心理素质。公共关系活动的环境是千变万化的，要适应环境的复杂性和不确定性，公共关系从业人员必须勤于思考和分析，善于捕捉和利用各种可靠的信息，要有"狗一样的嗅觉，猫一样的灵敏"，运用丰富的想象力和创造力去策划各种公共关系活动。

4. 兴趣广泛。公共关系从业人员要与各行各业的人打交道，一个多才多艺的公共关系从业人员比兴趣单一的人要多许多沟通的手段和机会。公共关系从业人员应培养自己的多方面兴趣，涉猎各方面的知识，如琴棋书画、打球、收藏、摄影、旅游、歌曲、影视、烹调等，这样就能与各类公众建立共同的语言区域，避免"话不投机半句多"的沟通障碍，使公众能够产生认同感和亲切感，使彼此间容易建立起密切关系。因此，公共关系从业人员要根据工作需要，培养自己广泛的兴趣。在第一次跟客户联系时，要注意观察对方的兴趣爱好，尽可能先谈对方有兴趣爱好的事，然后再谈公务。这样才能更好地开展公共关系工作。

二、公共关系从业人员的能力结构

相关链接1-2

　　美国一位公共关系专家坎托曾在《公共关系杂志》(Public Relations Journal) 上撰文，阐述成功的公共关系从业人员的十大特征：(1) 对于紧张状态做出反应；(2) 个人主动性；(3) 好奇心和学习兴趣；(4) 精力、活力和抱负；(5) 客观的思考；(6) 灵活的态度；(7) 为其他人提供服务；(8) 友善；(9) 多才多艺；(10) 缺乏自我意识。分析这十大成功因素，我们发现大都与公共关系从业人员的工作能力相关，由此可以看出，较强的综合能力对公共关系从业人员十分重要。

　　能力是人从事某项活动、完成某项工作的本领。公共关系从业人员的能力对工作成绩有着巨大的影响。

（一）信息处理能力

　　公共关系从业人员要眼观六路、耳听八方，善于分析形势，把握社会环境变化发展的趋势；要善于发现和挖掘与本组织有关的一切信息，把它们加以处理后提供给领导层作为决策依据；要善于把组织的信息用最有效的传播手段告诉有关的公众，并收集反馈信息。公共关系从业人员良好的信息处理能力尤其能使企业有效地防范危机。

（二）语言表达能力

　　常言道"良言一句九寒暖，恶语伤人三伏寒"。公共关系工作的效果在相当程度上要依靠公共关系从业人员的口才。公共关系从业人员需要经常出席各种场合，有时需要代表组织介绍情况、解释政策等，这些场合需要公共关系从业人员思维敏捷，反应迅速，条理清晰，谈吐得体。公共关系交流沟通是否成功和有效，很大程度上取决于公共关系从业人员良好的语言表达能力。具有良好的语言表达能力的人，往往可以吸引人、打动人、说服人。这就要求公共关系从业人员要掌握好说话的技巧和艺术，除了心诚，还要注意语气、语音、语速、语调、表情、风格、方式等，尽量给人一种亲切感和认同感。

（三）文字写作能力

　　公共关系的大量工作都离不开写作：新闻稿、广告词、讲演稿、策划书、评估报告……因此公共关系从业人员应掌握一定的写作知识，具有熟练的文字表达技巧。写出来的文章应文笔流畅、条理清晰、分析透彻、表意明确、格式得体。美国公共关系从业人员从业要求第一条就是会"有效的写作"。一篇精彩的公共关系新闻稿、一句绝妙的公共关系广告词，给组织带来的好处也许是你意想不到的。

（四）协调应变能力

　　公共关系工作除了大量的日常工作，还要策划和组织各种大型专题活动。这就需要公共关系从业人员善于协调和组织，公共关系工作面对的是复杂多变的外部环境，公共关系活动中经常会出现一些突发事件和事先难以预料到的问题，这就要求公共关系从业人员必须根据实际情况，灵活从容地应对，以有效地解决问题。在日常工作中遇到困难和挫折时，要能够冷静思考，遇事不乱、随机应变、协调好各种关系和化解各种纠纷及矛盾。

（五）社会交往能力

公共关系就是要为组织广结良缘，广交朋友，在组织与公众之间架起沟通的"桥梁"，形成"人和"的氛围和环境。为此，它需要公共关系从业人员正确认识公众，把握交往的技巧，了解公众的行为特点，懂得社交场合中的各种风俗和礼仪，学会与各种类型和特点的公众打交道，以高雅、随和、诚实和开朗博得公众的信任和尊重。

（六）创意策划能力

公共关系工作是一项极富挑战性和创造性的工作，公共关系从业人员是组织与公众的中介者，但绝不是"传声筒"，必须以自己的想象力和创造能力来影响和感染公众。不满现状，不断超越，追求卓越，追求创新是公共关系从业人员的应有素质。公共关系活动是一种创造性的智力活动，无论是重大的公共关系活动策划，还是一般的客户联谊活动，都需要公共关系从业人员审时度势、独具创意、推陈出新，以引起公众的关注和新闻媒介的重视，为组织创造良好的社会效益和经济效益。因此，公共关系从业人员要敢于打破常规，发挥创造力和想象力，刻意求新，在工作中不断推出新的构思，采用新的形式，把公共关系工作搞得有声有色，公共关系活动才能取得成效。

（七）专业操作技能

公共关系从业人员应是多才多艺的"多面手"，除具有专业基础知识和能力外，还应掌握计算机、电讯、制图制表、声像、影响、摄影等技术，以提高公共关系活动的层次与效果。

情景导出

小张通过恶补，明白了公共关系的基本概念以及公共关系搜集信息、参与经营决策、传播沟通、联络协调、教育引导、科学预警的基本功能，了解了公关的历史以及发展规律，知晓了公共关系的主体、对象、手段、本质、目标五个要素；并且还知道了公共关系与人际关系、庸俗关系、市场营销、广告和宣传的区别；知道了公关部门应该具有的职责，并且还明白了自己作为一名公共关系从业人员应该具有的素质。

思考、实训与案例分析

【复习与思考】

1. 有人说："公共关系就是争取对你有用的朋友。"此话对吗？

2. 公共关系的构成要素有哪些？

3. 有人说："拉关系、走后门也是为组织广交朋友，开拓生存发展空间，这与公共关系的目的是相同的。"你认为呢？

4. 公共关系的目标是什么？

5. 组织开展公共关系活动应当注意搜集哪些信息？

6. 你认为公共关系就是"说真话"、"讲实情"吗？

7. 试举两个所见所闻的实例，说明当前我国公共关系"误区"仍未消除。

8. 做一名合格的公共关系工作人员需要具备哪些方面的基本素质和能力？

9. 许多人认为，他们的性格和气质使他们不具备成为成功公共关系从业人员的条件。你如何评价这种看法？你认为性格和气质在优秀公共关系从业人员的成功中起到多大作用？

【实训】

将全班同学按不同宿舍、不同性别、不同性格、不同爱好的原则进行分组，每 6 人组成一个小组，成立模拟公司，给自己的公司命名，并确定自己公司的经营内容，建立自己的组织机构，人员按组织机构分配到不同部门，为后面章节的相关实训做准备。

【案例分析】

永不落幕的世博会

2010 年 5 月 1 日，上海世博会共吸引了 190 个国家、56 个国际组织以及近百个中外城市和企业参展，吸引了来自世界各地超过 7300 万的观众，参展方数量和参观者人数均创历史新高。上海世博会是一次世界瞩目的盛会，它以"城市，让生活更美好"为主题，全世界的人们在这里探讨城市生活，实现人类文明的精彩对话。上海市政府广泛学习各国举办世博会的成功经验，制订上海世博会的沟通推介计划，开展一系列海内外的推广活动，扩大 2010 年上海世博会的国际影响。此外，上海世博会还首次开办网上世博会，将展馆和景区全部搬到网上，使上海世博会成为"永不落幕的世博会"。

上海世博会成为奥运会之后最大的宣传国家影响力的公关事件。其带来的公关机会为国家、城市、企业带来了一次全新的品牌形象传播，诠释了公共关系无处不在的力量。

分析与讨论：试结合公共关系理论，对世博会的做法进行评析。

"超女"、"快男"的成功

"超女"、"快男"的推出使原本火爆的湖南卫视收视率再创新高，尤其是"第二节超级女声"大赛甚至达到了轰动全国的地步。而 2007 年的"快男"也在短短 3 个月时间内打了一场高效漂亮的闪电战。"超女"、"快男"何以取得如此巨大的成功？让那么多媒体跟踪报道，让那么多百姓街谈巷议，这和他们所从事的公共关系活动是密切相关的。

分析与讨论：请结合公共关系的组织、公众和传播三要素，通过查找"蒙牛—超女"和"闪亮—快男"的具体详细的资料，对其成功进行分析。

第二章　公共关系传播

学习目标

1. 了解传播的内涵，掌握传播的要素、类型、方式。

2. 了解公共关系传播的内涵，知晓公共关系传播媒介，掌握提高公共关系传播的技巧。

3. 了解选择媒介的原则，了解组织新闻传播的基本原则，掌握媒介的不同运用方式，能够进行新闻宣传稿的写作。

情景导入

小张在公共关系部门主要负责与媒体沟通工作，当他就职的食品企业推出新产品时，小张以新闻稿的形式提供给记者，想让其在媒体发布信息以配合新产品的宣传。结果提供给媒体的资料并未被采纳，小张百思不得其解，平时自己与媒体的关系很好，怎么提供的稿件不能发布呢，他陷入迷茫中……

第一节　传　　播

公共关系传播与沟通是实现公共关系职能的重要手段，是组织联系公众的纽带，现代传播媒介和传播方式的发展，使公共关系的信息传播内容更加丰富、形式更加多样，范围更加广阔。

一、传播的含义

传播是人与人、人与群体或社会之间通过对信息的双向传递、反馈、交流和分享，以达到某种目的或效果的过程。传播是以信息作为对象和内容的，没有信息交流，就没有传播，信息的交流过程就是传播。在现代社会，高度发达的信息传播事业，促进了人类社会文明的高速发展和进步。

传播的基本含义我们可以从以下几个方面理解。

1. 传播是社会组织有组织、有目的、完整的行为过程。传播活动是按照社会组织既定的总目标，经过精心策划有步骤地进行的。1948 年，美国传播学家 H. 拉斯韦尔提出了"5W 模式"，即：Who（谁）；Say What（说什么）；Through Which Channel（通过什么渠道）；To Whom（对谁说的）；With What effect（产生什么效果）。拉斯韦尔把传播过程分解为五个组成部分，即传播者、信息、媒体、受传者和效果。5W 模式在大众传播中获得广泛的应用。因此，传播过程必须完全符合传播学的"5W 模式"。

2. 传播是一种双向的信息交流活动。传播者与受传者双方是在传递、反馈、交流等一系列过程中获得信息。没有信息，就没有传播。人们通过双向的信息交流，使双方在利益限度内最大限度地取得理解，达成共识的过程。因此，传播过程是人们之间相互影响、相互制约、相互作用的信息交流的过程。

3. 传播是通过符号与媒介表达和理解信息的。传播者通过有意义的符号与媒介把自己的某种信息传递给受传者，受传者根据传播者提供的信息，经过分析、推理来领会或把握对方的意图。可见，传播离不开符号与媒介。

4. 传播的目的是达到传授双方各自利益的某种愿望或取得某种效果。无论是传播者，还是受传者，他们都是有目的、有意图、自觉地参与传播活动的，因此，他们在传播过程中都有自身的利益的需求。只要传播产生了效果，就说明传播的目的达到了。

二、传播的要素

传播的构成要素有两类：一类是基本要素，另一类是隐含要素。

（一）传播的基本要素

传播的基本要素是公共关系传播的"硬件"。它主要包括以下几个点。

1. 传播者。它在传播学中被称为信源，传播者是信息的发布者，是信息传播的源头。在社会传播中，传播者有三种类型：个人、群体和组织。在公共关系传播中，传播者一般是指某一个具体的社会组织。

2. 受传者。它在传播学中被称为信宿。受传者是接受信息、反应信息、利用信息的人，是信息传播的对象和归宿。没有受传者，信息传播毫无意义。在公共关系传播中，受传者一般是指社会公众。受传者有四种类型：个人、群体、组织和公众。在开放传播的条件下，信源和信宿的角色可以互相转变。

3. 信息。信息是指由一组相互关联的有意义的符号组成的，能够表达某种完整意义的消息。信息是传播的客体。在公共关系传播中，信息是指用一定的符号表达出来的具有新内容、新知识的消息，其中包括对人与事的判断、观念、态度和情感等。信息就是传播的内容。

4. 媒介。媒介是用以记录和保存信息并可重现信息的载体，即媒介是信息的表现形式和承载信息的物质形式。在公共关系中，媒介与信息密不可分，离开了媒介，信息就不复存在，更谈不上信息的交流和传播。人们用各种媒介记录、保存、处理、传递、表现信息，如语言媒介、文字媒介、音像媒介、实物媒介等。媒介的表现形式和载体有：报纸、杂志、电视、广播、网络等。在不同的传播活动中，应根据需要选用媒介，既可以使用一种媒介，也可以几种并用，还可以交叉使用。

5. 信道。信道是指信息从信源到达信宿的传播途径或渠道，是连接信源和信宿的纽带，也是信息交流的中介。传播信道主要有口头渠道、印刷渠道、电子渠道等。信道的质量决定传播是否畅通、高效。信道的性质和特点，将决定对媒介的选择。如在谈话中，传者如果是以声波为交流信道的，那么，声波信道的特性，便决定了所选取的交流媒介，只能是具有"发声"功能的物体、材料和支持手段。同样，如果以频道为信息传递渠道，那么，其媒介选择只能是电子类的载体。如果考虑资金状况进行信息传播，则选择人员促销的媒介。

6. 反馈。反馈是指受传者对接收到的信息的反应或回应，也是信宿对信源的反作用。反馈的程度与传播的效果直接相关。

（二）传播的隐含要素

传播的隐含要素是公共关系传播的"软件"。它主要包括以下几点。

1. 时空环境。时空环境包括时间和空间两个方面。

（1）时间。从时间角度看，时空环境对传播的影响体现在：单位时间内所传播的有效信息量，它反映了传播的有效信息量的大小；传播时机的选择，即在何时进行传播，它体现了传播的效果。传播时机的选择适当与否，会直接影响传播的效果。

（2）空间。空间是指传播活动的物理环境。传播信息总是在具体的空间环境之中进行的，不同的环境条件会使人对信息有不同的感受，并产生不同的传播效果。空间环境影响传播效果一般有两个方面。

① 座位的设置排列。座位方位设置排列的不同也会产生不同的传播效果，因此，应该根据信息传播目的来安排不同的就座方位。如果是向员工作报告，应采用并排同向的教室型座位排列，以此避免员工之间的横向沟通，从而加强纵向传播效果；如果是举办联谊会，则应采用围桌而坐的方式，以增加彼此之间的交往次数和表示友好的机会。

② 交流环境的气氛。包括音响、照明、室内温度和整洁程度等。比如，建在铁路旁边的学校的教学效果肯定不如建在环境幽静的学校的教学效果好。因此，不可忽视"环境效应"。

2. 心理因素。心理因素主要是指信息受传者的情感心理状态。在不同的情感状态下，人们接收信息的效果是不一样的。心理学研究表明：人们在某种社会活动中的情绪状况是否"愉悦"，是影响其参与这种活动效果好坏的重要因素。在"愉悦"的情绪下参与社会活动，人们对所接受的信息容易做出积极的反应，因而传播活动就能取得较好的效果。相反，在"郁闷"的情绪下参与社会活动，人们对所接受的信息难以做出积极的反应，因而传播活动的效果肯定很差。因此，良好的心理状态是达到传播目的的基础。"心心相印"就是传播效果的最佳体现。

3. 文化背景。传播活动本身就是一种文化现象。在传播过程中，文化差异必然会影响传播者与受传者之间的传播效果。不同的民族传统、风俗习惯、思维方式、价值观念和经济环境等，都会使人们对同一信息内容产生不同的甚至是完全相反的主观感受。如在德国，"邀请"这个词的含义是非常明确的，它的意思是谁请客就意味着谁要承担被邀请者的一切经济开支。而在其他国家，"我请你……"，可能意味着"我请客，你掏钱"，在我国当代的年轻人中就不乏这种理念。在传播活动中，尤其是在跨地区文化传播时，不能忽视地区文化的差异性。

4. 权威因素。权威因素就是在传播活动中信息内容的可信程度和传播者本人的社会信誉度。权威因素往往与信誉意识是紧密相连的。信誉是企业生存的基础，在公共关系传播中，传播者的信誉直接影响到传播的效果。一个在公众中信誉极差的传播者传播的信息公众是不屑一顾的。权威因素主要考虑以下两个方面的内容。

（1）传播内容的可信度。在传播过程中，信息内容权威性越高，就越容易使公众信服。在宣传新产品时，企业往往利用用户来信、当事人现身说法、专家学者的评论、学术权威机构的鉴定、产品获得的名次等来提高其广告信息的可信度。但是，由于近年来，一些社会组织在广告宣传中滥用这一方法，导致这一形式的传播效果大打折扣。

（2）传播者本人的社会信誉度。如同传播的信息内容一样，传播者被公众信赖的程度越高，就越容易影响信息传播的效果。公众对传播者所产生的信赖感，一般由三个因素组成："权威效应"，即传播者客观上是这一方面的专家、学者；"名人效应"，即传播者虽然不是这一方面的专家，但由于他的职位、身份而带来的声望，增加了感召力；"首因效应"，即传播者给受众的第一印象良好等。

三、传播的类型

根据传播的特点一般将传播方式分为五种类型，即自我传播、人际传播、组织传播、群体传播、大众传播。

（一）自我传播

自我传播又称自身传播或人的内向交流，即自我的思想斗争和心灵反思。人们内心的思考和独白、内在动机的冲动、自言自语、自我责备、自我陶醉、自我发泄和自我鼓励等，这些思维和心理活动均属于自我传播。自我传播是人类一切传播的基础。自我交流活跃，在人际交往中就比较敏锐，反应迅速。自我心理平衡，就能形成和谐的外界关系，在遇到困难和挫折时也能泰然处之，相反就难于适应多变的外界环境，抵御来自各方面的压力和挫折。

（二）人际传播

人际传播是指个体与个体之间直接的信息传播与交流。它是一种最常见、最广泛的传播方式。其表现形式有面对面的传播和非面对面的传播两种。前者一般通过语言、动作和表情等媒介进行交流；后者则通过电话、网络、书信等媒介进行交流。在人际关系传播中，双方不断地相互调整、相互适应，会产生很好的传播效果。

人际传播的特点有以下几点。

1. 私人性。私人性即两个人之间的交流，如谈话、访问、电话、书信等。

2. 双方的参与性。双方在传播中互为传播主客体，相互讨论、问答、交流、对话。

3. 传播符号的多样性。人际传播的交流手段丰富，传播符号多样化，除了语言、文字、音像外，还有表情、动作、姿态、服饰及时间、空间环境等，使受传者从感觉到理智受到多方面的信息刺激。

4. 反馈的灵敏性。人际传播能通过观察对方的反应及时调整适应。

5. 传播的情感性。人类进行传播交往的动机和需要是复杂的、多方面的，人际传播最有利于情感的交流，最易于达到以情动人的效果。

（三）组织传播

组织传播是组织疏通内外沟通渠道、密切组织内外关系的沟通与交流。组织传播包括组织与其成员之间、组织与其所处环境之间两个方面的沟通与交流。组织与其成员之间的传播有两种形式：一是职能传播，它一般体现为上下级之间的角色沟通，其方向一般是下行和上行的垂直传播，如经理与员工之间的沟通；二是非职能传播，它一般体现为情感沟通，其方向一般是平行的横向传播，如员工与员工之间的沟通、领导与员工之间的情感沟通。组织与其所处环境之间的传播就是组织与其外部各类组织或公众之间的沟通与交流。

（四）群体传播

群体传播是指传播者面对相对集中的有关公众进行的一种传播形式。如揭幕典礼、专题演讲、信息发布、展览会及招待会等。群体传播具有相对集中、面对面、可以及时反馈等特点，便于传播者纠正、补充所传信息内容，易于创造热烈的气氛和舆论、形成轰动性传播效果。

（五）大众传播

大众传播是指职业传播者通过大众传播媒介（报纸、杂志、广播、电视、电影、网络等），将大量复制的信息传送给分散的公众的传播活动。大众传播的方式是现代社会科学技术高度发展的产物。从媒介的角度来看，大众传播有两类：一是印刷类的大众传播媒介；二是电子类的大众传播媒介。

大众传播的特点有以下几点。

1. 传播主体的组织化和专业化。如报社、电台、电视台都是专业文化的大众传播机构，集中了大量的职业传播人员。

2. 传播对象大众化。大众传播拥有大量的公众，涉及不同的区域，不同的阶层，公众在接受信息传播时分散在不同的时空范围内。

3. 传播内容多样化。传播内容多样化才能够满足不同公众的需要。

4. 传播手段现代化、技术化。在传播手段上充分利用现代化的科学技术，如激光排版、广播电视、卫星传真、网络技术等。

5. 传播活动高效化。大众传播范围大、速度快、具有较强的公众舆论影响力。

传播方式的五种类型，既自成体系，具有独特的结构、要素、形式和功能，同时又相互联系，互为补充，形成了由低到高的层级传播系统：依次为自我传播、人际传播、组织传播、群体传播和大众传播。自我传播是其他传播形式的基础，与其他传播形式相重合；大众传播处于各种传播形式的顶端，既具有最大的传播规模，又体现了极大的包容能力。这个层级传播系统，传播形式自下而上体现了四个变化：受众面越来越大；传播者与受传者双方在距离和情感上越来越远；信息的个性化越来越淡；组织系统和传播技术越来越复杂。

由于大众传播利用现代的大众传播媒介技术，有着及时、迅速、全面、易复制、易保存、影响面广、权威性高等诸多特点，因此，在公共关系实际动作中，我们总是把大众传播方式和大众传播媒介列为主要的传播方式和媒介，其他的则统称为其他传播方式和媒介。

四、传播的方式

根据传播操作的程序，传播方式可以划分为直接传播、间接传播、循环传播、二级传播和多级传播。

（一）直接传播

直接传播是传播者不通过中间媒介直接向受传者传递信息的一种传播方式。如群体传播、人际传播等。直接传播传递迅速、信息传真度高，传递内容不受限制、易于控制、反馈及时，所以它是常用的一种传播方式。

（二）间接传播

间接传播是传播者通过中间媒介转发信息的一种传播方式，如大众传播。

（三）循环传播

循环传播是指传播者把信息传递给受传者、受传者又把新信息反馈给传播者，传播者对新信息修正后再复传给受传者。它是循环往复的一种传播方式。

（四）二级传播和多级传播

二级传播是指传播者将信息传递给一级受传者，一级受传者再把信息传递给其他受传者（即二级受传者）。如一些专家、学者、名人和"意见领袖"就能起到一级受传者的作用。多级传播是指信息经过几个转播才达到受传者。

第二节　公共关系传播

一、公共关系传播

公共关系传播是社会组织有组织、有计划地运用报纸、广播、电视等各种传播媒介，向其内外部公众传递有关组织的各方面信息，在公众中树立良好的组织形象的过程。公共关系传播是社会组织开展公共关系工作的重要手段。离开了传播，公众无从了解组织，组织也无从了解公众。

公共关系传播是为公共关系的根本目的服务的。公共关系传播的目的可表述为：公共关系组织有计划地运用适当的传播媒介与公众进行信息交流，不断地提高组织的和谐度、知名度和美誉度，以塑造社会组织的良好形象。公共关系传播的目的表现在三个方面：一是提高组织的和谐度，正确处理好组织内外部的各种关系，建立和谐的社会氛围，使组织与公众在和谐的社会氛围中不断发展；二是扩大组织的知名度，增强组织的社会影响力；三是扩大组织的美誉度，即优化组织在公众中的社会形象。公共关系传播工作所追求的就是这三者的最佳组合，即最佳的公共关系状态。

二、公共关系传播媒介

公共关系传播媒介是公共关系借以沟通、传播信息的载体。公共关系传播媒介，从不同的角度来看，可以有不同的称呼。

（一）公共关系传播媒介的物质形式

从公共关系传播媒介的物质形式上看，可分为符号媒介、人体媒介和实物媒介三大类。

1. 符号媒介。在传播活动中，符号作为信息传递的表现形式，是信息传递过程中能引起传播互动的载体。符号媒介是现代社会运用最广泛的传播媒介，也是公共关系传播中最主要的媒介。现代传播的绝大多数媒介都归属于符号媒介。我们可以用"语言—非语言"和"有声—无声"两个维度对符号媒介进行划分。符号媒介分类图如图 2-1 所示。

图 2-1　符号媒介分类图

（1）有声语言媒介。有声语言即自然语言，是发出声音的口头语言。有声语言媒介是公共关系传播活动中不可缺少的。有声语言媒介的方式有：广播传递、答记者问、与员工谈心、电话通信、内外谈判、各类演说和为宾客致迎送辞等。其中广播是运用最多、覆盖最广、作用最大的现代有声语言媒介。有声语言媒介的特点主要是信息接收直接、信息反馈迅速、形式灵活多样、传播效果明显。

（2）无声语言媒介。无声语言是有声语言的一种文字符号形式，在公共关系传播中是通过文字进行信息传递的。其方式有：图书、杂志、报纸、会议纪要、社交书信、调查报告、电文、通信和公共关系简报等。无声语言媒介的特点是能超越时空，语言便于斟酌，内容具有深度、利于保存。但信息反馈不如有声语言媒介迅速。

（3）有声非语言媒介。有声非语言，又称"类语言"。它是传播过程中一种有声而不分音节的语言。常见的方式有：说话时的重读、语调、笑声和掌声。有声非语言媒介的特点：一是无具体的音节可分，其信息是在一定的语言环境中得以传播；二是同一形式其语义并不是固定不变的，比如同是以笑声为媒介，可能是负载着正信息，也可能负载着负信息；又如掌声这种媒介，可以传递欢迎、赞成、高兴等信息，也可以是传递一种有礼貌地否定信息等。

（4）无声非语言媒介。无声非语言，指的是各种人体语言。它是以人的动作、表情、服饰等来传递信息的一种无声伴随语言。在公共关系传播中，无声非语言是一种广泛运用的重要沟通方式。表现在视觉方面，又可分为动态的和静态的两类。无声非语言媒介的特点：一是具有鲜明的民族文化性，比如人的有些动作，在不同的民族文化中所表示的语义信息会完全不一样；二是强化有声语言的传播效果，在交谈时，如果伴有适当的人体语言，会明显增强口头语言的公共关系效果。

符号媒介使用方便，传播面广，运用广泛，信息反馈周期比较短，所以，符号媒介是现代社会运用最广泛的传播媒介，但其可信度常常被质疑。

2. 人体媒介。人体媒介是以人的形象、行为、服饰、素质和社会影响作为传送信息的载体。它包括组织成员（从领导到员工）的形象，社会名流、新闻人物以及能够影响社会舆论的其他公众等。由于人体媒介容易沟通传播双方的感情，所以，组织经常选用人体媒介来传播组织信息。

3. 实物媒介。实物媒介是指包含某种信息，充当信息传递载体的实物，它包括产品、象征物、公共关系礼品等。产品是一种典型的实物媒介，它承载有品牌、商标、内在质量、外表形态、包装、售后服务以及广告设计等信息要素；公共关系礼品是社会组织根据一定的公共关系目标设计制作的、用于传递组织信息的一种载体，由于其含有信息价值和情感价值的成分，所以它的交际价值大于它的使用价值；象征物是传递组织理念与信息，展示组织形象的物品，如雕塑、旗帜纪念章等。此外，还有购物袋、消耗性办公用品、用具等。

实物媒介在使用、传播、运用、信息反馈周期等方面不如符号媒介，但可信度却比较高，特别是产品这一实物媒介所传递的质量信息，自然要比广告宣传来得可靠。

公共关系的三种传播媒介，各有各的传播作用。社会组织只有恰当、合理地运用这三种传播媒介，才能获取最佳的公共关系传播效果。

（二）公共关系传播媒介的传播形式

从公共关系传播媒介的传播形式上看，可分为大众传播媒介和其他传播媒介两大类

1. 大众传播媒介。大众传播媒介主要包括：报纸、杂志、广播、电视、电影等，它是一项随着现代科学技术的发展而不断发展的传播技术，是公共关系传播活动最常用的媒介。大众传播媒介具有如下特点。

大众传播媒介覆盖面广、拥有受众广泛，传播的速度快、时间短。大众传播者是一个组织或组织化的个人。这里的组织包括广播电台、电视台、报社、杂志社、网络电影公司等；组织化的个人则指播音员、记者、编辑等，他们通过组织的力量控制信息的进与出。

2. 其他传播媒介。其他传播媒介是指除大众传播媒介以外的传播媒介，是大众传播媒介的补充，主要包括：实物展示与人物行为；海报，招贴画，私人信函、卡片；组织刊物、手册、板报、宣传栏、内部刊物及声像资料、对外宣传册；个人电脑、电脑系统；录像、录音带；演讲座谈等媒介。

（三）公共关系传播媒介的特性

从公共关系传播媒介的特性看，可分为以视觉为主的印刷媒介、以听觉为主的声响媒介、视听兼有的音像媒介等三类。

1. 以视觉为主的印刷媒介主要有以下几种

（1）报纸。报纸是世界上公认的受众面最大、最有影响力的大众传播媒介之一。

报纸的优势表现在：阅读报纸不受时间、顺序和重复性的限制；内容在取舍自如方面比电视方便；报纸的制作成本低，发行量大。

报纸媒介的缺点是：需经印刷发行等环节，时效性差；以文字为主，不像电视那样形象生动；受众范围受教育程度和工作状况的限制。

（2）杂志。杂志仍是传播媒介中的一支主力军。按照内容，杂志可分为知识性、趣味性杂志和专业性杂志两大类。

杂志媒介的优势表现在：杂志在内容上具有恒久性。杂志在信息传递的速度上无法与电视、报纸相比较，但电视的瞬间性和报纸的实效性，决定了他们在内容的恒久性上不如

杂志。另外，专业杂志内容上具有权威性。

杂志媒介的缺点表现在：实效性差、发行面不广、感染力略逊色一些。

（3）组织刊物。组织刊物是由社会组织完全控制，为组织的生产经营和扩大组织知名度而服务的一种印刷媒介，它一般以杂志和报纸两种形式出现。目前，许多大型科研单位、高等院校及大型的企业都办有自己的专门刊物。组织刊物根据社会组织的公共关系方案进行经常的、有计划的、有针对性的宣传。在编写和制作组织刊物时，有许多技巧问题需要仔细考虑，这是任何组织在编写，制作组织刊物时应予注意的。

（4）对外宣传册。对外宣传册是组织对外宣传的一个很好的载体。往往印刷精美、图文并茂。一个正规的大型对外宣传册，常由文字资料和图片资料搭配而成。文字资料包括综合性信息、组织文化、组织机构、人员素质、技术水平、社会评价、联系办法。图片资料包括领导人工作照、组织结构图、建筑图片、工作现场图片、展示成就的照片、文化生活照片等。

2. 以听觉为主的声响媒介

声响媒介包括广播和录音带。录音带的使用面较窄，主要应用在文艺界（歌带）、学术界（教学带，如英语录音带）和一些特殊领域，这里主要介绍广播媒体。广播传播距离不受地域的限制，收听方便，它可以直播人们的讲话，可传达现场气氛。对象广泛，特别适宜于文化程度较低、工作忙碌、视力不佳的人员收听。

广播的缺点主要有：受播音时间、顺序的限制，不能自由选择，不如报纸方便；形象化较差，广播只能从声音判别事情全貌，不如电视有图像、有声音、形象生动。

3. 视听兼有的音像媒介主要有以下几种

（1）电视。电视是由文字、声音和图像三种基本传播媒介结合的技术。电视能供应逼真的现场情景，优点是：趣味性强、记忆效果佳；不受文化程度的限制；普及率高，老少皆宜。

电视不足是制作成本太高，目前还受时间、地点和条件的限制，不如其他媒介灵活。

（2）电影。新闻记录电影媒介也是大众传播和公共关系活动的重要手段之一，其优点是：电影是一种综合性艺术，能够形象直观地介绍所宣传内容，不受文化教育水平的限制；便于长期保存，可随时重放，是珍贵的文献资料，有较大的保存价值。

电影的缺点是：制作周期较长，耗时费资，在新闻媒介中成本最高，传播范围较小。

（3）录像。录像是一种可以在电视屏幕上重复播放的视听媒介，兼有影视的功能，已成为非常有用的公共关系传播工具。它既适合于内部交流，也适用于外部交流，在商店、放映室、旅馆房间、展览厅、车站等场所宣传。组织在内部使用录像互通信息，对员工形象地解释年度报告、财务报告，培训员工，利用录像记录员工的各种有意义的活动，以加强员工与组织之间的相互关系。业务部门常将技术常识，维修原理等知识制成录像，发挥其对内对外教育、培训的功能。录像的优点是生产成本低，制作方便，主动灵活性强，缺点是受众面较窄。

三、公共关系传播的效果

传播效果就是各类传播对受传者产生的影响和作用。社会组织开展公共关系传播，最为关心的是传播的效果，因为公共关系传播效果对公共关系活动的成败至关重要。

（一）传播效果的层次

传播效果就是各类传播对受传者产生的影响和作用。不同的传播方式所产生的效果是不同的，他们有作用范围大小与作用程度深浅的区别，这就是公共关系传播效果的层次。对于公共关系的从业人员而言，既要学会使用各类传播方式，又必须了解传播发生作用的不同层次。公共关系传播的效果分为四个层次，即知晓层次、情感层次、态度层次、行为层次。

1. 知晓层次。知晓层次又叫信息层次。它是指传播者将所要传递的信息传到受传者处，使之完整、清晰地接收到，并且尽力做到不要有歧义、含混、缺漏等现象。

知晓层次是最简单的基础层次的传播，是任何传播行为首先应达到的传播效果层次。组织要让公众了解自己的意图或用心，传播的信息就要着重引起受众的注意。为了吸引受众的注意力，使公众充分了解信息的内容，传播者应该把握清晰和简单的原则。

知晓层次的传播过程是：信息被准确地转述或报道→信息能够被目标受众接触或收到→信息能够引起受众的注意→受众能够理解信息的内容→目标受众"知晓"组织的相关信息。信息经过这样的转播过程，就会使潜在的公众转变为知觉公众。

2. 情感层次。情感层次是指传播者传出的信息从知晓层次进而触动到受传者的情感，使受传者在感情上与传播内容接近、认同，对这一传播活动感兴趣，从而与传播者接近，这是传播达到的较为理想的效果。但是需要注意的是，情感有正负之分，只有正面情感才是传播者所需要的，传播者应尽力避免负面情感如反感、厌恶等。

3. 态度层次。态度层次是指人对事物或现象认识的程度、情感表达和行为倾向的总和。它已从感性层次进入了理性层次，是在感性认识基础上经过分析判断、理性思维而产生的，一经形成就难以改变。态度层次的传播旨在形成、强化或改变公众对组织的态度，它包括三个方面：帮助情感公众形成一种有利于组织的新态度；增强正面情感公众对组织的正面态度；把对组织持负面的情感公众转化为持正面态度的公众。也就是说，态度层次传播的重点是如何使公众接受或相信组织所传递的信息，从而强化或改变受传者对组织的态度，使之对组织持正面的态度。

态度层次传播取得良好的传播效果有五个途径。

（1）不要过分低估受传者的判断力，不要过分强调组织的优点，不要把组织说得完美无缺，否则，会引起受众的反感。

（2）运用感性诉求或理性诉求的方式改变公众的态度。感性诉求很容易引起信息接受者的注意力，尤其是对于情绪不安或有恐惧心理的受众，更能激发他们改变态度。理性诉求对于改变那些处事比较理性，富有知识或经验的受众态度效果会更好。

（3）从公众的角度设计信息传播。公共关系强调"站在受众的立场上想问题"的原则，那么公共关系传播也应该处处考虑到受众、运用角色扮演的技巧，找出最容易说服受众的信息传播方式，才能够达到态度层次传播的目的。

（4）重视和发挥意见领袖在传播和人际沟通中的重要作用。意见领袖的判断力往往高于一般的社会公众，通过意见领袖来帮助一般的社会公众认识问题、更新观念和解决疑惑，比较容易实现态度层次传播的目的。

（5）诚实守信，言行一致的组织形象是增强信息的可信度的根本。

4. 行为层次。行为层次也有叫做行动层次的，是传播效果的最高层次。它是指受传者在感性、理性认识之后，行为发生改变，做出与传播者目标要求一致的行为。传播者最终要达到的目的实际上就是希望受众能够支持他，能够按照他的意图采取行动，这就使传播者的目标不仅有了同情者、肯定者，而且有了具体实施者、执行者。

应该看到，随着效果层次的提高，受传者会由于各种原因而逐渐减少；同时只有能达到较高的效果层次，才能使传播效果得以较长时间的保持，否则，受传者会很快淡忘，传播行为也就以无效而告终。几种传播效果之间是复杂的互相影响的辩证关系。

（二）影响公共关系传播效果的因素

在传播过程中，有很多因素同时作用于受传者，并对受传者产生不同程度的影响。了解主要的影响因素，并有针对性地加以引导和应用，会使传播效果得到改善、提高。影响传播效果的因素主要有四个。

1. 传播过程中人的因素。人是传播的主体和受体，因此，人的因素对传播效果的形成最具有举足轻重的影响。有四类人在传播渠道的各个关口制约着传播效果的形成。

（1）传播者。其个人地位的高低、资历的深浅、知识的多少以及他个人的政治立场、品德修养、心理素质、工作效率等因素，都与传播效果的发生和形成有着密切的联系。

（2）守门人。一切有权决定哪些信息可以进入媒介广为传播的编辑、导播、导演、制片人、领导者等都是守门人。这些人以什么样的观念、价值、标准和习惯对大量的待传信息进行筛选、取舍、突出、淡化、修改、拼组，直接影响传播的效果。

（3）中介者。这类人是传播者与受传者之间的联系人，拉扎斯菲尔德称之为竞选信息传播中的"意见领袖"，格林伯格说它是新闻传播中位于全体受众之前的"主要受众"和"次要受众"。研究证明，中介者对传播效果的形成具有重要作用。

（4）受传者。受传者的预存立场、个人经历、智能结构、接受心理、兴趣爱好、性别年龄、个性特点、人格变数等因素通常是因人而异的，因而传播效果的形成也是各不相同的。

传播者的方式与态度也影响着传播效果。公共关系人员在传播过程中一定要谦虚、尊重别人，要"投公众之所好"，设身处地从公众的角度，为公众的利益考虑，才能取得好的效果。

2. 传播媒介。在大众传播中，书籍、报纸、杂志、广播、电视、电影等媒介具有不同的特点和优势，因而在形成传播效果时也会有所不同；有的容易形成知识传播效果，有的容易形成新闻传播效果，有的容易形成艺术传播效果。此外，传播媒介的权威性和恒久性怎样？可信性和美誉度如何？传播手段是否先进？实际操作是否科学？所有这些也都会对传播效果产生一定的影响。

公众对媒介选择的这两个因素可以概括为一个公式：

$$选择或然率 = 报偿的保证/费力的程度$$

所以公共关系工作要注意选择适当的媒介传播信息，选择不当就有可能接收不到或者没有影响。另外，传播内容的制作技巧与传播渠道的畅通。前者多指文章的写作、节目的编排是否易于为人们接受；后者是指传播过程是否顺畅。印刷质量差、版面不清、有错别字、图像模糊、时间安排不好等，都是传播渠道不畅的表现。

3. 信息因素。信息因素包括信息的内容、信息内容的表现方式、同一信息的重复次数等。公共关系人员在传播信息时要注意内容的趣味性，与受传者的相关性，信息来源的可靠性，内容的真实性、新鲜感以及观点的客观性、科学性等。注意信息内容的表现方式，包括传播者的形象、权威性，内容的结构、节奏、变化，到遣词造句的方法、语气、语调等各个方面。注意同一信息的重复率高低，一个信息长时间的重复出现，是取得和增强传播效果的重要因素。

4. 环境因素。环境因素既包括传播的宏观环境，如政治环境、自然环境和社会环境，也包括传播的微观环境，如传播地点的选择与布置、传播气氛的造就、受众心理的愉快与和谐等。它们都贯穿于传播活动的始终，因而都会对传播的效果有一定的制约和影响作用。

5. 传播的类型。传播的类型也影响传播的效果。个人传播在各类传播形式中的传播效果最好，传播率最高，而其他传播形式的传播效果都不及它，但个人传播的影响非常有限。群体传播与大众传播只有"适度效果"。随着传播群体的增大，群体传播与大众传播的内容的针对性、具体性，反馈的质量和数量都会下降。影响群体传播与大众传播的因素包括受传者本人的思维定式和受传者周围团体、个人的影响。

（三）提高公共关系传播效果的技巧

公共关系传播效果的好坏是由公众感受并体现出来的。因此，公共关系工作就要让公众对自己有比较好的感受，要做到这一点，应注重灵活运用信息传播技巧。

1. 精心选择传播者，提高传播效果。根据受众对于传播者的信赖心理，有针对性地精心选择传播者，就会大大提高传播效果。

（1）利用权威人士作传播者。对于所传播的信息，人们乐于相信权威人士的讲话，由享有盛誉的权威人士来发表意见，比由普通人发表意见更能引起受传者的信任。一般说来，越是在某一方面具有精深知识的人，他在这方面的权威性往往也越高，说的话也越容易使人信服。

（2）利用"自己人"作传播者。我们知道，人们在日常交往中比较喜欢听朋友的忠告，公共关系传播中有效地运用这一道理，在传播学中这种做法称作"认同策略"。如果受传者把传播者看做是"自己人"，就比较容易接受传播者的意见。这种"自己人"传播，避免了"王婆卖瓜，自卖自夸"的嫌疑。

（3）利用社会名流作传播者。社会名流是指那些对社会舆论和社会生活具有较大的感召力和影响力的有名望人士，如政界、工商界、金融界的首脑人物，文化、艺术、影视、体育等方面的明星，新闻出版界的舆论领袖等。它主要借助名流已取得的知名度和美誉度以及在社会上的巨大影响，来扩大本组织的知名度和美誉度。这类传播者的数量有限，但其传播的作用很大，能在舆论中迅速"聚焦"，影响力很强，往往能达到事半功倍的效果。

2. 优化有效传播效果的要素。传播效果与传播技巧的高低直接相关。传播者善于运用各种语言和非语言的沟通手段，个人的、组织的、大众的传播技术，以增强信息刺激的强度、对比度、重复率。通过交流信息，联络感情，影响态度，引起行为等，追求不同层次的传播效果。传播效果与传播要素密切相关，任何一个传播要素不理想都会影响传播效果。

3. 选择正确的传播时机。传播时机对公共关系活动的效果有极大地影响，时机恰当，活动就会收到事半功倍之效。否则，不仅效果降低，有时还会产生费力不讨好的结果。但时机又是转瞬即逝的，因此，传播者要有敏锐的洞察力，要遵循"三抓"、"三避"的原则正确地选择传播时机。

（1）三抓。所谓三抓，就是抓大事、抓巧事、抓空当。抓大事，是指运用社会活动中经常出现的一些吸引力强、影响面大的重大事情，如大型纪念活动、大型体育活动、大型事件等。这些社会事情往往是传播的最佳时机；抓巧事，是指一些可能是一件很小的但异于常规的事情，由于它异于常规，所以往往吸引人们的注意力，易于成为新闻媒介注意的焦点，成为有特色的传播；抓空当，是指本身有利用价值但人们又没有充分注意的事情。在实际生活中常常会有一些被忽视的盲点，善于发现盲点，进行有效的传播，就会产生爆冷门的效果。

（2）三避。所谓三避，就是避热点、避活动、避繁忙。避热点就是在传播中避开那些虽然能够吸引公众的注意力，但却使自己传播的信息被公众忽略的社会热点问题；避活动就是在传播中避开那些虽然能够吸引公众的注意力，但会引起自己传播的信息不被公众接受的各种社会活动；避繁忙即避开公众比较繁忙的时间。因此，社会组织在选择传播时机时，一定要特别注意调查目标公众的闲忙规律和影响目标公众注意力的热点问题与社会活动，以提高传播的效果。

4. "诉诸理性"与"诉诸感情"。认真选择"打动"公众的方式也是影响传播效果的重要因素。社会组织通常有两种做法：一种是通过冷静地摆事实、讲道理，运用理性或逻辑的力量来达到说服的目的；另一种主要是通过营造某种气氛或使用感情色彩强烈的言辞来感染对方，以谋求特定的效果。

5. 使公众确信企业的期望是他们的利益所在。公共关系传播的目的不仅在于树立或改变公众的某种观念，更要促使公众实行企业所期望的某种行动。在公共关系传播中，企业一定要向公众实事求是地说明，企业期望公众采取的行动，不仅对企业有利，而且是符合公众利益的。此外企业期望公众采取的行动在做起来时不能太复杂，要使公众在实行过程中觉得方便愉快，不感到烦恼。

第三节　公关新闻传播

一、公共关系新闻概述

新闻是指新近发生的、重要的、有意义的、能引起广泛兴趣的事实。广义的新闻包括消息、特写、通信、专访等多种形式，狭义的新闻是指消息。本节所说的是狭义的新闻。

（一）新闻的特征

1. 真实性。这是新闻最基本的特征，报道新闻应让事实来说话，不允许弄虚作假，欺瞒公众，无论是新闻工作者还是公共关系工作人员都必须真实反映事件的原貌，做到准确、真实、客观、全面的报道事实，正是基于此，新闻才赢得了广大社会公众的信任。

2. 时效性。新闻界众所周知的一句话"当日的新闻是金子，隔日的新闻是银子"，新闻应突出"新"。对社会组织来讲，一旦发现有新闻价值的事件，尽快地把它报道出去，争取在最短的时间内达到最佳的传播效果。

3. 无偿性。广告是企业进行公共关系宣传的主要手段之一，是花钱告之，因其有偿性，大大降低了公众对广告的信任度；新闻报道对被宣传的人或组织不收取任何费用，保证了报道的客观、公正，因而增加了新闻的可信度，这也就不难理解当新闻与广告发生冲突时，为什么人们会相信新闻而忽略广告了。

（二）新闻价值

新闻价值是报道的事件具有能引起广泛兴趣的因素。世界上每时每刻都发生着许多事情，但不是每件事情都能成为新闻，同样是发生在某知名企业内，招募一批新员工与招聘一位首席执行官，二者能否成为新闻的区别就在于事件本身是否有新闻价值。

新闻价值的要素有以下几点。

1. 新鲜性：事实新或对事实的报道新都能吸引人们的注意力。
2. 重要性：所报道的事件与社会生活联系越紧密，人们想了解的愿望就越强烈。
3. 接近性：事件发生的地点与准备接受这一信息的公众在空间距离上或心理距离上越接近，受关注的程度就越高。
4. 奇特性：越少见的事情，越能引起人们的兴趣。也就是常说的狗咬人不是新闻，人咬狗才是新闻。

二、媒介计划的制订

（一）选择媒介的原则

在进行公共关系宣传时，组织应根据传播的目的、对象、内容、经济实力，有针对性地选择传播媒介，以便收到最佳的宣传效果。一般而言，在选择传播媒介时要注意以下一些原则：

（1）与活动目标相适应原则。特定的媒介有其特定的功能和特定的覆盖面，要根据公共关系工作的目标、要求去选择传播沟通媒介。

（2）与公众对象相适应原则。根据不同的公众对象选用不同的传播手段，才可能使信息有效地到达目标公众，并被公众所接受。一方面，公众分布范围的大小影响传媒的选择，另一方面，公众的职业特点、文化程度、经济状况、生活习惯也影响传播媒介的选择。

（3）与传播内容相一致原则。

根据传播的内容特点来选择传播沟通媒介。只有根据传播的内容来决定传播的形式，才可能充分发挥传播媒介的优势。

（4）合乎经济原则。根据组织经济实力以及公关预算的不同，选择既经济又有效的传播媒介，争取在最经济的条件下获取尽可能大的传播效益。

（二）组织新闻传播的基本原则

（1）提前谋划原则。组织出色的新闻传播是系统而周密地谋划的结果。

因此，在新闻传播启动之前，开展系统的谋划是有必要的。

（2）利益均衡原则。组织利益和媒体利益常常不一致，组织想宣传的信息未必是媒体认为有价值的，媒体希望传播的信息未必是组织需要的。因此，在组织利益和媒体利益之间寻找到平衡点，找到媒体和企业共同的诉求点至关重要。

（3）契合热点原则。利用热点事件开展借势传播，是新闻传播的重要策略，巧妙的借势可以达到四两拨千斤的效果。

（4）与广告协同原则。公关塑造品牌形象，广告维护品牌形象。新闻传播和广告投放的关系，是相辅相成的关系，缺一不可。

（三）运用媒介的方式

组织利用媒介既有付费的，也有不付费的。不付费的有"制造新闻"和向媒介供稿，付费的有与媒介联合举办活动、在媒介上做广告。

1. "新闻制造"

对企业来讲，不是每天或者需要时就有能吸引新闻界的事件发生，因此，在开展公共关系活动的时候，有时需要企业主动地推出具有新闻价值的事件，以吸引公众对自身的关注，这种人为制造出来的，带有特定的目的性和极富戏剧性的事实，对组织形象的树立有极大地帮助。

（1）"新闻制造"的概念

"新闻制造"是公关人员在真实的不损害公众利益的前提下，有计划地策划组织举办具有新闻价值的活动和事件吸引新闻界和公众的注意力和兴趣，争取被报道的机会，并使本组织成为新闻报道中的主角，以达到提高组织知名度的目的。"制造新闻"带有浓厚的人为色彩，它既表现出公共关系活动的计划性，又体现出专业人员的策划能力。

新闻制造不是哗众取宠，应从事实出发，确定宣传主题，通过恰当的渠道，及时准确地把信息传播出去，制造轰动效应。

（2）新闻制造的形式有：召开新闻发布会、组织文艺演出、周年纪念活动、就某一突发事件发表声明等

（3）新闻制造的特点如下

① 是人为的。新闻制造不具有突发性和偶然性，在整个过程中，由公共关系人员来操纵整个事件的进展，它是人为操作的。

② 更具戏剧性。常言道"无巧不成书"，新闻制造是以事实为依据，通过人为的编辑、裁剪，突出其中更具吸引力、更富戏剧化的部分，再加上合理的传播途径和传播形式，可在短时间内引起极大的关注。

③ 带有明确的目的性。制造出来的新闻事件是为组织整体公共关系活动服务的，每一个制造出来的新闻都有一个非常明确的目的，如提高知名度，增加美誉度，或者是提高认知度、信任度等。

（4）操作技巧

在"制造新闻"的实际操作中，应该注意的是：

①"制造新闻"必须依据客观事实，必须以真实为前提，这些事实通常是偶然事件或突发事件。

② 这些事件能被挖掘出与公共关系目标有某种联系的新闻价值，然后再对其进行有效利用。

2. 向媒介供稿

通过向媒介提供本组织的一些新鲜、独特、公众普遍感兴趣的事情，引发媒介报道，

引起公众对本组织的关注与欣赏，但必须实事求是，不能夸大其词。

3. 与媒介联合举办活动

组织可通过赞助，联合举办文艺演出、各种竞赛等活动，提高组织的知名度、美誉度。

4. 在媒介上做广告

广告既有产品或商品广告，也有公共关系广告。组织可多做公关广告来树立良好组织形象。

三、新闻宣传稿的编写

新闻宣传稿是组织公关人员撰写的以目标公众为宣传对象的文字作品，包括提供给媒介的消息、通信、专访稿等。

新闻亦称消息，是最常见到的一种新闻报道体裁。一篇新闻稿通常包含 6W 基本要素，即 who（何人）、what（何事）、when（何时）、where（何地）、why（何因）、how（何果）。

（一）新闻的结构

1. 标题。标题是一则消息的精华，是消息的眼睛。在信息爆炸的今天，人们往往先浏览标题，有吸引力的、醒目的标题，才会让读者有看下去的兴趣，所谓"题好一半文"，就是这个意思。新闻界有"三分之一时间写标题，三分之一时间写导语，三分之一时间写主题"的说法，可见标题在一则消息中的重要性。

标题一般由三部分组成：引题，正题，副题。引题交代背景，烘托气氛；正题也称大标题，是新闻标题的核心部分，揭示消息的主要内容及反映的实质问题；副题是对正题的补充说明。一般，单行标题醒目、明了，多行标题显得厚重、深沉，要根据消息所反映的中心思想来确定适当的标题。

2. 导语。导语是指一篇消息的第一自然段或第一句话。它用简明生动的文字，写出消息中最主要、最新鲜的事实，鲜明地提示消息的主题思想。读者看过导语后，不用看下文，就能了解消息的主要内容。这种结构形式的特点避免了消息写作中把最重要、最新鲜的事实淹没在大量一般性事件中。

导语应发挥三方面的作用：引起读者的阅读兴趣；引出主题；用最简洁的文字概括全篇。字数不超过全篇的三分之一。常见的导语形式有以下几种。

（1）直叙式。以客观叙述为主，开门见山，直述主体。

（2）描写式。对主要事实或场景作形象地描绘，让读者感觉身临其境。

（3）提问式。设问开头，把急需解决的问题突出在前，吸引读者关注消息的主要内容。

（4）说明式。对所要报道的事实作简要地解释。

（5）评论式。阐明对某件事的看法和结论，一般针对广为人之或备受关注的事实。

除此之外还有引用式、特写式等导语写作方式。

3. 主体。主体是新闻的主干，是新闻的展开部分。即用新鲜生动的材料来阐明和表现主题。主体部分常见的结构形式有以下两种：

（1）倒金字塔结构。它是一种常见的新闻写作方法，多用于动态新闻。就是把最重要、最新鲜的事实放在导语中，主体部分的内容则依照重要性递减的顺序来安排：较重要的材料往前放，较次要的往后放，最次要的放在最后面。

（2）顺时结构。按事件发生的时间顺序来组织材料，这种结构方式能够清楚地反映出新闻事件的来龙去脉、前因后果，使读者对它的全过程有一个鲜明的印象。

（3）总分结构。先总述，后分说。

4. 结尾。在新闻的结构布局中，结尾并非占据着举足轻重的地位，对一篇消息来说，结尾有自然收束法，也有首尾呼应法。

5. 新闻背景。就是有关新闻事件的历史和环境的材料，即对新闻中的基本事实进行解释和补充说明。

公共关系新闻写作与普通的新闻写作有所不同，因为对企业来讲，不是宣传皆是好事。应从具有新闻价值的事件中选择那些有代表性的，对企业长期公共关系工作有益的事实加以报道，同时应注意选好角度，以公众的需求为出发点，保持企业与公众之间信息传递的畅通。一项创意精妙的新闻策划可能仅需很少的成本就可以制造成倍的新闻效应，达到有效的信息传播，影响公众对组织或品牌的认知和印象，甚至产生相当的信任度。公共关系新闻更注重事件报道之后对公众的影响，反映事实的角度、用语的准确度都要注意。

（二）新闻的类型

以写作特点来区分，新闻可以分为动态新闻、特写性新闻、评述性新闻、经验性新闻、综合新闻、人物新闻。

1. 动态新闻

动态新闻是对新近发生或正在发生的事件和活动的报道，是最常见的一种新闻报道形式。通常包括对国内外重大事件的报道；对新闻人物活动的报道；对突发性事件的报道；对各条战线最新成果动向的报道等。要闻、简讯、短讯、快讯、一句话新闻、标题新闻等都是动态新闻的不同表现形式。

2. 特写性新闻

特写性新闻是用类似电影"特写镜头"的手法反映事实变动的一种新闻

报道体裁。它往往是用简约的笔墨集中而突出地描写某一重大事件中某个富有特征的片断，给人以如临其境的感受。

3. 评述性新闻

评述性新闻是一种且述且评、夹叙夹议的新闻报道体裁。大都带有一定的理论色彩。它在对事实进行适当的分析、评述的基础上，指明其发展趋势，以指导实际工作。

4. 经验性新闻

经验性新闻重在报道某一方面的先进经验、成功做法或典型事例，为实际工作提供参照。经验性新闻以突出重点为宜，切忌不分主次面面俱到。

5. 综合新闻

综合新闻是把发生在不同地区或部门的性质相似又各有特点的事件综合起来，从不同侧面阐明一个共同的主题思想，反映一个时期内带有全局性的情况、成就、趋势或问题的新闻报道。

情景导出

组织在提供新闻稿件报道的信息时，必须真实、准确，讲究时效。既不能夸大也不要缩小。尽管平时小张与媒体的关系很好，但提供给媒体的稿件内容，不符合媒体发布新闻的条件，所以才未予发布。小张经过仔细思考，又与部门领导进行了沟通，发现自己的新闻稿没有提供企业自身的新闻点，对于借势和造势更是没有进行分析。所以经过研究，重新提供了有利于新闻报道的相关信息。

思考、实训与案例分析

【复习与思考】

1. 什么是传播，有关传播的含义有哪些？
2. 传播的构成要素有哪些？其中哪些是基本要素，哪些是隐含要素？
3. 公共关系传播媒介有哪些？
4. 影响公共关系传播效果的因素有哪些？
5. 提高公共关系传播效果的技巧有哪些？

【实训】

分小组选择一个小型企业给它制作企业对外宣传手册，比一比，谁的内容与排版更符合对外宣传册的制作要求。

【案例分析】

"本店绝不食言！"

一家经营强力胶水的商店，座落在一条人流不多的街道上，生意很不景气。一天，这家商店的店主在门口贴了一张布告："明天上午九点，在此将用本店出售的强力胶水把一枚价值4500美元的金币贴在墙上，若有哪位先生、小姐用手把它揭下来，这枚金币就奉送给他（她），本店绝不食言！"这个消息不胫而走。第二天，人们将这家店铺围得水泄不通，电视台的录像车也开来了。店主拿出一瓶强力胶水，高声重复广告中的承诺，接着便在那块从金饰店定做的金币背面薄薄涂上一层胶水，将它贴到墙上。人们一个接着一个地上来试运气，结果金币纹丝不动。这一切都被录像机摄入镜头，这家商店的强力胶水从此销量大增。

分析与讨论：结合本章内容，谈谈你从这个案例中得到什么启示？

猫食的品牌塑造

美国星闪食品公司的产品——猫食"九命猫"。猫的食品，技术含量低，为了使自己的产品受到欢迎，让消费者乐于购买，美国星闪食品公司首先为企业的产品创造了一个猫的代言人"毛丽丝"，然后围绕它创造出了一系列有新闻价值的事件：

1. 在九个主要市场发起一场竞赛，寻找与毛丽丝"面目相似"的猫。然后将其照片

刊登出来，并大量登载有关寻找面目酷似的猫的新闻报道。

2. 出版一本书：《毛丽丝——亲切的传记》，描写这只猫的各种冒险活动。

3. 设立令人垂涎的"毛丽丝"铜质雕像奖，奖给在地区猫展上评选出的猫的主人。

4. 倡议发起"收养猫月"。推出毛丽丝作为"猫的正式发言人"，敦促人们像毛丽丝曾经被收养那样收养迷路的猫。

5. 分发一本照管猫的小册子：《毛丽丝法》，告诉人们如何照管猫。

所有这些活动，使"毛丽丝"名声大震，也使它宣传的猫食成了著名品牌。

分析与讨论：结合本章内容，谈谈你从这个案例中得到什么启示？

第三章 公共关系工作程序

学习目标

通过本章的学习，掌握公共关系的工作程序。

了解各种调查方法的优缺点，掌握调查的基本程序及内容。

了解公共关系策划的含义与原则，掌握公共关系策划的方法，学会撰写公共关系策划方案。

了解公共关系实施的特点、掌握实施的原则和影响因素。

了解公共关系评估的意义，掌握评估的内容、程序、方法和标准。

情景导入

公关部运行渐渐步入正轨，老总要求小张他们要善于发现问题，找出机会，花小钱办大事，经常搞些公关活动，既扩大一下公司的影响度，又和相关政府部门、新闻媒体、兄弟单位、目标客户加强一下感情，为将来的公关工作打下基础。

小张想这应从什么地方着手呢？具体的环节有哪些？都有哪些公关活动形式呢？他赶快利用多种渠道边学习边开始了工作计划。

公共关系学的权威著作《有效的公共关系》一书，提出了公共关系的四步工作法，将公共关系的工作程序概括成四个基本步骤：公共关系调查、公共关系策划、公共关系实施和公共关系评估。

第一节 公共关系调查

公共关系调查是公共关系工作的前提和基础。"没有调查就没有发言权"，如果没有科学、周密、规范的公共关系调查，公共关系工作就会失去其现实意义。

一、公共关系调查的准备

公共关系调查是公共关系工作人员运用科学的方法和手段，有目的、有组织、有计划地考察、分析、研究组织的公共关系状况，以采集信息、发现问题、掌握情况为目的的实践活动。而前期的准备活动可看做公共关系调查的开始。

（一）明确调查目的，确定调查主题

公共关系信息是多方面全方位的，调查的内容也十分广泛。公共关系调查的目的是由

公共关系的目标决定的，为确保调查活动的顺利进行，必须针对开展公共关系活动的目的、对象、要求确定调查的主题，做到有的放矢。

（二）确定调查的内容

公共关系调查的内容不仅包括调查研究公众对组织的态度，而且还包括调查研究组织的基本情况、公共关系活动的效果和组织所处的社会环境等。

1. 组织基本情况调查。它是公众评价的重要内容，公共关系人员掌握组织的基本情况是确定公共关系目标的前提。无论是撰写新闻报道、举行记者招待会、制作公共关系广告、接待公众来访，还是开展其他公共关系活动，都离不开组织基本情况的资料。组织的基本情况调查主要包括以下几个方面。

（1）组织的历史调查。它包括组织的成立时间；历史上的重大事件，以及这些事件对组织和社会的影响；组织历史上的重要人物，以及这些人物对组织的创建、发展和社会进步所作的贡献。

（2）组织的现状调查。它包括组织的目标和宗旨、经营特色、产品类型、生产状况、经营管理状况、市场营销状况、财务状况、技术开发状况、人事管理状况及组织的名称、识别标志、企业文化，组织对社会的贡献等。

（3）组织内部员工的要求和评价调查。它包括员工对组织现状的评价，并基于这些评价而提出的要求、批评和建议；员工对领导层提出的总目标的信心和支持程度以及员工对组织的忠诚度等。

2. 公共关系活动的效果调查。它是指为了测定组织所进行的某项公共关系活动的效果而进行的调查。例如，如果公共关系活动是通过报刊来对外传播的，就要首先通过调查了解报刊的发行量、读者的数量、分布和构成，广告阅读率、广告实效率等。如果是通过内部刊物向内部公众传播，则要了解员工阅读内部刊物的数量、比例，读与不读的原因，读的效果等。通过调查所得的信息将成为公共关系策划选择媒体的依据。

3. 社会环境调查。它是指对组织生存和发展产生影响的自然条件、社会条件以及相关因素的总称。通过对组织社会环境调查，找出影响组织发展的外部因素，为组织发展决策提供依据。调查组织所面临的社会环境，主要包括以下几个方面。

（1）政治环境调查。它是指对一切同组织发展有关的中央、地方的政治制度、政治形势、方针、政策、法律、法规的调查。例如《企业合同法》、《商标法》、《反不正当竞争法》、《劳动法》及其有关报道都可列为专题进行追踪研究。

（2）经济环境调查。它是指对一个国家或地区的经济制度、经济结构、物质资源状况、经济发展水平、消费结构和消费水平，以及经济发展战略的调查。只有把握住国际国内经济形势，才能作出正确的经营决策，保证组织在错综复杂的经济环境中求得生存和发展。

（3）竞争环境调查。它是对竞争对手情况进行调查，了解竞争者的市场占有率、营销策略、市场优势，借鉴同行业各组织的成功经验，加强横向联系。

（4）社区环境调查。它是指调查本社区的重大问题，了解社区的文化，包括社区的人口就业、生态环境保护、治安保卫、福利保障以及社区的风俗习惯、社区意识等。

4. 公众信息调查。公众是公共关系活动的对象，公众对组织的态度和意见是一切公共关系活动的出发点，掌握公众信息是开展公共关系活动的基础。公众调查要获取的信息有以下几点。

（1）背景资料。意即了解公众的籍贯、住址、文化程度、年龄、性别、家庭状况、经济收入等情况，以便使公共关系工作具有较强的针对性。

（2）知晓度资料。它指的是公众对组织信息的知晓程度。通过调查了解公众对社会组织基本职能、产品服务、方针政策知晓的情况。

（3）美誉度资料。它是指社会公众对该组织的信任和赞许程度。

（4）态度资料。意即弄清公众对组织的产品、服务、政策、行为持何种态度，对产品的质量、性能、技术、价格、包装如何评价，对组织的服务是否满意，对组织的政策和行为是否理解和支持。

（5）行为资料。一定的需求产生一定的动机，一定的动机引起一定的行为。获取公众行为资料，首先要了解公众的需求类型和变化趋势，了解影响需求的因素（如经济因素、社会因素、心理因素、文化因素），进而了解公众对组织的产品、服务、政策、行为已经或准备采取什么样的行动。

（三）调查人员的挑选

为保证公共关系调查的质量和效率，为企业的决策提供科学的依据。选配调查人员是相当重要的。调查人员的素质高低是关系调查能否顺利开展，取得成效，达到调查目的的关键问题。因此，在选择调查人员时应考虑调查的性质、收集资料的具体方法，尽量选择与调查项目相匹配的调查人员，并有针对性地进行培训，以确保调查工作的顺利进行。

1. 调查人员的素质。作为一个调查人员，应当具备较高的素质。调查人员的素质主要表现在以下几个方面。

（1）在思想品质方面。调查人员应当具有强烈的事业心和高度的责任感。讲文明、懂礼貌、有修养、不畏艰辛、勇于吃苦、任劳任怨、踏实肯干、实事求是。只有这样才能圆满完成任务。

（2）在专业知识方面。调查人员应当具备社会学、心理学、经济学、市场学、统计学等方面的基础知识，同时还应当掌握与调查项目有关的商品学知识和市场知识。

（3）在沟通方面。调查人员要善于与被调查者尽快缩短人际关系距离，能随机应变，根据访问对象的不同而改变调查中的访问方式、询问内容；巧妙打开对方心扉，能言善辩，且语言表达上可信任性强，具有敏锐的观察和分析能力。从而获得准确的调查资料。

2. 访谈员的培训。用访谈法获取资料是由访谈员直接进行的，访谈员个人的谈话技巧、人品气质、性格特征等都会直接影响调查结果，所以，访谈员必须接受必要的专业培训。培训的方式主要有以下几种。

（1）由专业人员指导。由调查项目负责人对项目研究的目的、意义和有关事项进行讲解。

（2）熟悉问卷。访谈员要认真阅读调查员手册或访问指南，熟悉问卷结构、特别注意事项、询问方式及记录方法。

（3）模拟访问。通过访谈员之间的互访，发现和解决在实际访问中可能出现的问题，熟悉访问的内容与训练访问技巧。

（4）集体讨论。结合模拟访问，访谈员与专业指导人员一起讨论问卷的所有问题，并逐一进行解决。

二、公共关系调查的方法

公共关系的调查方法，借鉴了社会调查研究的基本方法，形成了自己的方法体系，主要包括文献法、访谈法、问卷法、观察法、电话调查法、网上调查法。

（一）文献法

文献法是指调查人员通过收集各种文献资料，摘取与组织形象有关的信息资料的方法。在当今社会，掌握好这一方法，就能收到"秀才不出门，能知天下事"之功。文献法包括以下内容。

1. 文献的类型。文献，其本质是记录一切知识的载体。根据文献的载体形式和记录技术，一般可划分为书面文献、声像文献、电子文献。

（1）书面文献。它是指用文字、数据记录的资料，包括各种公开或不公开发行的报纸和杂志、书籍、报告、会议文献、统计资料等，是一种最广泛的文献形式。

（2）声像文献。它是指运用录音、录像和摄影技术直接记录声音与图像的文献形式，包括电影、电视、录音、录像、唱片、照片等媒介形式。

（3）电子文献。它是指用电子计算机阅读和查阅资料的文献，包括磁盘文献和网络文献。

2. 文献法的一般步骤。文献法是一种收集、检索、保存、分析资料的方法。

（1）收集资料。通过各种媒介大量搜集与调查课题有关的各类文献资料，剪裁、复制有关本组织的报道和文件。

（2）建立文献分类检索系统。要检查、判断资料的可信程度，从大量的资料中选出有价值的资料，按资料的性质并根据一定的规则，将收集的资料进行分类，以便查找。

（3）保存资料。将资料进行登记、编目、装订、归档。随着计算机的普及，它已成为保存资料的主要工具；计算机贮存容量大、速度快，检索也更加方便。在此阶段完成判别资料可靠性和使用价值的任务，并复印资料。

（4）分析资料。分析的方法主要有两种：纵向分析法和横向分析法。纵向分析法要回答问题是怎么产生的，什么时候产生的；横向分析法要回答问题产生的因素有哪些，它们之间是什么关系。比如，某电子公司公共关系部收集到了一些有关公司产品返修率增高的资料。对这些资料进行纵向分析，就要回答为什么最近公司产品的返修率升高了，是因为质量管理出现问题还是出现大量假冒伪劣产品，这种现象是什么时候出现的，持续时间有多长了。如果确定是因为质量管理出现问题，横向分析法就要回答究竟是哪些环节或者是哪些工序存在缺陷。

3. 文献法的优缺点。文献法是不直接与具体人进行交往，而是从各类文献资料中获取有价值信息资料的方法。这种方法的优点主要是：获取资料比较方便，既省时省力，又节省开支，是比较经济的调查方法。它可以作为实地调查的重要辅助方法。文献法的不足之处是：各类文献资料不可能都十分齐全，有些资料也会因为当时撰稿人或记录者的倾向性使文字材料不真实。

（二）访谈法

访谈法是指调查人员通过有计划地对调查对象进行直接的交谈来获取调查资料的方

法。它是以口头交谈为获取信息的主要方式，基本上是一种面对面的直接调查。在访谈中首先是人与人的交往过程，通过双方的相互影响和相互作用，运用提问、引导与追询等技巧，取得较好的访谈效果。访谈法包括以下内容。

1. 访谈法的类型。访谈法可分为结构式访谈和无结构式访谈两类。

（1）结构式访谈又称标准化访谈，它是一种高度控制的访谈，即按照事先设计的、有一定结构的问卷和表格，按统一的标准和方法选择调查对象，提问的方式与回答的记录方式等都是统一的。如你认为目前公司存在的主要问题是（只选一个答案）：

  a. 生产管理 b. 市场营销 c. 产品质量 d. 人才激励机制

被访者只能在指定的范围内回答。结构式访问的结果便于量化，可做统计分析，但难以对问题进行全面深入的探讨。

（2）无结构式访谈则相反，它不事先制定问卷，对提问的问题及方式、回答的记录方式等均无统一要求。访谈人员根据调查题目或粗线条的提纲，由访谈者和被访谈者就此题目自由交谈。

例如，"你选择手机比较注重什么方面？"，公众可以回答是"价格"、"功能"、"外观"、"品牌"，也可回答"服务"、"质量"，被访者可以畅所欲言。无结构式访谈弹性大，可对问题做深入广泛研究，但结果难以量化。目前广泛采用的开座谈会的方法也是一种无结构式访谈。座谈会较其他访谈方式能获得更广泛的信息，而且通过互相启发、互相补充、互相核对、互相修正，能获得更完整准确的资料。在举行座谈会时应注意限制人数，参加人员要具有代表性，要敢于发言，相互之间应有共同语言。

2. 访谈中的技巧。在访谈过程中，应掌握一定的技巧。访谈者在接近被访者时，首先要表明自己的身份，说明来访目的以及为什么进行这项研究，请求被访者的支持与合作，尽量消除不必要的误会；此外还要告诉被访者，他是如何被选出来的，让他了解这次调查的意义和价值，鼓励他好好珍惜这次机会。为消除被访者的顾虑，让双方建立融洽的关系，创造有利于访谈的气氛，访谈者除表示礼貌之外，可以先谈谈调查对象熟悉的东西，如家庭、个人爱好等，以缩短双方的心理距离，消除其拘束感。在访谈时，访谈人员要始终保持中立态度，把握访谈的主题，言简意赅；要掌握问题的提法与语气，注意身体语言，以免给对方造成不适感。访谈者应认真听讲，及时做好记录，鼓励对方陈述。

3. 访谈法的优缺点。访谈法是访谈者通过口头交谈的方式向公众了解情况的方法。这种方法的优点是灵活性强，获得的资料丰富，应用范围广，不仅能适应文化层次较高的公众，同时也能适应有读写障碍的公众。此外，访谈法可对获得的资料进行效度和信度的评估，可以控制调查环境，确保访问免受不正常干扰。访谈法的不足之处是调查费用较高，费时费力，问题不易规范，不能核对，受访谈员操作因素影响较大，这使访谈法获得的调查结果有较大的差异，从而限制了它的规模。

（三）问卷法

在公共关系调查中，人们常常采用问卷的形式进行资料的收集和整理工作。问卷是一份精心设计的问题表格，用来测量公众的多种行为、态度和社会特征。问卷法包括以下内容。

1. 问卷的类型。问卷可分为开放性问卷和封闭性问卷两种。

所谓开放性问卷，是指提出问题由被调查者自由回答。其主要形式如：你最喜欢哪类电视节目？你购买海尔空调的原因是什么？

所谓封闭性问卷，是指事先编制了答题的选择范围及方式而不能自由回答的问卷。其主要形式有以下几种。

（1）填空式。如请问你家有几口人？（　　）口

（2）是否式。如你是不是管理人员？是（　　）　不是（　　）

你对公司的公共关系策略态度如何？赞成（　　）　反对（　　）

（3）单项选择式。如您对"中国公共关系网"改版有何意见？

　　a. 非常好，我很喜欢　　　　　　　b. 还可以，一般水平

　　c. 没什么感觉　　　　　　　　　　d. 什么啊，太差了

（4）多项选择式。如你就读××学院的主要原因？（多选）

　　a. 教学质量保证　　　　　　　　　b. 学生就业率高

　　c. 教学设备精良　　　　　　　　　d. 环境优美

2. 问卷的结构。问卷的结构一般包括以下部分。

（1）封面信。它的作用在于向被调查者介绍和说明调查目的和意义、调查者单位和身份、调查的内容、调查对象的选取和结果保密的措施、对被调查者的希望和要求等。要求语言简明、中肯，篇幅宜小。例如：

《深圳经济特区居民户外活动调查表》的封面信

尊敬的朋友：您好！

为了满足城市居民对户外公共活动的需求，塑造"人性化"的城市空间，实现特区的和谐发展，深圳市规划局正在开展深圳经济特区公共空间系统的专项调查。本调查问卷的目的是：了解特区居民在深圳经济特区的户外活动需求情况。这次调查是无记名的，您的意见对特区的城市发展非常重要，烦请您根据问卷上的要求，认真地填答好每一个问题。调查会耽搁您一些时间，感谢您的支持与合作！

（2）指导语。指导语即用来指导被调查者填答问卷的具体方法、要求、各种解释和说明。对于比较简单的调查问卷，填表说明可在封面信中加以解释，而较复杂的问卷则须在封面信之后单独列出，并标有"填表说明"的标题。例如：

填表说明

① 请在每一个问题后适合自己情况的答案号码上划圈，或者在_____处填上适当的内容。

② 问卷每页右边的数码及短横线是在计算机中输入数据所用，你不必填写。

③ 若无特殊说明，每一个问题只能选择一个答案。

④ 填写问卷时，请不要与他人商量。

（3）主体部分。主体部分是问卷的核心，它包括所有的调查问题和回答方式，是问卷设计的主要内容。在每份问卷中，问题的内容、性质可能千差万别，但归纳起来大致有四方面的问题。

① 事实方面。如产品的质量、花色、品种、价格，这是比较容易回答的问题。

② 态度、观念、兴趣方面。如对某商品的喜好或厌恶、建议、意见等。

③ 行为方面。它包括已经做出和将要做出的行为。如已购买某商品，接下来是使用，还是退等。

④ 原因方面。意即要求被调查人员对自己的态度、观点和行为作出解释，说明为什么这样做。

（4）编码及其他资料。编码部分是为了方便调查资料分析整理阶段的登录和运用计算机作统计分析而设计的。

（5）结束语。结束语部分一般设计在问卷的最后，用简短的语言对被调查者的合作表示衷心感谢，也可以征询被调查者对问卷设计和问卷调查本身有何看法和感受。

3. 问卷的设计。问卷设计是一项技术性很强的细致工作，涉及心理、语言、修辞、逻辑学等方面知识，必须注意语言使用和提问方式对调查的影响。具体来讲，有以下内容。

（1）问题的语言要尽量简单，陈述要尽可能简短，概念要明确，不要使用模糊词句。如"普通"、"一般"、"很多"、"较少"就是非准确概念；再如，"你经常上网吗"就不如"你一个月上几次网"这种提问准确。

（2）问题不能带有倾向性。如"大多数人都喜欢某某产品，你是否也喜欢那种产品"就容易诱导被调查者做出"喜欢"的回答。因此，在设计问题时要保持中立的提问方式，使用中性的语言。

（3）不要直接询问敏感性的问题。当问及某些个人隐私，如收入情况、女性年龄大小或人们对顶头上司的看法这样一些问题时，人们往往具有一种本能的自我防卫心理，如果直接提问，往往引起很高的拒答率。因此对这些问题最好采取间接询问的形式，并且语言要特别委婉。

问卷的设计不宜过长，一般以被调查者20分钟内顺利完成为宜，最多不能超过30分钟。此外，可将简单易答、被调查者熟悉、容易产生兴趣的问题放在前面，将生疏、不易作答、容易产生顾虑的问题放在后面；了解基本情况的问题宜放在前面，而关于态度、意见、看法的问题宜放在后面；开放性问题应放在问卷的最后。

（4）问卷法的优缺点。问卷法的主要优点在于问卷调查具有广泛性，可以突破空间的限制，对众多的调查对象进行同时调查；可以排除人际交往中可能产生的干扰，并具有良好的匿名性；问卷设计标准化，而且成本比较低。问卷法的不足之处是只能获取有限的书面信息；不适合文化程度较低的群体；问卷的回收率和有效率较低。

（四）观察法

观察法不像访问调查那样面对面地向调查者提出问题要求其回答，而是凭调查人员的直接感觉器官或是借助于某些摄录设备和仪器，跟踪、记录和考察被调查者的活动和现场事实，来获取有关的公共关系信息。

1. 观察法的类型。根据观察者与观察对象是否参与观察对象的活动，将观察法分为参与观察法和非参与观察法两大类。

（1）参与观察法是指观察者加入观察对象的群体，作为群体中的一个普通成员与其他成员一起活动，同时对其他成员的活动进行观察和记录，此时，如果群体其他成员知道他们的行为被观察和记录，那么就是公开参与观察法；如果其他成员完全不知道他们的行为被观察和记录，就是隐蔽观察法。如大学生到企业进行实习，就是公开参与观察法；侦察员深入犯罪团伙内部当"卧底"进行观察，就是隐蔽观察法。

（2）非参与观察法是指观察者在不进行任何干预的情况下观察并记录客观发生的事

实。如大学生到企业参观，领导到基层的视察。对组织而言，使用比较多的是简便易行的非参与观察法。如某公共关系公司在市区举办公益活动，但到底是在人民广场还是解放广场呢，公司决定派人分别在人民广场和解放广场对经过的行人进行观察，从观察人口的流量决定公共关系活动的地点。使用非参与观察法时，观察者还可以借助现代仪器把在某一时间内发生的事件录制下来，以便更加准确地进行观察。

2. 观察法的实施。为了观察的顺利进行和取得良好的观察效果，进行观察时必须从实际出发，全面、客观、深入地进行观察，既要留心、又要用心，更要细心地完成调查任务。要获取真实、可靠的第一手资料。首先是制定观察计划与提纲，然后，进入观察现场并与观察者建立友好关系，从目标公众的自然表现中把握他们对组织的真实态度，并做好观察记录。

3. 观察法的优缺点。观察法是科学认识的起点，是最古老、最常用的调查方法。它突出的优点是直观可靠、简单易行，只要选择好合适的时间和地点，明确调查的内容，可随时进行调查。观察法的不足之处是观察深度不够，有一定的表面性和偶然性；另外受时间、空间和经费的限制比较大，往往需要大量人员到现场长时间观察，费用支出较大；还有受调查人员自身条件的制约比较大，调查人员的观察力、记忆力和心理素质不同，调查结果往往也不同。

（五）电话调查法

随着我国电话通信业的发展，全国城乡处处通了电话，这就给电话调查提供了方便。借助电话向被调查者调查有关公众态度，探询市场动态，追踪消费服务质量，是社会组织经常采用的一种快捷有效的调查方法。随着可视电话的普及，今后电话调查的功能将更强。

电话调查，先要物色调查对象，一般以客户通信录或电话簿为基础，进行小范围的普查或大范围的抽样调查。在美国，约有98%的用户接受过电话调查。采用电话调查时要注意以下几点。

1. 选择好打电话的时机，避免刚上班或快下班时打电话。

2. 电话调查时，及时做好记录，以提高效率。

3. 电话调查，除记录人外，调查双方不宜让其他人在场喧嚷，以便听清声音，提高调查信息的可信度。

电话调查的优点主要在于：不必动用交通工具，既省时、省力又降低成本；信息传播快，问卷回复率高；调查双方不直接见面，具有一定的保密性；便于选择和扩大调查范围，对于那些不宜见面的、不便邮寄的调查对象均可采用电话调查。美中不足的是不能提供未装电话公众的信息，缺乏调查的整体性，不易取得完满的调查结果。

（六）网上调查法

计算机信息技术的不断发展，使网络成为社会生活的重要组成部分，各种类型的网站纷纷开通，网络已经扮演着传输信息、加快信息沟通交流的重要工具，这无疑会促动人们对信息搜集渠道及其质量的重视，给公共关系调查行业提供了许多商机。伴随着网络技术的到来，出现一项新的调查方法——网络调查。这种调查技术的出现，最大特点就是调查传播媒介的改变，它利用了网络优势，它具有如下一些特点。

1. 不受时空限制。数据采集过程中不受地域限制，而且还可以 24 小时全天候进行调查，可以使调查组织简单、快速，调查范围更广。

2. 利用多媒体技术，具有声图文并茂的交互界面的特有优势。常见的形式有电子邮件（E-mail）、电子公告板（BBS）、网络寻呼机（ICQ）、网络实时交谈（IRC）、网络会议以及网络电话等，在需要时可以实时显示出生动的统计结果。

3. 一定程度上可以降低调查成本，省去调查实施过程中访问员费用等人工介入成本、产品费、交通费等支出。

4. 解决了传统调查入户难的问题，在一定程度上提高问卷的应答率。

5. 客观性较强。应答者可以不受调查员经验、情绪等主观因素的影响，能获得真实反映被调查者态度的数据。

6. 问卷处理程序简化。它主要指网络调查可以减少数据录入和数据转换等的工作。

针对以上特点，目前网络调查主要用来做产品研究方面的市场调查，通过诸如产品市场占有率、产品推广渠道等内容的调查，获取第一手关于自身及竞争对手的信息，为企业生产和营销决策提供参考。另外在一定程度上还可以扩大广告效应，加快与客户的联系，树立良好的企业形象。

三、公共关系调查方案的设计、实施及结果处理

公共关系调查活动是一个完整的过程，也是一种集体配合的工作过程。由于牵涉大量资料的收集、整理、分析以及调查人员与各方面有关人士的接触，因此为了保证调查活动有条不紊地进行，需要制订调查方案，对调查的内容及安排做出明确而详尽的规定，以此来指导整个调查活动的进行。制订调查方案是公共关系调查过程中最复杂的阶段。

（一）调查方案的内容

1. 确定调查项目。调查项目是为获得调查资料而设立的，它必须依据调查的目标进行设置。影响调查目标的因素很多，都可以成为调查项目之一，但我们要选择与调查主题关系密切相关的项目。比如甄别公众对象，测量舆情民意，评价组织形象，在掌握大量信息的基础上寻找差距，确定问题，为公共关系工作指明方向，是公共关系调查的主要目标。我们可在确立公共关系调查目标的基础上确定调查项目。

2. 确定调查方法。调查方法是指取得调查资料的方法。通过不同的调查方法获取信息资料时，需要考虑的问题很多，主要包括调查地点、调查时间、调查对象、调查方法等方面。

（1）调查地点。它是指选择某一城市，还是几个城市；是选择某城市的一个区，还是一个街道。

（2）调查时间。它是指调查组织者要对整个调查在时间上作周密安排，规定每个阶段要达到的目标或任务。

（3）调查对象。它是指面向什么人调查以及向多少人调查，是面向全体公众，还是部分公众；是知晓公众，还是潜在公众。要确定调查对象应具备的条件，如性别、文化水平、职业、收入水平等方面的选择要求。另外，要明确向多少人调查。当然，样本规模越大，可靠性越强，但往往没必要也不可能进行普查，这点要视调查目的而定。经验表明，如果抽样程序和方法科学的话，样本规模大体在 1% 左右即具有代表性和可靠性。

（4）调查方法。它主要应依据公共关系调查的目的、内容和被调查对象的特点，来选取适当的调查方法，获取调查资料。从资料来源来看，资料可分为一手资料和二手资料。一手资料就是为当前特定的目的而亲手收集的资料；二手资料就是为其特定目的而收集已存的现成的资料。

3. 调查经费估算。调查经费因调查目标的不同有很大差异。在作费用估算时，可以根据研究阶段或费用类型估计，如劳务费、问卷费、差旅费、设备使用费等。

4. 调查进度表。调查进度表是将调查过程每一阶段需完成的任务做出规定，避免重复劳动、拖延时间。调查进度，一方面可以指导和把握计划的完成情况，做到时间进程与事件进程相协调。另一方面可以控制调查成本，以达到用有限经费获得最佳效果的目的。制定调查计划后，要做好相应的准备工作，如培训调查人员、印制调查表格等。

（二）实施调查方案

实施调查方案的过程，主要是开始全面广泛地收集与调查主题有关的信息资料。在实际调查中，必须注意调查技术手段的恰当运用。要根据各种不同调查方法的要求，采用多种形式，由调查人员分头开展调查活动。特别是在实地调查中，应根据调查方案所确定的调查方式，选择调查对象，然后运用各种不同的调查方法，按调查方案中的时间安排、工作进度和经费预算，有条不紊地进行。

（三）结果处理阶段

调查人员将分头收集到的市场信息资料进行汇总、归纳和整理，对信息资料进行分类编号，并对调查资料进行更深层面的挖掘，理清头绪，抓住问题的关键，得出正确的调查结论，最后撰写调查报告，将调查结果形成书面形式。

四、公共关系调查报告的撰写

公共关系调查报告是对组织的公共关系现状进行深入细致的调查研究之后，用所获得的大量事实或资料说明现状、提出问题、披露矛盾、揭示事物发展规律，从而向组织提出建议措施，提供决策依据的书面报告。

（一）公共关系调查报告的基本要求

1. 报告语言简洁、有说服力，词汇尽量非专门化。

2. 报告必须以严谨的结构、简洁的体裁将调查过程中各个阶段搜集的全部有关资料汇集在一起，不能遗漏掉重要的资料，但也不能将一些无关的资料统统地写进报告之中。

3. 调查报告应该对调查活动所要解决的问题提出明确的结论或建议。

4. 调查报告应该能让读者了解调查过程的全貌。

（二）公共关系调查报告的结构

公共关系调查报告的结构是指报告内容的层次结构，它是用具体材料说明或论证主题的层次安排。

1. 标题。对于调查报告来说，标题是引起读者注意的关键因素。标题生动、明确、针对性强，就能打动读者、吸引读者。如中国公共关系业 2005 年度调查报告。

2. 序言。它主要介绍调查课题的基本情况。

3. 摘要。它简要说明了调查活动所获得的主要成果或解决的问题。

4. 引言。它扼要说明调查的目的、时间、地点，对象或范围，做了哪些调查，本文所要报告的主要内容是什么。这一部分，主要是介绍基本情况和提出问题，写法可灵活多样。一篇调查报告的开头应有合适的导语，作为报告的引言，以此提出问题，表明作者的观点，突出文章的中心内容。语言应简明扼要、开门见山。

5. 正文。正文是调查报告的主体部分，是作者分章节、分层次，运用调查所得的材料和数据，进行陈述、分析、阐明观点、提出建议措施的重要部分，也即是全文的中心部分。在写作手法上，力求通俗易懂，摆事实讲道理，材料准确充分，分析问题深刻，措施建议可行，内容结构完整。

6. 附录。呈现与正文相关的资料，以备读者参考。

（三）撰写调查报告的注意事项

1. 要考虑读者的观点、阅历，尽量使报告适合于读者阅读。

2. 用简单的语言写作，并要用例子来解释说明。

3. 用自然体例写作，使用普通词汇，尽量避免行话、专业术语。

4. 报告所包括的全部项目均与报告的宗旨有关，剔除一切无关资料。

5. 叙述事实力求客观，避免加入主观臆断。

6. 充分利用统计图、统计表来说明和显示资料。

第二节　公共关系策划

通过公共关系调查，对组织的公共关系环境以及自身的公共关系状态有了一定的了解，明确了组织公共关系中存在的问题，为了完善自身的形象，组织往往需要制订具体的行动方案，这样公共关系活动就进入了策划阶段。这是公共关系工作中最富有创意的部分。它是公关活动的最高层次，是公共关系价值的集中显现。

公共关系策划是公共关系人员根据组织形象的现状和总体目标要求，分析现有条件，设计最佳公共关系行动方案的过程。它具有战略性、策略性和创造性。

一、公共关系策划的目标

公共关系策划的目标是经过公共关系人员的专业策划，开展各类公共关系活动所要追求和渴望达到的一种目的或状态。也就是组织通过公共关系活动，准备"做什么"和"要取得什么成果"。公共关系策划的目标既是对调查中发现的各种问题的圆满解决，又是完成公共关系任务，实现组织总体目标的具体体现。对于公共关系活动来说，确定公共关系策划的目标具有十分重要的意义。

（一）公共关系策划的目标的要求

1. 公共关系策划的目标必须是具体的、可测量的。公共关系策划的目标作为实施的准则和评估的标准不应是一个抽象概念或空洞的口号，而应是具体的、可测量的。如知名度、美誉度要达到多高是可以通过事后的调查数据来描述的。

2. 公共关系策划的目标必须是可行的。公共关系策划的目标确定必须与组织的实际情况相符合。如果目标定得过高，可望而不可即，影响员工的情绪，失去信心；如果目标定得过低，造成组织资源的浪费，没有激励性和挑战性，无法实现公共关系的飞跃，推动组织的发展。

3. 公共关系策划的目标要有一定的弹性。公共关系策划的目标不要定得太死，要留有一定余地，以便出现问题时能灵活处理。根据事态发展及时修订公共关系策划的目标。

4. 公共关系策划的目标要双向平衡。公共关系策划的目标确定不仅要兼顾组织的利益和公众的利益，也应做到社会效益与经济效益的统一。要符合社会道德和社会行为准则，要有利于社会效益的提高。

公共关系策划的目标范围十分广泛，参照英国公共关系专家弗兰克·詹夫金斯所绘制的目标，现概括为以下几种。

（1）新产品、新技术、新服务项目开发之中，要让公众有足够了解。

（2）开辟新市场、新产品或服务推销之前，要在新市场所在地的公众中宣传组织的声誉，提高知名度。

（3）参加社会公益活动，并通过适当方式向公众宣传，增加公众对组织的了解和好感。

（4）创造一个良好的消费环境，在公众中普及同本组织有关的产品或服务的消费方式、生活方式。

（5）争取政府了解组织性质、发展前景、需要是否得到支持等情况，协调组织与政府的关系。

（6）让组织内外的公众了解组织高层领导关心社会、参加各种社会活动的情况，以提高组织的声誉。

（7）处在竞争的危急时刻，要通过联络感情等方式，争取有关公众的支持。

（8）发生严重事故后，要让公众了解组织处理的过程、采取的措施、解释事故的原因以及正在做出的努力。

（二）公共关系策划的目标分类

公共关系策划的目的在于树立组织形象，促进或阻止某种事物的发生，开发利用环境或弥补环境带来的不利条件。明确公共关系目标的分类，才能使公共关系方案更具有指导性。因此，应根据组织不同需求，从不同的角度上对公共关系策划的目标进行分类。

1. 根据时间幅度可划分为：长期目标、中期目标和短期目标。

（1）长期目标。它是指 5 年以上的公共关系目标，是组织长期努力的理想目标。它主要是以公共关系战略目标为主要内容，以实现这一战略目标的各种手段为基本策略，规划内容宜粗不宜细、宜简不宜繁。有了长期目标，才能合理安排中期目标和短期目标计划。

（2）中期目标。它是指 2～5 年的目标，主要是发挥具体指导作用的目标，由此确定公共关系需要完成的任务和明确的工作目标。

（3）短期目标。意即年度工作计划。公共关系年度工作计划是组织在一个计划年度内，对公共关系活动内容、措施制订及目标实现的计划。它是组织计划的重要内容，是年度公共关系活动的依据。年度公共关系计划的主要内容有以下几点。

① 目标。它包括公众利益目标、组织利益目标、组织形象目标等。

② 内容。它包括日常的公共关系工作内容和专题性的公共关系活动内容。

③ 措施。它是指专题性的公共关系活动方式、信息传播的技巧和方法。

2. 根据公共关系活动的目的可划分为：传播信息目标、联络感情目标、改变态度目标和引起行为目标。

（1）传播信息目标。这是公共关系最基本的目标，是公共关系策划必须首先要考虑的问题。它指组织通过各种传播媒介，让公众知晓组织的有关信息，是联结组织与公众的纽带。

（2）联络感情目标。它是指组织利用感情投资去争取公众的理解支持和信任，而且把它当作一项长期性的工作任务来完成。

（3）改变态度目标。组织通过传播、引导和沟通，目的在于改变公众对组织的某种观念和态度，使之成为顺意公众，有利于组织目标的实现。

（4）引起行为目标。引起行为目标是建立在实现上述目标的基础上的公共关系的最高目标。公共关系的最终目的就是要引起公众对组织的有利行为。

二、公共关系策划的方法

公共关系策划的方法有多种，组织的实际情况不同、社会环境的差异以及面对不同类型的公众，公共关系策划的方法也不一样，主要有如下几种方法。

1. 制造新闻法。制造新闻法是公共关系人员精心策划出具有轰动效应的事件来吸引新闻界和公众注意的方法，使公共关系活动成为具有报道价值的新闻事件，从而赢得传媒的青睐。在当今社会，那些得体的新闻发布会，隆重的剪彩场面，热闹的庆典仪式，坦率的开放参观，真诚的社会赞助，多彩的文体活动，往往就是公共关系策划的结果。当其作为"新闻事件"而被媒介报道出来，便成为人们所阅听的"新闻"。这种策划新闻事件的做法，俗称"制造新闻"。在公共关系发展历程中，"制造新闻"越来越受重视，以至于被认为是"公共关系策划的核心和精髓"。制造轰动性效应事件就是要利用创新性思维，借机造势，并且具有新、奇、特的特点，千万不能无中生有和过度离奇。

2. 时机选择法。公共关系策划要善于选择时机。时机选择得好，传播效果就好。选择公共关系策划的时机主要有以下几点。

（1）固定时机。它指的是利用固定的节假日、纪念日开展公共关系活动的时机。如五一国际劳动节、三八妇女节、双休日等。这样的时机对任何组织来说机会都是均等的，要有捷足先登的意识，及早做好准备，通过创新，出奇制胜。

（2）常规时机。它是指利用组织的周年庆典、开业之日、工程竣工之时、新产品上市之际来提升组织形象。

（3）偶然时机。它是指利用不定期的偶发的事件来开展公共关系活动，对于这一类机遇的把握既能使公共关系策划获得意想不到的成功，又能显示出策划者驾驭时机的能力。"机遇总是偏爱那些有准备的头脑"。只有平时建立起公共关系意识，形成职业敏感，才会在时机到来时反应灵敏、及时利用。

3. 借名播誉法。名人主要是指社会各界的权威人士、知名人士，他们以其特殊的身份、显赫的地位和环绕光环的形象而备受人们的信任和崇拜，具有很强的影响力。在公共关系活动中，策划者经常应用"名人效应"，就是抓住了公众对名人崇拜的心理，有的放矢地去开展公共关系活动，巧妙地依靠名人、依托权威人士参与活动，进而以轰动性的名人效应来实现组织的公共关系目标。

4. 借势造势法。在现实生活中，有许多可以利用的事件或机会来提高自我形象，却只因人们的不留意就错过了。公共关系人员必须有强烈的公共关系意识，时刻为组织着想，踏准时代气息，充分发挥想象力和创造力，捕捉一切时机，借势造势，为组织树立良好的形象，赢得更多的忠诚公众。

三、公共关系策划的方案

通过对组织形象的综合分析，确定公共关系的目标系统后，公共关系策划就可进入实质性阶段，即拟定策划方案。

（一）设计公共关系主题

公共关系主题是公共关系目标理念性的表达，是策划的灵魂和核心，是对公共关系活动内容的高度概括，具有提纲挈领的作用。公共关系主题的重要性决定了公共关系策划人员必须要在设计上下工夫，主题既要代表组织的宗旨，又要简明生动、有创意，并富有感染力，如蒙牛实业推出的"好风凭借力，送我上青天"的主题活动；2008 年的申奥主题"新北京、新奥运"；2010 年 12 月 1 日是第 23 个"世界艾滋病日"，我们国家的宣传主题是"遏制艾滋　履行承诺"。

设计的主题是否恰当、准确，对公共关系活动效果影响极大。公共关系策划设计的主题，应当是该项公共关系活动内容的高度概括，因此一般用提纲挈领式的语言来表达。主题的表达方式多种多样，它可以是一句口号，也可以是一句陈述或者一段表白。当然，要想使设计出的主题既切合公共关系活动内容、又高度概括，并令人耳目一新、过目不忘，能够给公众留下深刻印象，是件非常不容易的事。在设计主题时必须认真思考，反复推敲，精心遣词造句，争取使主题简洁、明了、准确，富有意蕴和韵味，并能够充分体现活动宗旨，符合公众的心理，对公众具有较强的感召力。

（二）确定目标公众

任何一个社会组织都有其特定的公众，不同的公共关系活动所针对的公众亦有所不同。根据公共关系目标要求进一步确定此次公共关系计划的目标公众，即明确所策划的公共关系活动的具体对象。只有确定了目标公众，才能确定如何使用有限的经费和资源，确定工作的重点和进度，科学地配备力量；才能更好地选择媒介和工作技巧；才有利于搜集准备那些既能被公众接受，又有实效的信息。

一个成功的公共关系方案必须考虑到互利的要求，必须明确目标公众的权利要求，将其作为方案制订的依据之一。确定目标公众权利要求，在公众分类的基础上，列出所有目标公众的权利要求，而后对其进行评价、比较、选择。目标公众权利要求结构如表 4-1 所示。列表时应尽可能全面地列出目标公众，并反映出各类公众各自的权利要求，切不可疏漏了重要的目标公众，更不可忽视或误解他们的权利要求。

表 3-1 目标公众权利要求结构表

公司的 目标公众	目标公众对公司的期望和要求
员工	受到尊重；合理的工资福利，工作安全；培训和上进的机会；人际关系和谐；参与表达、晋升的机会
股东	参加利润分配；参与股东表决和董事会的选举；优先试用新产品；了解公司经营状态，有权检查账目和转让股票；有合同所确定的各种权利
政府	保证各项税收；遵纪守法；承担法律义务；公平竞争；保证安全等
顾客	产品的质量保证和适当的寿命；合理的价格，优良的服务态度，认真解决公众的投诉，完善的售后服务；"消费者权力法"规定的各项权力
竞争者	遵守由社会或本行业确定的竞争准则，平等的竞争机会和条件；竞争中的使用手段和现代企业风范
社区	向社会提供必要的生产和生活服务及就业机会；保证社区环境和秩序；关心和支持当地政府；支持文化和慈善事业；赞助公益活动，促进社区各项事业的发展
媒介	提供真实的有价值的信息；尊重其职业尊严；保证记者采访的独家新闻不被泄漏，提供采访便利

（二）选择传播媒介

传播媒介种类繁多，各种传媒都有自己的特定功能和优势，也有各自的公众层面，因此公共关系策划要针对所策划的公共关系活动特点选择媒介，从而达到预期的传播效果。

1. 分析各种传播媒介的优缺点，并将它们进行有机的整合，以达到优势互补、扬长避短的目的。

2. 根据不同对象来选择传播媒介。不同的对象适用于不同的传播媒介，要想使信息及时有效地传送给目标公众，获得较好的传播效果，还必须考虑目标公众的经济状况、文化程度、职业习惯、生活方式、社会背景以及他们通常接受信息的习惯，并根据这些情况选择适当的传播媒介。例如对于文化程度不高的公众应采用广播、电视传播；对于喜欢阅读思考的知识分子应采用报纸、杂志传播；对于行踪不定的出租车司机最好用广播电台传播。

3. 根据传播内容来选择传播媒介。传播内容简单易懂的，可以选择广播、电视；内容比较复杂，需要经过反复思考才能理解的或技术性较强的内容，应选择印刷媒介进行传播。

此外，在媒体的选择方面，还必须考虑组织的经济实力和当地的媒介分布和发展程度。

（四）确定公共关系活动模式

公共关系活动模式是公共关系工作的方法系统，是由一定的公共关系目标和任务以及这种目标和任务所决定的数种具体方法和技巧构成的有机体系。

（五）编制预算

编制预算是公共关系策划的一项重要内容，预算不但要求公共关系人员懂得管理计划，而且还要具有成本的意识。公共关系预算主要是指财务预算。通过预算，有利于做到计划开支，成本控制和实施后的评估工作。预算项目主要由以下几个部分组成。

1. 劳务报酬费用。它包括公共关系部门人员以及所有参与人员的工资、补贴和奖金。

2. 行政办公费用。行政办公费用包括办公用品费、电话费、房租费、水电费、公共关系报刊费、保险费等。

3. 宣传广告费用。它是用于宣传广告方面的开支，如摄影、录像、广告宣传、宣传品印刷、展示费用等。

4. 器材设施费。它包括购买、租借各种摄影设备、工艺美术器材、音响器材等的费用。

5. 具体公共关系活动经费。它包括调查研究，举办各种会议、各种专题活动，接待参观访问，召开新闻发布会，为公众提供各种教育、培训和服务所需的费用。

6. 赞助费。它包括赞助社会文化、教育、体育和各种福利事业或慈善事业等方面的费用。

7. 不可预算的费用。它包括应急费和公共关系活动常有的许多不可预测的开支，一般是以活动费用总额的 5%～ 10% 计算。

公共关系活动经费的开支要贯彻量力而行、量入为出的原则，少花钱、多办事，注重公共关系活动的经济效益和社会效益的统一。预算公共关系活动经费的方法主要有以下几种。

1. 销售收入抽成法。它就是按企业的总销售收入抽取一定比例作为公共关系预算，经费一旦划定，一般不再增补或删减。这一办法的突出优点是计算方便、简单易行，但经费总额难以确定，且缺乏弹性，不能随环境变化而调整。"销售收入抽成法"主要用于公共关系部门的年度预算。

2. 目标先导法。意即先确定公共关系工作期望达到的目标，然后逐项列出细目，计算出所需的经费，再核定各单项活动和全年活动的预算。这种方法具有主动性，可以根据活动自身需要安排预算，它有进攻性，能使那些积极进取的计划得到保障。但是，使用这种方法时，事先要审慎计划和预测，尽量避免超支、短缺等现象的出现。"目标先导法"的开支包括：劳务报酬、行政管理费用、传播媒介费、交际费、器材费、社会性活动、机动费。

3. 投资报酬法。它是把公共关系活动的开支当作一项投资，即以相同数量的资金投入获得效益的大小作为依据。

4. 量入为出法。它是以组织的经济实力和财务支出为依据，根据财力允许的支出金额确定公共关系活动经费总额。

（六）审定方案

公共关系策划是知识密集型的创造性劳动，可以针对不同的公共关系目标、不同的公众，选择不同的传播媒介，策划不同的方案。但是，公共关系策划必须具有科学性、实用性和可行性，因此，对方案本身必须进行优化、评议、论证，并经过有关部门的审核和批准，才能实施。

四、公共关系活动策划的程序与要点

公共关系活动是社会组织为了有效传播某个公共关系主题，而进行的有计划、有步骤组织目标公众参与的集体行动。公共关系活动策划的程序主要分：立项、调研、策划、论证、决策五个阶段。

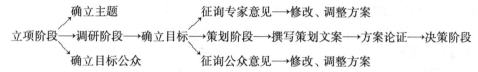

（一）活动项目立项阶段

立项是由公共关系活动体，即主办机构执行的。立项时必须从活动项目的目的性、迫切性、可行性和经费方面进行通盘考虑。

（二）活动项目调研阶段

调研阶段是对项目策划前的调查研究。只有做好充分的调查研究，才能为策划和决策提供科学的依据。调查的主要内容有：国家的有关政策法规、目标公众的关注点、活动场地以及当地文化背景等。

（三）活动项目的策划阶段

策划是公共关系策划的核心工作。主要工作有：公共关系活动目标的确定、活动的主题、目标公众的选取，活动内容的安排，传播策略、媒体的甄别、活动场所的布置、经费预算、实施工作计划和人员安排等。这一阶段的工作必须制订出周详的活动方案。

（四）活动项目的论证阶段

策划方案确定后，要征询专家和公众的意见，对活动方案的科学性和可行性进行全方位和论证，并不断地进行修改、补充、调整。

（五）活动项目的决策阶段

决策阶段是由公共关系活动主体的决策人或决策机构审定的。

公共关系活动的策划程序是一个循序渐进的过程，立项、调研、策划、论证、决策五个阶段的工作是一个规范的程序，缺少了任何一个阶段的工作都会影响策划的成功。特别是调研和论证阶段往往容易让人忽略，而这两个阶段恰恰是科学策划的最重要的环节。公共关系活动策划是科学性很强的工作，必须要以科学的方法去完成。

第三节　公共关系实施

公共关系实施是指公共关系方案被审定采用后，将方案所确定的内容和目标付诸实现，变成结果的具体操作过程。它是公共关系工作程序的第三步，也是解决公共关系问题、实现公共关系目标的关键环节。实施的成功与否，所传播信息的影响程度和范围大小

直接关系到组织的形象和效益，是公共关系最为基本、最能体现实际效果的实践活动。

一、公共关系实施的特点

公共关系计划的实施过程是一个完整统一的过程。它具有以下几个特点。

1. 实施过程的既定性。公共关系策划方案进行优化确定后，就成为既定方案。在今后的实施中一定要贯彻执行，不能任意修改；当外界条件发生变化时，也要根据目标要求来进行协调，千万不能轻易抛弃原有方案，这样才能保证整个公共关系策划方案的实现。

2. 实施过程的动态性。公共关系策划方案无论制定得多么周密、具体和细致，总不可能与实际情况完全相吻合，总存在一定的差异；实施环境亦随着时间的推移、环境的变化也有相应的改变，实施过程中总会出现一些意想不到的新情况或新问题。所以考虑这些动态性因素，在实施过程中就要不断地改变、修正原定的实施方案、方法与程序等。

3. 实施过程中的创造性。公共关系策划方案的实施过程是一个动态过程。实施人员要考虑社会环境、自然环境等一系列因素来确定具体的实施策略，如准确地选择适当的传播媒介、传播时机及灵活地调整实施步骤，以补充计划的不足。从这个意义上讲，公共关系策划方案的实施过程是一个实施人员充分发挥自己的主动性、创造性的过程，也是一个不断增长公共关系人员实践经验的过程。

4. 实施过程影响的广泛性。一项公共关系策划方案涉及很多的因素和变量，它所产生的影响只有在策划方案实施后才能真正显现出来。公共关系策划方案实施所产生的广泛影响首先表现在对众多目标公众产生深刻的影响。根据美国公共关系机构的调查研究表明，每有 1 名投诉的顾客就有约 26 名保持沉默的、感到不满意的顾客。这 26 名顾客每个人都有可能会对另外 10 名亲朋好友产生消极影响。而这 10 名亲朋好友中又有 33% 的人极有可能把这个信息传给另外 20 个人。因此，只要有 1 名顾客不满，就有可能有 327 人有类似的不满，后果相当严重。从中，我们应该意识到实施过程影响确实具有广泛性。另外公共关系策划方案的实施有时还会深刻地影响到整个社会的文化、习俗甚至改变某些观念，从而对整个社会的进步产生推动作用。如美国汉堡包打入日本市场，改变了日本人吃抓米饭的习俗。

二、公共关系实施障碍因素分析

影响公共关系方案实施的因素很多。有来自公共关系方案本身的目标障碍、实施过程的沟通障碍、组织机构障碍和突发事件的干扰。

（一）方案本身的目标障碍

方案本身的目标障碍是指方案中由于目标定位不明确甚至不正确，缺乏操作性，或由于方案制订的活动偏离目标而给实施带来障碍。从而给实施带来一定的困难，即使实施人员尽心尽力，仍然得不到预期效果。因此，在进行公共关系策划时，一定要征求各方面的意见，达成目标共识。

排除方案本身的目标障碍，主要有如下途径。

1. 检查内容是否切合实际并能够实现。
2. 检查是否具有可行性和可控性。
3. 检查是否体现了所期望的结果。

4. 检查是否是实施者职权范围内所能完成的。

5. 检查完成期限是否合适。

（二）实施过程的沟通障碍

公共关系方案的实施过程，实质上就是组织运用各种传播媒介，将公共关系信息传递给以目标公众为主的各类公众，以引导公众改变态度和引发行为，创造出有利于社会组织生存发展的社会环境和舆论环境的过程。但实施过程中的传播沟通往往不是一帆风顺的，它常常会因传播沟通的方式方法不妥、传播媒介选择不当等因素而使实施工作不能取得很好的实施效果，因此有必要对实施过程的沟通障碍进行分析。

1. 语言沟通障碍。语言是一种极复杂的人类交流思想的工具。在传播沟通时，常见的语言障碍有：语音混淆、语义不明、语法不通、用词不当、发音不准等。不同国家、不同民族有着不同的文字，也会造成文字障碍。对于文化水平较低的公众，文字也会造成沟通障碍。可以说由于语言沟通不畅造成沟通失误，甚至引起某些纠纷，在日常生活和工作中比比皆是，语言沟通障碍常会造成公共关系工作的被动局面。

2. 风俗习惯障碍。所谓风俗习惯，是指在一定的义化历史背景下形成的具有固定特点的调整人际关系的社会因素，如道德习惯、礼节、审美传统等。风俗习惯是世代相传的一种习俗。不仅不同国家、不同民族的风俗习惯不同，有时同一国度、同一民族因居住地区的距离远近不同也会形成不同的习俗。公共关系人员一定要了解实施对象的风土人情，做到入乡随俗，排除风俗习惯障碍，使公共关系方案得以实施。

3. 观念障碍。所谓观念是指在一定的社会条件下人们接受、信奉并用以指导自己行动的理论和观点。观念对沟通起着巨大的作用，有的观念会极大地促进沟通的顺利进行并取得好的沟通效果，而有的观念会成为沟通的障碍。常见的观念障碍有：封闭观念、极端观念、片面观念、自私观念。

4. 心理障碍。所谓心理障碍是指人的认知、情感、意志、性格等心理因素造成的障碍。常见的心理障碍主要有消费心理、交际心理、政治心理和工作心理，同时还有来自公众心理定势的影响。

5. 信息障碍。信息障碍主要指信息表达方面所形成的障碍，主要有媒介的选择不合理，印刷不良、字体模糊或脱页破损影响阅读理解；设备故障或其他干扰影响到公众对信息的接收；信息的表达方式过分注重艺术形式而忽略了公众的接受能力；过度使用专业术语反而造成公众的困惑。

此外，沟通者本身技巧及经验也是决定沟通能否发挥效果的制胜因素。好的技巧能深入人心，确保信息传递效果。

排除实施过程的沟通障碍，主要途径有：要切实了解和掌握公众的特性与需要；选择合理的信息沟通方式；灵活运用媒介传播；建立一个精干、高效、多功能的信息传播系统。

（三）组织机构障碍

公共关系的主体是社会组织，公共关系活动是社会组织精心策划、具体实施的公共关系活动。然而，在具体的实施过程中，由于组织结构不合理，机构臃肿造成的沟通缓慢，管理体制上的不科学和内部协调欠佳造成信息沟通量的不足和信息的失真等，使公共关系实施受到影响。

排除组织机构障碍，主要有以下途径：

1. 针对组织机构重叠的现象，要精简机构；

2. 针对组织管理体制上的不科学现象，要制定相应的规章制度，并严格按照规章制度办事，要着力健全各种信息传播渠道，并使之畅通无阻；

3. 针对组织机构内部协调欠佳的现象，要加强内部公共关系，增强内部员工的凝聚力和向心力，增强员工的荣誉感和责任心，同心协力，使信息传播渠道多样化、目标一致化、效果最佳化。

（四）突发事件的干扰

对于公共关系方案实施干扰最大的莫过于重大的突发事件，主要有：人为的恶性突发事件，如投毒、设备被盗、人为破坏等；人为纠纷危机，如公众投诉、新闻媒介曝光；不以人的意志为转移的自然突变，如地震、海啸、非典、火灾等。社会组织如果不善于处理突发事件，那么不但会使公共关系方案难以实施，甚至会影响组织的生存。

三、公共关系实施的原则与方法

公共关系实施是一项复杂的系统工程。公共关系实施的原则是公共关系实施的工作准则。是实施人员在错综复杂的实施环境中，排除各种干扰，完成公共关系实施的各项工作，实现公共关系目标的成功法则。

（一）公共关系实施的原则与方法

1. 目标导向的原则与方法。目标导向原则就是指在公共关系方案实施过程中，保证公共关系实施活动不偏离公共关系计划目标的原则。也就是说要求公共关系人员以目标为导向，对整个活动进行制约、引导和促进，以把握实施活动的进程和方向，并通过具体实施活动使公共关系方案向既定的目标一步步迈进。

在公共关系实施过程中，为了使目标导向的原则得到正确的运用，人们常常采用线性排列法（如图 3-1 所示）和多线性排列法（如图 3-2 所示），将所有公共关系活动和措施按先后顺序有机排列组合起来，然后再加以实施。线性排列法是按公共关系活动、措施的内在联系为先后顺序逐一排列出来，一步一步地向目标迈进；多线性排列法是将几个行动同时展开、共同向成功迈进的排列方法。

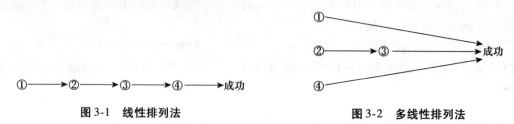

图 3-1　线性排列法　　　　　　　　　　图 3-2　多线性排列法

2. 进度控制原则与方法。进度控制原则就是按照公共关系实施方案的要求，全面衡量时间进程与事件进程的协调，按照一定的程序，掌握工作的进度，以免出现畸轻畸重的原则。在实施中，由于分工不同，要做好预测和及时发现各种可能影响实施工作进度的情况，并进行协调和控制，以期在公共关系方案实施过程中投入较少的人力、财力和物力，取得最好的公共关系效果。

3. 整体协调的原则与方法。整体协调的原则就是在公共关系方案实施的过程中使工作所涉及的各方面配合得当，达到一种和谐、互补、统一状态的原则。整体协调注重理顺实施过程中的各个环节之间、部门之间及实施主体与其公众之间的关系，尽量消除各种矛盾的产生，并对一些已发生的矛盾及时协调解决。最常见的协调方法有两大类：一类是纵向协调；另一类是横向协调。纵向协调主要是指上、下级之间的协调；横向协调主要是指同级各部门或实施人员之间的协调。

无论是横向协调，还是纵向协调要达到协调沟通的目的，最关键的一点就是在沟通过程中所传播的信息应具有统一性、明确性及完整性等特点。特别是协调时作为依据的有关实施计划的目标、实施的指令等方面的信息传播，一定要做到上下统一、前后一致、目标明确，否则会使协调人员无所适从，使协调工作陷入困境。

另外，在协调过程中要注意：信息沟通资料要充分、准确、完整，信息沟通的方式方法必须科学有效；协调沟通时必须以说服为主；尊重、理解和帮助被协调对象各方，善于同协调对象沟通，以消除他们的疑虑，在取得共识的基础上完成协调工作；协调沟通时要遵循局部利益服从全局利益的原则。

总之，协调的目的是使全体人员在认识和行动上取得一致，最大限度地保证实施活动的同步与和谐，提高实施工作的效率与效益。

4. 反馈调整原则与方法。反馈调整原则就是对反馈信息进行整理、分析，并以此为依据来调整整个公共关系方案的实施活动的原则。反馈调整贯穿在公共关系方案实施的全过程中，在公共关系方案实施的准备阶段，通过收集、分析有关人员对实施方案进行评估的信息，反馈调整公共关系方案；同样在实施的执行阶段和结束后，利用反馈信息比较实施结果与原定目标的差距，调整后续公共关系实施方案。

5. 正确选择时机的原则与方法。正确选择时机的原则就是在了解公众心理特点的基础上，掌握公共关系方案实施的时间和规律，想方设法克服时机障碍所带来的消极影响，精心选择与安排适当的时机进行公共关系方案的实施，并使实施中传播出的信息为广大公众所接受。

正确选择时机是提高公共关系方案成功率的必要条件和关键所在。实施公共关系时，要注意以下几个因素。

（1）要注意避开或利用重大节日。如公共关系活动本身与重大节日没有任何联系，则应避开节日，以免使公共关系活动效果被节日气氛冲淡；若公共关系活动与节日有密切的联系，则可利用节日气氛强化公共关系效果，如有关妇女用品的公共关系促销活动可以选择在三八妇女节前后举行。

（2）要注意避开或利用国内外重大事件。

（3）要注意避免在同一时间或在相距较短的时间内同时展开两项重大公共关系活动。以免其结果互相抵消。总之，一切从实际出发，正确地选择公共关系计划实施的时机，是确保公共关系目标得以顺利实现的一个必要前提。

（二）公共关系实施过程中的要求

公共关系实施过程是一个推行既定计划的过程，在具体推行的过程中应注意以下几个问题。

1. 让所有参加这次活动的有关人员详细了解活动方案的内容，如确定目标、公众和实施措施等。

2. 在所有参加本次公共关系活动的人员都了解方案的内容的基础上，应根据公共关系人员的各自特点合理地分配任务，并明确规定任务的具体要求和完成时限。

3. 在没有意外事件干扰的情况下，公共关系人员应严格按照方案所确定的时间表实施各项措施，以确保整个活动按预定的时间和计划进行。若有意外情况发生，可视其程度、范围的不同，对实施方案中的有关内容作相应的调整，并通知有关人员。

4. 在正常情况下，应严格按照方案中所确定的预算实施各项公共关系活动，以确保整个公共关系活动的费用不超过总预算。如因为发生了意外情况而需要增加费用时，可在征得领导同意的情况下，对原先的预算方案加以适当的调整。

5. 建立必要的检查制度。这样一方面可以督促各项措施的实施，把握整个活动的时间进程和事件进程的协调，另一方面也有助于及时发现问题、解决问题。

四、公共关系活动的模式

不同的社会组织在组织发展的不同时期，以及面对不同的社会环境和不同的公众类型时，就有不同的公共关系活动模式。常见的公共关系活动模式有以下几种。

1. 宣传型公共关系。宣传型公共关系是指通过利用各种传播媒介和交流方式，进行内外传播，来实施公共关系计划和目标的一种公共关系实施模式。宣传型公共关系的实质是通过各种宣传手段，传递社会组织的信息，引导公众舆论，迅速扩大社会组织的社会影响。其主要形式有：发新闻稿、广告、板报、演讲、记者招待会、新产品展览会、经验或技术交流会等。其特点是：主导性强、时效性强，有助于提高组织的知名度，扩大组织的社会影响。

2. 交际型公共关系。交际型公共关系是指运用各种交际手段和沟通意识，通过人与人之间的直接接触，进行感情联络，广交朋友、协调关系、缓和矛盾、化解冲突，为社会组织创造"人和"的社会环境的一种公共关系实施模式。其主要形式有：举办宴会、招待会、舞会、座谈会，赞助福利、慈善、文化、教育、卫生、体育等事业，参与国家、社区重大活动并提供赞助等。其特点是：注重感情投资、攻心为上，给人以亲切感，一旦建立了真正的感情联系，往往会相当牢固，甚至超越时空的限制。

交际型公共关系是公共关系活动中应用最多、极为有效的一种模式。不过，在开展交际工作时，应该坚持公共关系的原则，不能使用不正当的手段，如欺骗、贿赂等。还应明确社会交际只是公共关系的一种手段，绝不是公共关系的目的，也不要把私人间的一切交际活动都混同于公共关系。

3. 服务型公共关系。服务型公共关系是以优质的服务行为，作为特殊媒介，吸引公众、感化公众，获得信任，争取合作，使社会组织与公众之间的关系更加融洽、和谐，为社会组织提高良好的信誉的一种公共关系实施模式。其主要形式有：开展消费指导、消费培训、社会服务、社区服务、家庭式服务等。其特点是：具体、实在，效果显著，公众认可。

服务型公共关系不仅适用于服务行业，任何类型的社会组织都应以自身独特的方式为公众提供优质服务，用实际行动体现尊重公众，密切组织与公众的关系，从而提高组织的美誉度。如海尔集团正是以最佳服务赢得全球众多客户的。

4. 社会型公共关系。社会型公共关系是指组织利用举办各种社会性、公益性、赞助性活动，塑造企业形象，目的是通过积极的社会活动，扩大组织的社会影响，提高组织的知名度和美誉度，赢得公众的理解、支持和信任的一种公共关系实施模式。其主要形式有以下几点。

（1）以组织本身为中心而开展活动，如举办各种庆典活动、文体竞赛、邀请员工家属来厂参观、组织员工郊游等。

（2）以赞助社会公益事业为中心开展的活动，如五粮液集团有限公司参与媒体公益活动，送百场电影下乡；浙江农夫山泉千岛湖饮用水公司每销售出一瓶水，从中节约1分钱为贫困山区的孩子修建体育设施、添置体育器材。

（3）资助大众传媒举办各种活动，如中国移动赞助中央电视台举办"移动杯感动中国"人物评选；红河集团赞助中央电视台举办"红河杯"全国电视节目主持人形象设计大赛等等。它们既活跃了文化生活，又宣传了组织形象。

社会型公共关系从短期看，往往不能给企业带来直接的经济效益，而且还要支付巨额费用。但从长远看，它却为组织树立了良好的社会形象，使公众对组织产生好感，为企业创造了一个良好的发展环境。其特点是：不拘眼前，着眼长远，社会效益好。但费用较大，需量力而行。

5. 征询型公共关系。征询型公共关系是以提供信息服务为主，运用收集信息、社会调查、民意测验、舆论分析等信息反馈手段了解民情民意，把握社会动态，监测投资环境，为社会组织决策提供咨询，使组织目标与方案的实施尽量与公众的利益要求相一致的一种公共关系实施模式。其主要形式有：建立信访制度，设立热线电话，开展民意调查，举办信息交流会、座谈会等。

征询型公共关系是一项日常的工作，要坚持不间断地进行下去。其特点是：了解公众的需求，建立顺畅的公众信息反馈渠道，以便调整组织的决策和行为。

6. 建设型公共关系。建设型公共关系是指在组织初创时期或新产品、新服务首次推出时为打开局面，扩大社会影响，提高组织的知名度而采用的公共关系实施模式。公共关系策略应当是以正面传播为主，争取以较大的气势，形成良好的"第一印象"。这种公共关系模式的工作重点是宣传和交际，向社会公众介绍组织及产品等，使公众对新组织、新产品、新服务有所认识，引起公众兴趣。公共关系人员要努力结交朋友，尽量使更多的公众知道、理解、接近自己，取得公众的信任与支持。

其主要形式有：开业（周年）庆典、开业广告、新产品展销、新服务介绍、免费试用、免费接待参观、开业折价酬宾、赠送宣传品、主动参加社区活动等。此外，对于新创办的企业，公共关系活动的重要工作之一就是要考虑整体的组织形象定位，包括组织的总体特征、内外在特征、CIS及组织文化的整体设计等。

7. 维系型公共关系。维系型公共关系是指社会组织在日常运行中，始终如一地贯彻公共关系工作目标，通过不间断的传播和公共关系工作，维系组织在社会公众心目中的良好形象。这种实施模式一方面通过开展各种优惠服务吸引公众再次合作，另一方面通过传播活动把组织的各种信息持续不断地传递给各类公众，使组织的良好形象始终存留在公众的记忆中，一旦产生需求，公众就可能首先想到组织，接受组织产品与营销政策。

维系型公共关系活动是针对公众心里特征精心设计的。它具体分为以下几种。

（1）硬维系。它是指那些维系目的明确、主客双方都能理解意图的维系活动。这种模式适用于已经建立了购买或业务关系往来的组织和个人。它的特点是靠优惠措施和感情联络来维系与公众的关系。如给公众适当的优惠或奖励等。

（2）软维系。它是一种表现形式比较超脱的公共关系活动，它以一种持续不断的传播方式对公众进行潜移默化的影响，目的是让公众别淡忘了组织。如保持一定的见报率、在电视屏幕上经常亮相；长期树立在高大建筑物上的企业名称、标志或商标，巨型户外广告；逢年过节的专访、慰问等。

（3）强化维系。它是指组织为消除潜在危机，强化组织的良好形象而开展的公共关系活动。

8. 进攻型公共关系。进攻型公共关系是指社会组织与外界环境发生某种冲突、摩擦的时候，为了摆脱被动局面，开创新的局面，采取的出奇制胜、以攻为守的策略的一种公共关系实施模式。组织要抓住有利时机和有利条件，迅速调整组织自身的政策和行为，改变对原环境的过分依赖，以积极主动的姿态调整自身行为，改变环境，摆脱被动局面，创造有利于组织发展的新局面。

这种模式最大的特点就是"主动"，如不断开拓新产品和新市场，改变组织对环境的依赖关系；组织同行联合会，以减少竞争者之间的冲突和摩擦；建立分公司，实行战略性市场转移，创造新环境、新机会等。

9. 防御型公共关系。防御型公共关系是指组织为了防止自身的公共关系失调，而采取的一种公共关系实施模式。公共关系应该以预防为主，在组织发展顺利、情况正常的时候，要善于发现问题、预见问题，及早制定出防治措施，才能在公共关系活动中保持主动。

这种模式的特点是防御与引导相结合，变消极为积极。其主要形式有：开展公共关系调查和公众意见征询、组织的经营政策及行为的自我审查和自我评判、制度措施的修改与完善等。

相关链接3-1

日本最早建立地震预警系统：死亡人数可减少80%

日本坐落在庞大的环太平洋地震带上，地震十分频繁，每年地震平均多达1500次以上，日平均地震发生率在4次以上。因此日本是世界上最早建立实时地震预警系统的国家。早在20世纪80年代，日本铁道技术研究所已建立了世界上第一个实用的地震预警系统。而世界上第一个真正意义的全国性地震预警系统，也由日本人建立，并于2004年8月1日开始试运行。日本东京大学地震研究院的目黑公郎教授曾经通过模拟一次想象中的东海大地震，来评估地震预警系统的作用，研究结论显示，在地震预警100%普及的情况下，死亡人数能够减少80%。

2008年6月14日，日本东北部的岩手县和宫城县等地发生里氏7.2级地震，日本气象厅在此次地震中，在部分区域实现了由电视等媒体发布的地震预警，气象厅在8点43分51秒预测到地震，3秒后即在电视上发表地震预报：预计4秒后将发生5级地震。此时震中地点已经开始摇晃，而距离震中30公里以外的地方在地震摇晃发生之前十多秒得到了地震预警。这次地震仅造成 7 人死亡、200 多人受伤，如此低的伤亡率很大程度上得益于日本气象厅及时发布地震预警。

2011 年 3 月 11 日，日本发生里氏 9.0 级地震数百万日本人在大地震发生前大约一分钟得知了地震的消息。日本有世界上最好的地震预警系统。这个由约一千个地震计组成的网路，覆盖全日本，可以觉察和分析震波，并在地震计预测震动强烈时发出警告。

（资料来源：http://www.sinonet.net/news/china/2011-03-11/128510.html）

10. 矫正型公共关系。矫正型公共关系是指组织遇到风险、组织的公共关系严重失调、组织形象发生严重损害时所采用的一种公共关系实施模式。由于组织行为受各种因素影响，社会组织要及时进行调查研究，查明原因，采取措施，做好善后工作，平息风波，以求逐步稳定舆论，挽回影响，重塑组织形象。

如果是组织自身出现了失误，应本着实事求是、有错即改的态度，坦率检讨本组织的过失，并采取补救措施。一方面设法使该事件的影响减小到最低程度，另一方面将组织采取的改进措施和整顿情况及时公之于众，以求得公众的谅解，重新获得公众的信赖与支持。矫正型公共关系的特点是：及时发现问题、纠正错误、改善不良形象。

第四节　公共关系评估

公共关系评估是根据特定的目标标准，对公共关系计划、实施的情况和实施效果进行评估，并从中发现问题，及时修订计划，进一步调整和完善组织形象。公共关系评估是公共关系工作程序的最后一步，也是开展后续公共关系工作的必要前提。

一、公共关系评估的主要内容

公共关系评估，表现了公共关系活动对每一个目标公众的作用程度以及整体目标的实现程度。进行公共关系评估就在于控制和协调公共关系活动的某一环节成功或失败。公共关系评估是总结性评估，它不仅在本次公共关系活动实施过程中发挥着重要作用，而且还可以作开展、改进公共关系工作和制定公共关系计划的依据。公共关系评估的主要内容有以下几点。

1. 了解信息内容的公众数量。公共关系活动的目的之一就是要提高组织的知名度，加强目标公众对组织的了解与理解。

2. 改变观点、态度的公众数量。组织的公共关系活动是否引起公众对组织的看法和态度的转变，支持组织的公众是否有所增加，增加多少。

3. 发生期望行为与重复期望行为的公众数量。衡量公共关系活动效果的最高层次，是否引起公众行为。在实施公共关系活动之后，有多少公众按照导向采取或重复采取了组织期望的有利于组织的行为，从而实现了组织的目标，达到了事业的成功。这是衡量公共关系活动效果的重要标准。

4. 达到的目标与解决的问题。达到了公共关系计划预期的目标并解决了所要解决的问题是公共关系活动效果的最高标准。

5. 对社会与经济、文化的发展产生影响。公共关系人员在实施公共关系计划的过程中，履行社会责任，通过宣传造势、传播沟通，对社会及经济、文化的发展产生积极影响。但是这种影响要经过较长的时间才能反映出来，并且它是复杂的多种因素的综合反映。

二、公共关系评估的方法

公共关系评估，由于评估对象、评估目标、评估过程的差异，需要采用不同的评估方法。公共关系评估的方法主要有以下几种。

1. 报告法。将一定时间内公共关系活动用口头的或文字的方式，向有关部门报告。报告分正式报告和非正式报告。正式报告通过正式传播渠道来总结活动成果，如定期备忘录、集体会议、汇报会、年度报告会；非正式报告通过各种非正式途径来报告活动成果，如自由座谈、书信、电话、走访、简短的书面汇报等。公共关系活动评估者要以当事人的身份亲自参加公共关系活动，通过直接观察来估量评价其效果。

2. 专家评定法。聘请有关的组织外专家、学者，对本组织公共关系活动进行调查和评价，以局外人、第三者的立场和态度来观察、评价本组织活动的成效，这样所得的结论更具有客观性。

3. 比较法。对公共关系活动前后所做的调查结果进行比较，以此来衡量活动的效果。良好的公共关系必须转化成经济效益，企业产品的销售量和利润是检验公共关系活动成效的一个方面。

情景导出

小张经过学习明白了以下内容：

组织开展公共关系活动是遵循一定的公共关系工作程序的，从调查、策划到实施、评估是一个环环相扣、步步为营的完整体系。在调查的基础上，才能了解组织目前的状态，包括存在的问题以及可供利用的机会，在此基础上再选择公关活动模式，策划公共关系方案。公共关系策划必须突破思维定式，在实施策划方案中，既要忠实于原方案，又要随机应变，使公共关系目标得以实现。公共关系方案的实施效果必须通过全面的科学的评估来论证。每个环节都要重视，不能虚化。

小张终于可以思路清晰地开展工作了，和同事们一边开始进行日常调研，一边根据企业的现状选择了相适应的公关活动模式，制订了活动计划，开展起了系列公关活动。

思考、实训与案例分析

【复习与思考】

1. 公共关系的工作程序包括哪几个步骤？
2. 公共关系调查的主要内容有哪些？主要采用什么调查方法？
3. 造成计划实施过程中沟通障碍的原因是什么？排除或减少沟通障碍的对策是什么？
4. 公共关系实施的工作类型有哪些？如何选择？
5. 简述公共关系方案的设计程序。
6. 怎样编制公共关系预算？
7. 如何进行公共关系评估？

【实训】

1. 小组调查

内容：运用所学的调查方法，选择同学关心的话题，如学校食堂的饭菜质量、本校学生的日常消费、学生参加日常社会实践的情况等进行一次调查。

要求：

（1）结合前面所分小组进行调查，每个小组4～6人为宜，要求每位学生在调查工作中积极参与，密切合作。

（2）写出完备的调查方案。

（3）应采用两种或两种以上调查方法，问卷调查法为必须采纳的调查方法。

（4）调查工作应该在一个月之内完成。

（5）并且根据调查结果，进行分析，写出完整的调查报告。

2. 以"对母亲的爱"为主题，在学校策划一次公共关系活动。请结合前面的分组及相关调查结果，各组做出一份详细的策划书。

【案例分析】

长城饭店的日常调查

北京长城饭店是1979年6月由国务院批准的全国第三家中外合资合营企业。1983年12月试营业，是北京6家五星级饭店中开业最早的饭店，是北京第一座玻璃大厦，北京20世纪80年代十大建筑之一。随着改革开放的深入发展，北京新建的大批高档饭店投入运营，饭店业竞争日益加剧。长城饭店之所以能在激烈的竞争中立于不败之地，成为京城饭店的佼佼者之一，除了出色的推销工作和优质服务外，饭店管理者认为公共关系工作在塑造饭店形象上发挥了重要的作用。

一提到长城饭店的公关工作，人们立刻会想到那举世闻名的里根总统的答谢宴会、北京市副市长证婚的95对新人集体婚礼、颐和园的中秋赏月和十三陵的野外烧烤等一系列使长城饭店声名鹊起的专题公关活动。长城饭店的大量公关工作，尤其是围绕为客人服务的日常公关工作，源于它周密系统的调查研究。

长城饭店日常的调查研究通常由以下几个方面组成。

（一）日常调查

1. 问卷调查。每天将表放在客房内，表中的项目包括客人对饭店的总体评价，对十几个类别的服务质量评价，对服务员服务态度评价，以及是否加入喜来登俱乐部和客人的游历情况等。

2. 接待投诉。几位客务经理24小时轮班在大厅内接待客人反映情况，随时随地帮助客人处理困难、受理投诉、解答各种问题。

（二）月调查

1. 顾客态度调查。每天向客人发送喜来登集团在全球统一使用的调查问卷，每日收回，月底集中寄到喜来登集团总部，进行全球性综合分析，并在全球范围内进行季度评比。根据量化分析，对全球最好的喜来登饭店和进步最快的饭店给予奖励。

2. 市场调查。前台经理与在京各大饭店的前台经理每月交流一次游客情况，互通情报，共同分析本地区的形势。

（三）半年调查

喜来登总部每半年召开一次世界范围内的全球旅游情况会，其所属的各饭店的销售经理从世界各地带来大量的信息，相互交流、研究，使每个饭店都能了解世界旅游形势，站在全球的角度商议经营方针。

这种系统的全方位调研制度，宏观上可以使饭店决策者高瞻远瞩地了解全世界旅游业的形势，进而可以了解本地区的行情；微观上可以了解本店每个岗位、每项服务及每个员工工作的情况，从而使他们的决策有的放矢。

综合调查表明，任何一家饭店，光有较高的知名度是远远不够的，要想保持较高的"回头率"，主要是靠优质服务，使客人满意。怎样才能使客人满意呢？经过调查研究和策划，喜来登集团面对竞争提出了"宾至如归方案"。计划中提出在3个月内对长城饭店上至总经理，下至一般服务员进行强化培训，不准请假，合格者发证上岗。在每人每年100美元培训费基础上另设奖金，奖励先进。其宗旨就是向宾客提供满意的服务，使他们有宾至如归的感觉。随着这一方案的推行，饭店的服务水平又有了新的提高。

分析与讨论：

1. 长城饭店在公共关系调查方面对我们有何启示？

2. 如果你是一位公关部经理，你认为还应从哪些方面来做好日常的公共关系工作？

新农村　新希望
河北青年报·中国平安希望小学大型公益活动策划案

文化知识的贫乏、观念意识的落后以及思维方式的单一都不是靠单纯的财物捐助可以解决的。需要辅以大量优秀的人才帮助开阔孩子们的眼界，启发他们的心智，培养他们独立思考的能力以及帮助乡村摆脱贫困的社会责任感。

从这个意义上说，一名出色的志愿者将会对孩子们的一生产生深远的影响。志愿者们可以用言传身教帮助乡村的孩子们唤起学习的动力和对生活的追求，从而树立并努力实现自己心中的理想。

中国平安牵手中国青少年发展基金会，共同发起"新农村　新希望"中国平安希望小学支教行动。作为一份有良知和高度社会责任感的媒体，河北青年报义不容辞携手平安河北分公司，共同推出"河北青年报·中国平安希望小学支教大型公益活动"。

一、活动名称

"新农村　新希望　河北青年报中国平安希望小学大型公益活动"

二、活动组织单位

河北省青少年发展基金会

河北青年报

中国平安人寿保险股份有限公司河北分公司

三、活动目的

不同于以往其他支教行动，此次通过具有公信力的品牌媒体进行支教人员的公开招募，并本着对贫困地区儿童高度负责的态度，对支教者进行科学规范的支教培训。并辅以新闻跟踪报道、多形式宣传品的发放、网站等多途径的推广，力图在河北形成一定的号召力和影响力。关爱贫困地区儿童，关注弱势群体，中国平安、河北青年报共同在行动。

此次大型公益活动的举行，无论是对于中国最具成长性的强势媒体——河北青年报，还是位列世界 500 强的中国平安，均高度体现了双方作为各自行业的翘楚所应具备的社会责任感，对双方品牌影响力的提升，以及品牌知名度的彰显均有着实际的意义。

四、合作分工

河北青年报：重点负责此次活动的媒体宣传报道，并协同平安做好志愿者招募。

平安人寿河北分公司：重点负责此次活动的全面安排和组织协调，包括：志愿者的确定、志愿者的培训、支教学校的选定、整体费用的支出、新闻发布会的召开、宣传品的印制发放等等。

五、活动安排

1. 支教志愿者招募期与培训

时间：8 月 18 日～28 日

河北青年报以公益广告的形式，推出"'新农村　新希望'河北青年报中国平安希望小学支教大型公益行动"，并刊发报名细则及报名电话，河北青年报依活动的进度做相应跟踪报道。中国平安负责招募、选拔、培训事宜

2. 支教新闻发布会暨第一批志愿者启程仪式

时间：9 月 15 日

与会人员：河北青年报、中国平安河北分公司双方领导出席召开新闻发布会，宣布活动成功启动，领导预祝支教活动圆满成功。

3. 支教（分 4 批进行，每批 6 人）

时间：9 月 15 日～10 月 30 日

拟分 4 批人员进行支教，人员分类为：领队 1 名、集团选派人员 1 名、平安 VIP 客户 1 名、报社记者 1 名、社会报名人员 2 名。

4. 活动总结茶话会

时间：10 月 31 日

邀支教志愿者畅谈支教体验。至此，本次活动结束，河北青年报对本次活动的举行做总结性报道。

六、宣传方案

时　间	内　容	宣传需求
8 月 18 日	发布招募活动信息	A 版，千字以上
8 月 29 日	实地勘察希望小学，公布面试	B 版，千字
9 月 10 日	公布最终参加人员名单、刻画志愿者图谱	A 版，千字以上
9 月 15 日	新闻发布会暨出发仪式	A 版，千字以上
9 月 22 日	支教日记	A 版，千字
10 月 13 日	志愿者培训和传承经验	A 版，千字
10 月 16 日	支教体验	A 版，千字
10 月 29 日	志愿者茶话会，支教活动总结	A 版，千字以上

七、经费预算表（略）

八、志愿者招募选拔（略）

九、支教方案（略）

分析与讨论：结合本章内容对策划案进行分析，想一想具体操作中会有哪些问题需要提前加以防范呢？

第四章　公共关系的协调沟通

 学习目标

1. 掌握组织内部公众关系的协调沟通的措施，包括员工关系、股东关系、部门关系。
2. 掌握组织外部公众关系的协调沟通的措施，包括消费者关系、政府关系、新闻媒介关系、社区关系、竞争者关系。
3. 掌握人际沟通技巧。

情景导人

　　公司随着规模的扩大，部门之间的沟通有时出现问题，消费者的投诉也有所增加，主管部门的督察也越来越严格，媒体的关注度也越来越高……小张发现，公关原来不只是公关部一个部门的事，企业对内对外原来都需要。小张想：内外关系，企业怎么协调才会更好呢？

　　根据公共关系学的划分，社会组织所面临的公众包含两个部分：一个是组织的外部公众，另一个是组织的内部公众。内部公共关系是公共关系工作的基础和前提，它决定并影响着外部公共关系开展的质量和效果；但在特定条件下，外部公共关系的发展又会反过来影响或极大地影响着内部公共关系活动的开展。因此，在一定意义上说，社会组织的内部公共关系与外部公共关系又是辩证统一的关系。

第一节　内部公共关系的协调

　　组织内部公共关系是组织与其内部公众之间通过双向信息交流，达到相互理解与支持的活动。组织内部公共关系包括员工关系、部门关系和股东关系。其工作目的在于加强组织内部团结、提高组织整体素质，重视组织价值观念的培养，创造最佳的人事环境，培养内部公众的归属感、认同感和自豪感，形成融洽的"企业气氛"，为开展对外公共关系提供良好的基础。如果组织内部公共关系严重失调，将严重地威胁到组织的生存和发展。

一、员工关系

　　组织的内部员工通常指组织的决策人员、技术人员、一般管理者和普通职工。他们是组织直接面对的最接近的公众，是组织赖以生存的细胞，因此，员工关系就成为公共关系工作的起点。理顺内部关系是搞好员工关系的中心，只有理顺内部关系，才能做到分工明

确，职责分明，各尽其职，实施有效的管理。组织的领导者、管理者要掌握用人之道，知人善任，通过科学管理去挖掘人的内在潜力，开发人的智力，充分发挥人的积极性、主动性和创造性。

（一）保证员工合理的物质利益是协调员工关系的基础

物质利益的需要是人类最基本的需要。员工参加工作的最直接目的是以劳动来获取报酬，员工也只有在满足基本生存需要的前提下，才能有其他需要的热情。在付出劳动之后，能否拿到合理的收入，享受到应有的福利待遇，是绝大多数员工首先关心的问题，也是能否维持员工劳动热情的基本保证。

1. 重视员工的工资收入。员工的工资收入是影响员工关系最基本最敏感的因素。一方面，组织应尽量提高员工的工资收入，保证员工的物质利益不断增加；另一方面，为了更好地发挥工资收入对员工的激励作用，组织应严格遵守"各尽所能，按劳分配"的原则。

2. 重视员工的福利待遇。员工的福利待遇是组织向员工提供的又一项物质利益，是增强组织凝聚力的具体表现。它主要包括：社会保险、医疗保险、教育培训、子女入学等。改善员工的福利待遇，不仅可以免除员工的后顾之忧，而且可以培养他们的集体主义精神，并使之转化为持久的工作热情。

3. 重视员工的工作环境。员工的工作环境不仅影响组织形象，也影响员工关系。不断改善劳动条件、劳动环境，认真做好劳动保护和安全工作，是组织应尽的义务，也是员工应享受到的合法权益，而且对提高劳动生产率、调动工作积极性、协调组织与员工的关系也具有十分重要的意义。

（二）满足员工的精神需要是协调员工关系的有效途径

精神需要既包括人们自由地发挥自己的创造性的需要，又包括人们对各种精神产品的需要。不同的员工因其文化素养、工作性质、个人经历和志趣爱好的不同，其精神需要也存在明显的差异。一般来说，应该从以下途径满足员工的精神需要。

1. 造就良好的精神价值观，培养员工的组织忠诚心。员工的价值观念是决定组织荣衰的一个根本问题，每个组织必须有一个基本信念和目标以维系和激励全体员工，充分调动他们的积极性和主动性，为实现组织的目标而努力奋斗。

2. 切实保障员工主人翁地位。员工只有以主人翁身份和感觉存在于组织时，才能把组织的发展看成是自我实现，才能以塑造良好的形象为己任，才能自觉地通过自己的具体工作，为组织良好形象增光添彩。

首先，要建立正常的沟通渠道。一方面发挥组织内部的传播，将员工视为传播沟通的第一对象，及时准确地把有关组织的政策和发展规划以及组织总体情况传播给员工，增强员工的主人翁感，使员工在信息分享中与组织融为一体。其次，还应提倡"玻璃屋"式的内部公共关系沟通方式，不断地提高组织日常经营管理和决策过程的透明度，进而增强员工对管理者的信任感。通过职代会、座谈会、意见箱、民意测验等形式，给员工发表意见、发泄情绪的机会。同时还要把员工的情绪、意见、建议加以归纳综合，及时地反馈给企业领导，作为决策的依据，使领导与群众之间相互通气，做到"上情下达"、"下情上达"，争取广大员工对组织的信任与鼎力相助。再次，注重情感投资和激励，创造令人满意的家庭氛围。

3. 承认和尊重员工的个人价值。管理心理学家贝克发现，每个人的个性具有两种矛盾的欲望，既希望自己成为优势团体中的一分子，融化在杰出组织之中，又希望鹤立鸡群，有自我表现的机会。妥善处理这种个性的矛盾，无疑会促进全员工公共关系的实现。从公共关系的着眼点来看，要从尊重个人价值入手，使团体中的每个成员都能在团体环境中追求和实现个人价值。如柯达公司创始人乔治·伊士曼建立的"柯达建议制度"，就是由"玻璃窗"引起的制度，一直坚持到现在，是全美持续最久的制度之一。

4. 对员工进行多种能力培训，开发潜力资源。在这方面既要有业务性的，也要兼顾非业务性的内容（如企业精神）。培训可采取内部与外部、长期与短期、脱产与不脱产等多种形式，总的目的就是提高员工素质，发挥其积极主动性。

5. 开展各种联谊、福利活动。诸如文艺演出、体育比赛、舞会、旅游等，以联络感情、调节精神，满足员工经济需求以外的社交、尊重等方面的心理需求。此外，组织应在可能的条件下为员工家庭生活排忧解难，减轻其家庭负担，使其能全身心地投入到工作中去。

（三）妥善处理组织中的上级与下级的关系

组织中的上级与下级的关系，是组织内部的公共关系部门要面对的重要关系之一，它往往受到组织内部成员的地位或角色的影响。这种关系协调的和谐，有利于领导活动的成功，有利于领导集体的团结，也有利于个人的成长和进步。利益（包括物质利益、精神利益、政治利益等）问题是上下级关系的一个根本性问题。为了在这一问题上协调，必须尽力做到公平、公正，作为上级领导者，应该与下级同舟共济，互利互惠。

二、股东关系

（一）股东关系的定义

股东关系是指社会组织与投资者之间的各种关系的总称，也称金融公共关系或财务公共关系。股东关系是股份公司（包括股份责任公司和股份有限公司）内部公共关系工作的重要内容，也是某些非营利性组织内部公共关系工作的重要内容。

股东是组织的投资者，是组织的真正主人；他们的利益与组织的经营状况息息相关，他们的决策则关系到组织的生死存亡。因此，股东关系非常重要。

（二）股东关系的对象

股东关系中所包含的公众对象大致有以下三类。

1. 持有不等股份的股东。他们人数众多，是组织的真正所有者，是组织各种权力之源、资金之源。股东也是真正与组织同甘共苦的公众，他们关心组织的经营状况，希望组织兴旺发达，一旦组织经营不善，他们受到冲击也最大。当然，对于上市公司来说，那些很小股东（即所谓的"散户"）的行为可能更像外部公众。他们是出于投机的目的而选择组织的股票，只要时机合适，他们就会买进或卖出股票，很少忠诚地对待一个组织。

2. 董事会。董事会成员一般是占有较多股份的个人、组织或社会名流，他们通常是由股东大会选举产生，并代表股东行使对组织的管理权。

3. 金融舆论专家。这些公众以他们的观点、评论、意见，影响甚至左右股东们的行为，对组织影响很大。

（三）股东关系的内容

简单地说，股东关系的内容就是：稳定老股东，使其保持或增加组织的股份；发展新股东，开辟新财源。为此，组织要加强与股东的交流和沟通，应做好以下几项工作。

1. 了解股东需求，维护股东的正当权益。作为一个投资者，股东最关心的问题就是收益的最大化和风险的最小化，也即其资产的保值增值。为了保证自己的利益不受侵害，他们一方面要行使自己的法定权力，另一方面要充分了解组织的相关情况。如组织的经营管理情况和赢利状况、组织的产品或服务范围、组织的业务拓展状况、组织在同行业中的地位、组织的综合实力和发展前景。

2. 建立畅通渠道，加强与股东的交流和沟通。股东是组织的主人，组织自然应该随时向股东汇报组织的经营状况，另一方面要尽可能地收集股东对组织的意见、建议和其他信息。一般来说，组织通常采用以下的沟通方式。

（1）召开股东会议。这种股东会议既可以是股东大会，也可以是董事会或股东代表大会，从时间上看，可以定期召开，如年度、半年、季度会议，也可以是临时性会议。股东会议既是股东行使权力的机会，也是股东了解组织情况、组织收集股东意见和建议的极好时机。组织的公共关系部门应该精心策划，让股东们高兴而来，满意而去。

（2）编发年度（半年、季度）报告。这是组织和股东交流的主要方式，也是股东最关心的问题，其内容应尽量详细。除了报告组织的一般业务（如生产、销售、财务等）外，还要说明年度赢利状况、分配政策、组织远景规划、存在问题及解决方案。年度（半年、季度）报告应该能够回答股东想要了解的、基本的、重大的问题，让股东相信组织经营有术、回报丰厚、管理良好、前程远大；即使是组织处在困境中，也要让股东感到组织管理层的种种努力，以及组织的美好未来，坚定他们的信心，以获得他们强有力的支持。

（3）编辑组织内部刊物。编辑组织内部刊物，并及时寄往股东，也是组织和股东交流的有效手段。在向股东传递组织信息时，有一点要特别注意，即不能只报喜不报忧，否则股东们就会觉得组织不值得相信，进而导致其人心动摇，抛售股票，给组织带来不良后果。

（4）发放调查问卷或意见征集表。专门就某些问题，设计调查问卷或意见征集表，收集股东对这些问题的意见和建议，作为组织经营决策的依据。

（5）建立常设的专门机构。它们负责处理股东关系，随时回答股东提出的各种问题。

三、部门关系

部门关系协调主要是对社会组织的内部各部门之间工作关系的协调，具体包括各部门之间的合理分工和有效协作。合理分工能保证任务之间的平衡匹配，有效协作既避免了相互之间利益分割，又提高了工作效率。

（一）部门之间产生冲突的原因

社会组织是由若干个部门或团体组成的。组织中部门与部门、团体与团体之间，部门、团体与组织之间，由于各种原因也常常发生冲突。组织理论者认为，组织中部门之间的冲突一般有这些原因。

1. 各部门之间目标上的差异。组织目标是依靠各职能部门完成本部门的工作任务来实现的,管理部门对职能各部门的绩效考核也就依据于此。在执行过程中,各职能部门首先考虑的不可能是部门间的协调问题,而只会是本部门的工作和任务,致使冲突与矛盾产生。

2. 各部门之间认识上的差异。组织各职能部门彼此缺少交流沟通,对组织的总体目标认识不足。由于彼此认识上的差异,致使两单位意见一时难以协调,也可能引起部门间的冲突。

3. 各团体之间的职责权限划分不清。如权力交叉或职责缺漏等引起的权力与责权纠纷。

4. 不健康的思想意识或反面的团体作风,也可引起团体间的冲突。

部门间的冲突,不仅会造成各部门之间关系的不协调,而且也会给整个组织领导工作带来反面影响。因此,协调好组织内部各部门之间的关系,对于形成组织系统的合力,发挥组织系统的整体效应,具有十分重要的意义。

(二) 部门关系的协调

组织系统部门之间的关系,在很大程度上是部门主管人员之间的关系问题。各部门主管人员能否顾全大局,他们之间的人际关系是否融洽,对部门关系影响很大,因此,作为公共关系人员要协助领导处理好部门之间的关系,加强各自的配合与协调意识。

1. 做好部门之间的沟通工作。这既是做好部门工作的需要,也是处理好部门关系的第一步。沟通是双向的,也是多方面的,主要应当从目标、思想、感情和信息上加强沟通,进而取得共识,这是协调各部门领导关系的基础。

(1) 在目标上沟通。首先强调整体目标,使他们认识到各部门对整体目标的作用,以及相互配合、协调的重要性,力争把部门利益与共同的目标联系起来,进而增强各自对组织目标的关切感,减少部门间不必要的冲突。其次要在具体目标上取得沟通和共识,各部门领导,在目标的确立上,要相互理解和支持;在目标的实施上,要相互帮助;在目标的冲突上,要相互调整和适应;在目标的成功上,要相互鼓励和总结。

(2) 在思想上沟通。各部门领导不要只考虑本部门的利益得失,而应当从各部门利益的互相联系上考虑问题,包括设身处地地替其他部门着想,达成彼此可以接受的意见,以防止思想认识上的片面性。同时各部门领导在思想观念、思想方法、思维方式上也是互有差异的,由此而形成的观点上的争鸣和分歧,可以通过平等的交流、启发,缩小认识上的差距,以达到统一认识。对于因工作关系所引起的思想误会、隔阂,各部门领导之间应严于律己,宽以待人,必要时多作自我批评,求得互相谅解。

(3) 在感情上沟通。感情上的联络和加深,对部门领导来说是很重要的。很难设想没有任何感情交流的部门领导之间在工作上可以配合融洽。要增加感情上的沟通,除了目标思想上的认同外,还可通过工作交流、参观访问、公共关系活动等不断加深,从而创造一种和谐共事的工作环境。

(4) 在信息上沟通。沟通也是传达交流情报信息的过程。部门之间的矛盾与隔阂,都可以从信息沟通上找到原因。一般而言,凡缺乏沟通的部门,信息传递肯定不畅,极易造成部门之间的不了解、不理解和不协调,甚至造成冲突,既影响工作,又影响团结。凡主动沟通的部门，必然信息流畅，往往容易赢得对方好感，取得信息，形成部门之间的良好关系。

2. 部门之间要倡导相互帮助。各部门在强调自己部门工作的地位和作用时，不能贬低其他部门的地位和作用。只有各部门之间相互支持配合的组织，才是有力量的组织。工作的配合与支持是双向的给予，各部门间的互相支持，是圆满完成组织工作任务的前提，同时也是避免冲突、消除矛盾、友好相处的重要条件。

3. 要维护合理竞争。由于各部门在组织系统中处于不同的地位，具有不同的功能，部门之间既具有共同的利益和目标，也有各自不同的利益和目标，因此必然存在竞争。在组织内部，竞争是一种最活跃的因素和力量，具有使组织系统不断向前发展的功能。合理竞争要求部门之间形成一种正常的竞争关系，最大限度地发挥积极性和创造性，共同努力实现组织系统的整体目标。在合理竞争中，既反对封锁信息，相互拆台，制造矛盾，也反对满足现状，不求进取，得过且过。尤其应反对的是那种不择手段、尔虞我诈的倾轧式竞争。

第二节　外部公共关系的协调

组织在其经营管理过程中，不仅面临着复杂的内部公共关系，还面临着各种复杂的外部公共关系。组织外部公共关系是组织与其外部公众之间通过有效信息沟通，达到相互理解与支持的一种活动，是树立组织良好形象的重要活动。它主要包括消费者关系、政府关系、新闻媒介关系、社区关系、竞争者关系等。通过有效的沟通，可以促进组织与社会各界的相互了解，协调彼此之间的利益关系；可以消除可能出现的矛盾冲突，实现组织行为与社会行为、政府行为的同步协调，为组织的生存和发展提供良好的社会经营环境。

市场经济越发达，企业外部的公众越重要。外部公共关系的好坏直接影响着企业的形象，而企业形象的好坏影响着企业的经济效益和社会效益。要把握外部公共关系的重要性和复杂性，慎重地对待各种不同的公众，企业才能在竞争中取得胜利。要与外部公众进行交流沟通；要以原则作准绳、情感为纽带，搞好公共关系。

（一）消费者关系协调

消费者公众，不仅指工商企业、服务业的顾客、消费者，而且泛指一切社会组织的服务对象。它既包括物质产品的购买者，也包括精神产品的接受者。在现代市场经济条件下，消费者就是市场，有了市场，组织才有经济效益。市场导向首先要求企业理解自己的顾客，尽量满足顾客，让顾客受益，最终达到使企业受益的目的。因此，组织与消费者关系是组织经营的生命线。协调好组织与消费者的关系是组织生存发展的前提和条件。

1. 协调好组织与消费者的关系，必须以满足其需要，维护其合法权益为基础。健全客户政策，树立真诚为消费者谋福利观念是维持双方良好关系的前提。

2. 协调好组织与消费者的关系，必须研究顾客心理；确立"顾客至上"的观念；尊重和维护顾客合法权益；提供全方位服务，让顾客满意。

3. 协调好组织与消费者的关系，必须注重组织信息的传播。组织与消费者的信息传播途径很多，如通过销售渠道，直接与用户沟通和交流；通过大众媒体发布新闻、刊登广告、出版刊物、邮寄信函等；举办产品知识培训、产品试用等。

4. 协调好组织与消费者的关系，必须妥善处理消费者的投诉。投诉性公众不管其意见是否正确，但却在很大程度上左右大众舆论，影响组织生存和发展的环境，而且多数公众的意见都会有利于组织改善管理，提高产品质量、改进服务水准。因此，要处理好公众投诉就要善于分析公众投诉的原因，主动听取公众意见，尊重公众意见，学会换位思考，选择最佳时机处理公众意见，争取公众的理解、支持和信任。

组织要建立投诉处理机制，制定科学合理的的工作制度，包括建立信访制度、组织自查制度、调研制度、预测制度，以更好地协调和公众的关系。

（二）政府关系协调

政府公众是指政府各职能部门及其政府工作人员。由于政府是社会国家权力的执行机关，是对社会进行统一管理的权力机构。作为社会的一分子，组织必须服从政府对整个社会的统一管理。因此，政府公众历来被认为是一种特殊而重要的公众。协调好组织与政府公众之间的关系是公共关系的重要组成部分。

1. 全面、及时、准确地了解与组织有关的各项方针政策、法律法规，以保证组织的行为和活动在政府的许可范围内进行，自觉接受政府的监督和指导。

2. 充分了解政府机构的设置、职能结构、工作范围和办事程序，并与主管部门的工作人员保持经常性的联系，以提高办事效率。

3. 及时、主动向政府有关部门提供组织信息（如经营业绩、发展规划、对社会的贡献、在承担社会义务方面的义举），在适当的时机、适当的渠道向政府部门进行汇报，这有助于政府部门能依据基层组织的情况，修订政策与条例，也有利于政府部门保持对组织的了解和支持，保持组织与政府沟通渠道畅通。

（三）媒介关系协调

媒介公众是指报纸、杂志、电台、电视台、通信社等新闻机构和新闻界工作人员（包括记者、编辑等）的总称。对公共关系工作人员来说，媒介公众是一种特殊公众，具有双重性质。一方面，它是组织实现公共关系目标的重要手段，是组织与各类公众沟通的中介；另一方面，它是社会组织努力争取的重要公众，是被追求的公众。

媒介公众影响大、威望高，对社会的政治、经济、文化、军事以及消费都具有巨大的影响力，是引导民意的主要力量。许多时候它还能直接引发新闻，甚至是"制造新闻"。在欧美，新闻媒介被看做是继立法、司法、行政三大权力之后的"第四权力"。同时，记者也被看做"无冕之王"。在西方国家，公共关系人员的第一要务就是要与新闻界接触，协调好与媒介公众之间的关系。

1. 了解各种新闻媒介的特点。它包括新闻界人士的职业特点，特殊需要以及受众情况。掌握新闻写作的知识和基本技巧，为新闻界提供优秀的稿件。

2. 努力为新闻记者提供真实、完整、准确的信息。

3. 与新闻媒体保持经常的联系。对各类新闻单位和种类记者，都要一视同仁，以建立良好的工作关系和人际关系。

4. 有目的地举行座谈会、召开新闻发布会、记者招待会、双方互访以及与媒体合作举办各种有影响力的社会活动等，以借助媒体的力量营造气氛，扩大影响。

（四）社区关系协调

社区关系是指社会组织与其所在地区的行政主管部门、居民和其他组织的关系。任何一个社会组织的存在都离不开具体的社区，社区是组织生存发展的基地。协调好组织与社区公众之间的关系，就是为了组织在所处环境中树立起良好的组织形象，争取社区公众的爱护、合作和支持。

1. 做好信息沟通工作。采用多种形式向社区公众介绍组织的宗旨、经营方式和范围、职工人数、工资待遇等。同时，多征求社区公众的意见，了解其需求的变化和对组织的认知程度。

2. 树立公民意识，承担社区成员的义务和责任。积极参加社区的公益活动以及文化体育活动，维护社区的生态环境。

3. 向社区开放组织中的各项服务设施和娱乐场所。组织邀请社会各界人士参观、座谈和参加联谊活动，以此来增强社区公众对组织的了解，从而更好地支持组织的工作。

4. 热心社区公益事业，给予资金、物质和精神的支持，以取得社区公众的理解和认同，塑造良好的企业形象。

（五）竞争对手关系协调

竞争对手关系是指组织与其同行业组织的关系。在市场经济的条件下，同行业之间的竞争甚至冲突是不可避免的。竞争是发展的动力，正当的竞争可以促使社会组织采用先进的技术和科学的手段，提高产品质量和服务质量，降低产品价格。同自然界的竞争一样，同行业组织的竞争法则是"优胜劣汰""适者生存"。组织要协调好与竞争对手的关系，避免恶性竞争。

1. 明确同行业竞争的目的。同行间的竞争目的是相互促进，共同发展。同行之间首先是伙伴关系，然后才是竞争关系。

2. 竞争的手段要光明正大。任何组织在竞争中，应以本组织出色的经营之道、优质的产品和良好的服务，以及精湛的公共关系艺术，赢得竞争的胜利。而不是采取尔虞我诈、勾心斗角、损人利己的方法。只有这样，胜者才会心地坦然，败者才会心悦诚服。

3. 相互学习，相互协作，同舟共济。同行业之间由于根本利益、最终目的的一致，双方既是竞争者又是合作伙伴。既然是同行，就有许多共同点。找到双方共同点，相互取长补短，强调共存"双赢"，共同前进，共谋发展。

4. 加强信息沟通。它可以通过人际交往、电话、互联网等，及时沟通信息，亦可通过主持召开同行业研讨会、座谈会，企业之间互送企业刊物、小册子等方式方法，加强竞争性企业间的相互联系与沟通。通过信息沟通，从竞争到联合，做到优势互补，协作分工，提高组织的整体效益。

第三节　公关中的人际沟通

人际沟通是组织开展公共关系活动的基础，离开人际沟通，组织与公众就难以顺畅地交流思想、培养感情，进而有效地开展公共关系工作了。所以了解人际沟通的原则和方式，掌握人际沟通的技巧，就显得至关重要了。

一、人际沟通的原则和方式

在人际沟通中有一些必须遵守的原则，这是人们在沟通中获得乐趣的出发点。

1. 平等原则。在人际沟通中，平等是出发点，是基础，人与人都应在平等的基础上与他人相处，既不可妄自尊大，也不要妄自菲薄，对地位高的人，不陷于谄媚；对于地位低的人，不居高临下，寻求共同的兴趣和爱好，加深感情，建立良好的人际关系。

2. 尊重原则。尊重几乎体现了所有礼仪形式与道德规范的核心。尊重意味着对自我的肯定，尊重同样代表着对他人的认同和赞扬，自尊是前提，尊重他人是必要手段。只有对公众充分尊重才能有效地开展公共关系工作。

案例4-1

1979 年诺贝尔和平奖的获得者是印度的特雷莎修女，评委会给她的评语是："她（特雷莎）的事业有一个重要的特点就是尊重人的个性，尊重人的天赋价值。那些最孤独的人、处境最悲惨的人，得到了她真诚的关怀和照料。这种情操发自她对人的尊重，完全没有居高施舍的姿态……。她个人成功地弥合了富国与穷国之间的鸿沟，她以尊重人类尊严的观念在两者之间建造了一座桥梁。"特雷莎修女没有做出惊天动地的事迹，她一生只想着穷人、需要帮助的人，她没有做出惊天动地的事迹，但却基于尊重他人而做出了不平凡的事，感动了你我，感动了世界。

3. 自律原则。生活中有各种行为规范、道德规范、法律规范来约束人们的行为，协调人们之间的关系。但是影响中国两千多年的儒教认为做人的最高境界应该是自律，强调人应该认清自己的人生目标，自我约束，才能达到更高的境界。

4. 诚信原则。诚实和信用是不可分的，从古至今，人们都非常看重诚实和信用，如"人无信不立"和"与朋友交，言而有信"。要想与他人建立长期、稳定的关系，必须重视自己的信用。

二、人际沟通的技巧

要想顺利地开展公共关系工作，必须掌握人际沟通的技巧，人际沟通的技巧主要有以下几个方面。

1. 尊重和宽容。人人都有自尊心，都希望获得别人的尊重，懂得尊重他人的人，极具亲和力和说服力，在人际交往中总是很受欢迎的。宽容是宽恕，是用一颗博大的心去原谅，去理解，更多地体谅别人的处境，原谅别人的做法，求大同存小异，以和平、和谐的方式去解决人与人之间的争议。

2. 积极的心态。一个人是否成功不是看他拥有多少财富，获得多大的权利，而是看他是否拥有热情开朗的性格，积极向上的生活态度，乐于助人的品行，清晰而理性的思考及强烈的社会责任感。要知道，幸福与快乐完全是一种感觉，中国人常说"知足者常乐"，不是让人满足于现状，而是换一种心情对待自己和别人，就会发现不一样的美与善。

3. 耐心地聆听。有时人们与他人交往，只是需要一双忠实的耳朵，把内心压抑已久的看法、烦闷、苦恼说出来。但是更多的人在不停地说，而没有静下心来去听。其实，只要你肯听，就是给别人一种很好的帮助。

4. 充满自信。在生活中，自信的人总是具有更强的吸引力，因为大多数的人或多或少都有自卑心理，当面临困境时，那些自信、顽强、乐观的人，常常是值得信赖的人，即使它们不能为事情带来转机，至少可以给人希望。人应该从每一件事情上积累自信，克服自卑心理，学会自我肯定。自信并不是说一个人十全十美，没有缺陷，而是可以正视自己的缺点，充分了解自己的优势，发挥自己的长处，把力所能及的事做到最好。每一个人都是独一无二的，有自己独特的价值，要相信自己。

5. 真诚地赞美。在人际交往中，真诚地赞美能在极短时间内拉近彼此心理的距离，增进彼此的好感。一个人的人际环境由他自己创造，如果想要获得周围人的赞美，就先去赞美别人。需要注意的是：首先，赞美必须是发自内心的。赞美的目的是获得对方的好感与接纳，因此，对他人的称赞要真诚，否则会适得其反。其次，赞美要具体、得体。赞美应从对方自身条件出发，切合实际。最后，要记住别人的名字。名字对每个人来讲都是最动听的声音。尤其对不太熟悉的人，见面后叫出他的名字，是对他最大的赞美和肯定。在人际沟通中，要学会牢记别人的名字，这会产生意想不到的效果。

6. 学会分享，懂得欣赏。谁也不喜欢被人忽视的感觉，所以，在生活中要学会与他人分享，要善于与别人合作。要学会欣赏别人的长处和优点，多一份理解和关爱。

三、人际沟通在公共关系中的运用

人际沟通在公共关系中的作用是巨大的，运用人际沟通开展公共关系工作时要注意以下几个方面。

1. 站在客户的立场去考虑问题。公共关系人员在与公众打交道时，一定要注意自己考虑问题的站位，不要把自己摆在与公众对立的位置上来，公共关系人员是为公众提供服务的，公众的满意是对你最高的奖励。在人际沟通中，人们往往更注重自己的感受而忽略了别人的看法，这种方式会造成信息沟通的阻塞，尤其不利于公共关系的开展。心理学上提到的换位思维，就是站在对方的角度去考虑问题，衡量对错，这样才能更好的理解公众，更好地解决问题，从而顺利地把公共关系工作进行下去。

2. 避免先入为主。在与公众进一步交往之前，不要过早地下定论，不能光凭外表去判断一个人的好坏，或者是否对自己的公共关系工作有影响。公共关系人员应客观、冷静地去分析和判断，不能凭借感觉、第一印象就妄下结论，应多一些理性的思考。

3. 幽默地解决冲突。企业与其公众之间必然存在矛盾、冲突，避免冲突升级并合理解决问题最好的方式是幽默。在特定的语言环境下，有意的曲解词义，转换背景，利用语言的多义性，从对方不经意的角度巧妙应对，以免激发对立情绪，造成两败俱伤的结果。

4. 学会退让。在美国零售业巨头——沃尔玛的零售商店里，都有这样两句话"顾客永远是对的"，"如果顾客错了，请参照第一条"。在企业与公众之间，不存在绝对的对与错，公共关系人员不要逞口舌之辩，非得证明自己是对的，即使顾客确实错了，公共关系人员也不妨退一步，要知道一时的误会可以澄清，损失的形象很难挽回。人没有无来由的获得，也没有无回报的付出，在满足他人的同时，自己定会有所收获。

 情景导出

小张通过向老员工请教，明白了对内对外搞好相关公众的协调沟通是公共关系部门的一个重要工作，而且公关人员的人际沟通技巧极其重要。公共关系是"内求团结，外求发展"的管理哲学。公共关系应首先着眼于人心的管理，在把握人心上下功夫，加强内部公众的沟通，培养组织成员的向心力、凝聚力和主人翁精神和形象意识，提高组织竞争力。其次要协调好组织与外部公众的关系，充分理解外部公众的需求，争取公众的理解支持和信任，才能使社会组织健康稳步地向前发展。

小张的公关部汇同各相关部门，针对内外不同的公众出台了一系列措施，通过一段时间的运行，取得了一定的效果。

思考、实训与案例分析

【复习与思考】

1. 组织内部公共关系有哪些？如何处理？
2. 如何与媒介建立良好关系？
3. "顾客就是上帝"，你认为对吗？

【实训】

各公关小组选取本地区知名企业，通过多种途径进行调研，分析一下该企业在对内部以及外部公众的沟通上都采取了什么方式？

【案例分析】

IBM 的"金环庆典"

美国 IBM 公司每年都要举行一次规模隆重的庆功会，对那些在一年中做出过突出贡献的销售人员进行表彰，这种表彰活动被称作"金环庆典"。这种活动常常是在风光旖旎的地方，如百幕大或马霍卡岛等地进行。在庆典中，IBM 公司的高层管理人员始终在场，并主持盛大、庄重的颁奖酒宴，然后放映由公司自己制作的表现那些做出了突出贡献的销售人员工作情况、家庭生活乃至业务爱好的影片。在被邀请参加庆典的人员中，不仅有股东代表、工人代表、社会名流，还有那些做出了突出贡献的销售人员的家属和亲友。在庆典活动中，公司主管会同那些常年忙碌、难得一见的销售人员聚集在一起，彼此毫无拘束地谈天说地。在这种交流中，无形地加深了彼此心灵的沟通，增强了销售人员对企业的"亲密感"和责任感。

分析与讨论：从内部公关的角度分析 IBM 的做法及意义。

恼人的音乐声

某大学校园旁，有一家服装厂，这家服装厂的生产车间与这所大学隔墙相望。有一段时间，这家工厂为消除工人在重复劳动中产生的疲劳感，每到上午 9～10 点之间，就在

车间内播放各种流行音乐。可是流行音乐却破坏了大学的正常工作与教学环境，他们多次找厂方交涉，但始终没有得到结果。无奈，不得不联系媒体，呼吁社会舆论的支持及政府的干预。

分析与讨论：

1. 假如你是服装厂的公关部主任，请你进行公关策划，解决大学与服装厂的矛盾。
2. 结合实际谈谈发展社区公共关系的意义。

第五章　组织形象塑造与管理

学习目标

了解组织形象的含义及组织形象的评价指标，理解组织形象定位的常见方法，初步掌握组织形象的定位，对社会舆论的监测有一定的认识，基本掌握企业形象设计与 CIS 战略。

情景导入

兴达集团发展得很快，市场影响力逐渐增大，如何提高组织的美誉度，扩大其品牌形象，被列入了公关部的计划中。小张认为，兴达集团目前最大的问题是对自己的形象定位不清晰，形象设计更是无从谈起，到底该怎么进行形象评价、塑造与管理呢？

第一节　组织形象分析

随着市场竞争的日趋激烈，在经历了"价格战"、"质量战"之后，越来越多的组织逐渐认识到，仅有价格、质量优势是远远不够的，它并不能保证组织在激烈的市场竞争中"常治久安"。在组织竞争中，除了价格、质量等竞争手段外，还存在着一种新的竞争工具，即组织形象。

面对市场已呈激烈竞争的势态，组织形象既是组织安身立命之本，也成为组织克敌制胜的法宝。塑造良好的组织形象必然成为组织的必要举措和迫切需要。20 世纪 70 年代盛行欧美、80 年代风靡日本的 CIS 战略的兴起，是市场竞争白热化的必然结果。这些国外组织管理实践证明，组织形象竞争最有效的一种方法就是 CIS 战略。

一、组织形象的含义及作用

由于市场竞争的深入发展已从产品力、促销力竞争向形象力竞争拓展，加强组织形象力的塑造成为当务之急。组织形象策划就是适应这一需要应运而生的。它是着眼于组织自身的一种行为，而组织竞争优势的形成往往首先得靠组织形象的影响力。组织形象策划过程是对组织的视觉、理念、行为各子系统的规范与整合的过程。

（一）组织形象的含义

组织形象是组织内外对组织的整体感觉、印象和认知，是组织状况的综合反映。组织形象是组织在与社会公众（包括组织员工）之间，通过传播媒介或其他接触过程而形成的。它包括公众印象、公众态度和公众舆论三个层次。

公众印象是公众对组织的初步认识，印象与形象可能一致，也可能不一致，形象有实态与虚态之分。实态形象是组织实际经营的成果、水平、产品质量、利润和规模的体现。虚态形象则是用户、供应商、合作伙伴、内部员工等组织关系者对组织整体的主观印象，是实态形象通过传播媒体等渠道产生的映像，好像我们从镜子中去观察一个物体，得到的是虚像。

公众态度是人们的内在意向，是在印象的基础上，加入人们的判断，进而形成具有内在性、倾向性和相对稳定性的公众态度，多数人的肯定或否定的态度才形成公众舆论。

公众舆论是通过大众传播媒介和其他途径（如人们的交谈、表情等）反复作用于人脑，最后影响人的行为。

组织形象就是通过这三个层次在社会公众中逐步明朗化、稳定化而确立的。现代市场营销面临的挑战是：消费者对组织及其产品的个性化要求越来越强烈。组织只单方面地提高产品质量、扩大促销力度等只解决了市场营销中的一个方面的问题，另一方面即消费者的个性需求还有待解决。策划组织形象就是根据对消费者主观性的分析做出适应目标群众需求的决策，以获取社会公众好的评价，树立良好的组织形象，弥补单纯市场营销之不足。

（二）组织形象的作用

良好的组织形象，是吸引顾客、扩大市场份额的保证。塑造和美化组织形象不是为了自我欣赏，而是让目标顾客产生好感，吸引他们产生购买决策和行动。组织只有不断地吸引顾客，才能扩大市场份额。

良好的组织形象是吸引人才、进行社会公共关系活动的条件。良好的组织形象不仅可以对原有员工形成凝聚力，而且可以吸引外界优秀人才。不仅使人产生荣誉感、优越感，还能使人产生使命感、责任感，有了优秀人才加上成功的管理，组织的市场营销事业必然蒸蒸日上。同时，组织良好的形象带来的卓越成绩，使社会各界包括金融、投资、各级政府等都会产生信任感，为组织的市场营销行为排除许多阻力增加许多机会。

良好的组织形象，可以形成无形资产，有利于组织用来进行资本营运，发展市场营销事业。组织形象是商誉的表现，组织的商誉及商标、专利、特许权、版权、特许经营技术都是无形资产的组成部分。组织无形资产的增殖是组织总资产增殖的重要途径，是组织事业成长发展的标志，进一步扩大事业新的领域的基础和动力。

二、组织形象的评价指标

考察组织形象的基本指标有两个：即知名度和美誉度。组织在公众中的良好形象是由知名度和美誉度构成的，二者缺一不可。同时组织还有认可度的评价。

（一）知名度

知名度是公众对组织的知晓程度，它是根据调查对象中知晓组织的人数所占的百分比确定的，即

$$知名度 = \frac{知晓公众}{调查公众} \times 100\%$$

（二）美誉度

美誉度是公众对该组织的信任和赞许程度。它是根据调查对象中顺意公众人数所占的百分比确定的，即

$$美誉度 = \frac{顺意公众}{知晓公众} \times 100\%$$

（三）知名度与美誉度之间的关系

组织的知名度和美誉度是评价组织形象的标准。组织可以利用舆论调查、民意测验等方法，调查了解组织在公众中的知名度和美誉度。知名度和美誉度相结合，就能反映出社会公众对该组织总体的态度和评价。一个组织社会形象的高低主要通过对知名度和美誉度的测量反映出来的。如果把一个组织在社会公众中的知名度和美誉度情况用一个二维平面坐标图来表示，用纵坐标代表美誉度，横坐标代表知名度，根据二者在现实中的不同构成，我们可以得到图5-1所示的组织形象地位图。

由图5-1我们可以看出，组织的知名度和美誉度不是同步发展的，知名度高，美誉度不一定高；知名度低，美誉度不一定低。总的说来，知名度需要以美誉度为客观基础，才能产生正面的积极效果，美誉度需要以一定的知名度为前提条件，才能充分显示其社会价值。

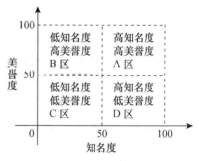

图5-1　组织形象地位图

图5-1中，整个图分成四个区，也就是组织形象的四种状态。

A区表示高知名度、高美誉度。组织处于最佳公共关系状态，社会形象很好。

B区表示低知名度、高美誉度。这时公共关系工作的重点应该是在维持美誉度的基础上提高知名度，让社会上更多的人知道该组织的良好行为。

C区表示低知名度、低美誉度。处于这种状况下，表明组织处于不良的公共关系状态，组织应该努力完善自身，提高美誉度，然后再去提高知名度。

D区表示高知名度、低美誉度。处于这种状态下，表明组织的公共关系处于"臭名远扬"的恶劣状态。因而这一时期的公共关系工作难度最大，也最复杂。解决的办法是要把公共关系工作的重点放在努力改善自身状况，并且降低已有的知名度上，然后再努力争取逐步挽回自己的信誉，慢慢达到高美誉度和高知名度。

组织形象地位图直观地显示了一个组织已享有的形象地位，可以帮助组织正确认识自己，发现问题，并寻求解决的方法；同时，也为进一步选择设计、完善组织的社会形象提供了依据。

（四）认可度

认可度，指组织的产品和服务被社会公众认同且转化为实际选择行动的程度。组织的认可度，表明组织的形象最终被公众接纳的广泛程度。

认可度的测算公式为：

$$认可度 = \frac{行为公众人数}{知晓公众人数} \times 100\%$$

知名度、美誉度、认可度几者之间往往并不统一。但一般来说，具有高认可度的社会组织，其知名度与美誉度这两项指标则相应较高。

公关人员对知名度、美誉度、认可度的测量评估，可监测组织形象的状况和变化，并可据此采取不同的对策。

第二节　组织形象管理

一、组织形象的准确定位

（一）概念

所谓组织形象定位就是在公众的认知心态中找寻空隙和位置，在公众的心目中建立起区别于竞争对手的、独特的组织形象，并把这种特定的形象生动地传达给社会公众，从而使组织在市场中确立具有鲜明个性特征的形象。

组织形象定位是组织形象战略的关键步骤，它是从企业自身实际出发，针对社会公众的期望和要求，在环境分析的基础上，针对组织的实力和竞争对手的实力，强有力地塑造与众不同的、给人鲜明印象的形象。

（二）组织形象定位的三要素

公众的喜好与要求是各式各样的，处于不同地区、不同行业的公众对组织形象会有不同的看法与评价。因此，一个组织具备区别于其他组织的特色，是成为树立其形象的关键。因此，我们必须要了解组织形象定位的三要素，才能准确地为组织形象定位。

1. 主体个性

主体是指组织主体；个性，包括品质个性、价值个性两个方面，主体个性是组织在其品质和价值方式方面的独特风格。组织形象定位必须以主体的存在特征为基础，否则定位就是假的、虚的。当然主体是有共性的，比如即要有良好的质量，又要有良好的售前、售中、售后服务。不仅要生产适销对路的产品，还要思考其个性特点，如组织的目标定位、组织精神定位、组织风格定位等。

相关链接5-1

日本的五大电器公司都是以各自的个性来表现其组织形象定位的。索尼公司以冒险、创新的精神作为其组织形象定位；东芝公司以生产包罗万象的产品为组织形象定位；松下公司以生产像自来水一样廉价的家电用品而努力；日立公司以不断改革自身技术来发展企业形象；三洋公司则在薄利多销上狠下功夫，这些定位都从不同程度上体现了组织的目标、精神及风格。

组织形象定位必须根据其所具有的个性，即不能夸张，也不能捏造，否则一定会被公众所遗弃。如劳斯莱斯以"不求廉价便利，只求高档豪华"作为形象定位的，但这种定价必须以过硬的产品及服务作为基础。如果一家品质、服务平平的企业，也提出高档豪华的形象定位，其结果可想而知。因此，组织形象定位既不能随心所欲，更不能与企业产品本身特性相脱离，而是需要以自身品质、价值方式作为其保障和基础。

2. 形象传播

形象传播是指组织采取有效的措施，运用相关的渠道把主体个性信息准确、有效地传递到公众方面。传播方式主要有营销方式、广告及公共关系等宣传方式。组织如果不能有效地将主体个性信息传达至公众，公众就无法了解组织的的个性。组织形象一旦到位，就可以将静态形象改变为动态形象，使组织已经定位的形象转化为在公众心目中的定位。虽然有的组织形象不见得在主体个性上有过多的优势，但其形象传播很到位，也可以取得不俗的业绩。

组织形象定位不仅是组织自我期望、自我规划、自我确定目标的形象塑造，更重要的还是将其定位在公众心目中的塑造。促使组织形象特征在公众心目中的确立，是形象定位的关键环节。

3. 公众认知

组织形象定位继主体个性确定及形象传播要素之后，真正实现形象定位的标志，还应是公众认知要素。

公众在获得组织提供的物质、服务的同时，同时也要能获得心理上的满足，这样才能对组织形象有更深刻的认识。

上述三要素，分别从组织的主体、通道、客体三个方面构成了比较完整的组织形象定位，使得组织形象的功能和效应得以充分地发挥。

（三）企业形象定位的常见方法

1. 产品的 USP 定位

USP 定位，是指依据产品向消费者提供的利益进行定位，并且这一利益点是其他品牌产品无法提供或没有诉求过的，是独一无二的。USP 即"独特的销售主张"（Unique Selling Proposition）表示独特的销售主张或"独特的卖点"，运用 USP 定位，在同类产品品牌众多、竞争激烈的情形下，可以突出品牌的特点和优势，让消费者按自身爱好和对某一品牌利益的重视程度，将不同的品牌排序，在有相关需求时，更便捷地选择商品。

相关链接5-2

摩托罗拉和诺基亚都是手机市场高知名度的品牌。但它们强调的品牌利益点不同。摩托罗拉向目标消费者提供的利益点是"小、薄、轻"等特点；而诺基亚则声称"无辐射"。在汽车市场，宝马宣扬"驾驶的乐趣"；富豪强调"耐久安全"；马自达是"可靠"。TOYOTA 的"跑车外型"；菲亚特则"精力充沛"；而奔驰是"高贵、王者、显赫、至尊"的象征，奔驰的 TV 广告中较出名的系列是"世界元首使用最多的车"。

2. 根据产品使用者定位

产品使用者定位，是指依据品牌与某类消费者的生活形态和生活方式的关联进行定位。以劳斯莱斯汽车为例，它不仅是一种交通工具，而且是富豪式生活方式的一种标志。成功地运用使用者定位组织形象，可以将品牌人性化，从而树立独持的品牌形象和品牌个性。耐克以喜好运动的人，特别是乔丹的热爱者为目标消费者，它就是选择乔丹为广告代言人和形象大使，通过广告淋漓尽致地展现乔丹的风貌，将他拼搏进取、超越自我的精神及积极乐观的个性融入耐克这个品牌，成功地树立了耐克经久不衰的品牌形象。

3. 根据产品的功能定位

产品功能是整体产品较小的核心部分。事实上，产品之所以被消费者所接受，主要是因为它能够给消费者带来某些使用价值，进而满足消费者不同方面的需求。如果某一产品具有特别的功能，能够满足消费者特别的需求，那么该产品的品牌就具有了与其他产品较明显的差异。"海尔"的"小小神童"小容量的洗衣机，就是"海尔"针对某一特定消费者群体的需求开发研制的具有特殊功能的新产品。这种功能差异化较强的产品得到了消费者的认同与接受，也赢得了消费者的青睐和赞誉。所以，以产品具有的与众不同的功能为依据来进行产品定位，就是强调产品独特的使用价值，即消费者使用该产品所能得到的好处及利益。例如，宝洁公司生产的几种品牌的洗发水都有十分明确的定位："海飞丝"强调去头屑，使"头屑去无踪，秀发更出众"；"飘柔"旨在使头发光滑柔顺亮丽。

4. 形象层次法

形象层次定位法是根据组织形象表现为表层形象与深层形象来进行定位的。

表层形象定位是指构成组织形象外部直观部分的定位，比如组织的厂房、设备、环境、厂徽、厂服、厂名、吉祥物、色彩、产品造型等的直接定位。例如"可口可乐"那鲜红底上潇洒动感的白色标准字就体现出了"世界第一可乐饮料"的大家风范。

深层形象定位主要是根据组织内部的信仰、精神、价值观等企业哲学的本质来进行定位。例如"海尔"公司的"真诚到永远"的定位即为深层形象定位。

5. 对象分类法

对象分类定位方式主要是针对内部形象定位和外部形象定位而言。

内部形象定位主要指企业家、管理人员、科技人员以及全体员工的管理水平、管理风格的定位。如喜来登酒店的"在喜来登小事不小"、昆仑饭店的"深疼、厚爱、严抓、狠管"，都是其管理风格的真实写照。

外部形象定位是指组织外部的经营决策、经营战略、经营方式与方法等方面的特点与风格的定位。"同仁堂"的"同修仁德，济世养生"、长安汽车的"点燃强国动力，承载富民希望"等，都属于外部形象定位的方式。组织因其形象定位的不同，采取的方法也是不一样的。但各种方法归纳起来目的都只有一个：在公众心目中留下深刻、清晰的组织形象。

二、社会舆论的监测

（一）公众舆论的跟踪与监测

公众是组织外部公共关系的协调对象，属于组织需要跟踪与监测的目标公众，包括顾客、新闻媒介、政府、社区、竞争对手等。它们构成组织生存和发展的社会环境。对公众舆论的跟踪与监测的目的是加强组织形象管理，树立良好的组织形象，为其生存和发展创造有利条件，形成融洽合作的最佳社会环境。

组织协调公众关系的基本出发点，在东西方对待顾客的态度上有差异，西方提出"顾客就是上帝"的口号，将别重视顾客的褒贬评价对组织兴衰成败的影响，将顾客的需求作为组织一切政策和行为的导向。在东方，社会组织也提出"以质量求生存"的口号，着重产品和服务质量对于维系企业与消费者之间的关系，二者相互依存、利益攸关，质量就是企业的生命线。这两个口号在实质上有相通之处。尊重消费者就要提供优质产品和服务，保证质量是组织必须做到的。只有将顾客摆在被尊重的位置，才能从根本上重视产品质量和服务质量。道理不言而喻。目前在我国的部分工商企业中，"顾客至上"的观念还没有得到足够的重视，以次充好、坑蒙拐骗，以及服务态度生硬、蛮横等损害公众利益的事件时有发生。因此，学会运用公共关系处理公众关系，加强对公众舆论的跟踪与监测，有着十分迫切的现实意义。

1. 为公众服务的意识是组织生存的根本

树立为公众服务的观念，要坚持"以质量求生存"方针，为顾客提供优质产品和服务。加强企业的质量管理，是企业处理好与公众关系的基础。在当今市场竞争的激烈环境中，只有优质产品和服务才能站稳市场，赢得顾客，取得较高的市场占有率。

2. 开展市场教育，培育公众

产品和服务项目的创新，虽给顾客以更多的自由选择机会，但也给顾客带来迷惑和不知所措。顾客因为不了解新产品的功能而造成企业新产品的滞销，或者因为未掌握新产品的使用方法，而要求退换、修理、赔偿，从而造成企业的负担与名誉损失。因此，企业有必要对目标公众担负起市场教育的职责。组织通过积极引导具有现代消费意识的消费者，有针对性地向顾客介绍产品性能、用途和使用方法，贯彻文明友善的服务宗旨和设立完备的设施，将众多的目标公众组织起来，改变其被动的消费习惯，倡导科学自觉的消费意识和行为，使他们成为企业产品和服务的稳定的消费群体；市场教育的方式有培训营销人员、编写宣传资料、印发产品说明书、举办实物展览及演示、提供咨询服务等等。

3. 加强售后服务，免除顾客的后顾之忧

完备的售后服务，可以赢得公众的信赖，增加组织的知名度和美誉度及认知度。售后服务强调的是主动迅速、信守诺言。

案例5-1

贵州省遵义市遵义县枫林镇厚压村村民刘飞的女儿要结婚了。29寸彩电是他要为女儿置办的结婚嫁妆。但因为山寨离遵义市区太远了，商场都拒绝送货。眼看第二天就是女儿的婚期，刘飞心里非常着急。当他走进华茂海尔家电专卖店，犹豫着把自己的要求告诉工作人员后，让刘飞惊喜的是，海尔人立即答应了！为了赶上婚期，遵义华茂海尔星级服务中心决定连夜送货上门。当送货车驶过颠簸的山路，当到达刘飞所在的村寨前时已是暮色苍茫。厚压村的村寨被一条水流湍急的大河一分为二，晚上船工们便早早地收工了。唯一通道便是架在两山之间的铁索吊桥。王久怀便与同伴用粗麻绳把装着彩电的箱子牢牢地捆背到自己身上！在河两边村里的人的紧张注视下，两手抓住吊桥的铁索，缓缓地向前挪动……当王久怀安全到达对岸时，河两边响起了热烈的掌声与欢呼声！"海尔"从此留在山民心中！

像王久怀这样的售后服务人员，海尔在全国各地还有很多，比如四川三台县潼川海尔售后服务中心经理许美智为了满足山里用户的需求，将海尔冰箱如同抬轿子一般抬到山民家里。他们为满足用户需求而为用户解决着各种难题，为海尔赢得了良好的声誉。

（二）公众态度和行为倾向的跟踪与监测

公众的态度主要由公众对组织的意见、观点、动机、情感与认知等因素组成。公众态度的演变直接与公众的行为倾向联系在一起。公众对组织的不同态度，往往会导致不同的行为选择。

公众的行为倾向，是指公众在认知的基础上对组织所做出的行为上的反映，如是否乐意购买组织产品、选择组织服务。公众的行为倾向比公众舆论更为直接地影响着组织的生存与发展

组织必须随时注意公众对组织的态度与行为倾向的变化，并采取适当方式加以调控。既可采用顺向强化的方法巩固处于正项状态的公众态度和行为；也可采用逆向转化的方法消除处于逆向状态的公众态度与行为。

（三）媒介舆论的跟踪与监测

媒介舆论的跟踪与监测，主要是协调好组织与新闻媒介的关系。其关系的对象包括报纸、杂志、电台、电视台大众传播媒介等，具体是指这些新闻界的记者、编辑人员。新闻媒介被称为"特殊公众"，其特殊性就在于它是社会舆论监督的代言人。对于组织来说，新闻媒介是最重要的目标公众，它传递信息迅速、受众数量巨大、影响面广泛。作为传播社会舆论的权威性机构，既可以帮助组织化险为夷、转危为安，又能公布事实真相，进行内幕曝光，使对组织不利的事件被赤裸裸地展现在公众面前，因而造成组织形象的损害。甚至出现过一则新闻就可决定一个组织的兴衰成败的事件。因此，公关人员的一项重要技能就是善于同新闻界人士打交道、交朋友，争取新闻界的支持、帮助与合作，避免或预防公共关系危机事件的发生。

西方将新闻界人士看做"无冕之王"，将新闻界看做立法、司法和行政等三大权力之外的第四权力。因此，如何处理好与新闻媒介的关系，对组织公共关系人员来说非常重要，协调好组织与新闻媒介的关系要做到以下几点：

1. 了解新闻媒介人士的职业特点

新闻界人士在发表新闻稿时，在选择和衡量新闻时有其特定的标准，不仅对新闻稿的内容要求具有新闻价值，还要讲究新闻发布的时机、频率、角度等。因此，他们会用新闻专业的眼光去衡量稿件的新闻价值，不会受个人好感的左右，它重在客观事实。组织的公关人员在递送新闻稿件的时候，不能凭借交情或者业务上的利弊关系，强迫记者、编辑发表组织的稿件。

2. 提供报道的信息，必须真实、准确，讲究时效

新闻的本质是其真实性。新闻稿件所提供的消息和资料必须事实确凿、实事求是，既不能夸大也不要缩小。新闻稿件如果失去其真实性，就会直接影响新闻机构的社会信誉度。当媒体遭到其受众的指责而追究原因时，必然会追查提供消息或资料来源的组织责任，那么就会影响媒介与组织的关系。所以，组织的公关人员与新闻界人士真诚合作，对加强组织形象的管理工作尤为重要。

3. 与新闻界建立良好的关系

与新闻界建立良好的关系，目的是争取新闻界对组织的了解和支持，通过新闻传播实现与社会大众的沟通联系，最终形成对本组织有利的舆论气氛。因此，组织要主动地同新

闻界取得联系。凡是组织有重要的大型活动，如开业庆典、新闻发布会、重大外事活动等，公关部都要邀请新闻界人士做客观报道。要热情周到地接待新闻界人士，不论其单位的影响力大小；还是其个人的职务高低，都必须一视同仁。因为每一家新闻机构的背后都拥有众多的受众，而组织的潜在公众也许就在其中，所以不能怠慢新闻界人士。同新闻界人士打交道，要建立在平时长期不间断的基础上，如果只是"平时不烧香，临时抱佛脚"，往往就会在关键时刻误事。

4. 精心准备，开好记者招待会

组织一场记者招待会要定夺其举办的必要性。既要考虑所发布的消息是否具有广泛宣传的新闻价值，又要考虑是否是信息发布的最佳时机。因此，记者招待会举办之前要做好充分的准备；发好请柬、布置会场、预备宣传辅助资料，并把记者安排到能够倾听到所有来宾讲话的最佳席位。并对摄影记者要派专人服务，协助其选择背景，增设灯光及拍摄的角度，以便取得较好的效果。

开好记者招待会，选择主持人和发言人要慎重，主持人要有较高的公关素质和会议组织的专业技巧，发言人也要选择在主管企业某一方面的工作具有权威性，对事实材料和相关的数据都要熟悉的人上。

5. 媒介舆论的跟踪与监测

记者招待会后的信息反馈工作也很重要。要迅速整理记录材料，以备同记者的报道相对照。要全面及时地收集与会记者的相关报道。即要跟踪各类报刊、杂志、电台、电视台等大众传媒上的报道，又要监测互联网上的内容。对照检查是否达到了举办记者招待会的预期目标。然后，分类整理，将信息反馈给相关的职能部门，以便及时协调相关工作，维护好组织形象。

第三节 组织形象设计与 CIS 战略

组织形象设计就是组织根据对自身实际条件及期望形象的调查，结合组织的独特性质，对塑造组织形象的具体活动进行整体构思、谋划的运作过程。

自 20 世纪 50 年代以来，市场竞争已由产品力、促销力的竞争发展到形象力的竞争，发达国家的组织纷纷通过塑造全新的组织形象来增大竞争的砝码，CIS 这种组织形象设计方法由此应运而生，并且在 70 年代世界从西方到东方卷起了导入 CIS 的热潮，我国企业也于 80 年代由南到北开始导入 CIS 战略，CIS 作为组织形象设计的有力手段和有效方法，越来越受到了人们的重视。

CIS 的英文全称是 Corporate Identity System。其中 Corporate 泛指组织、团体、机构等，Identity 指证明、身份、同一性，System 是系统，Corporate Identity System 连起来就是组织识别系统。它是将组织的理念、行为、视觉形象以及一切可感受形象实行的统一化、标准化与规范化的科学管理体系，是一个组织区别于其他组织的标志和特征构成的系统。而这个系统能够为组织在社会公众的心目中树立独特的组织形象，它是当今盛行的一种组织形象设计方法。

CIS 的构成要素，主要由三部分构成：理念识别系统、行为识别系统、视觉识别系统。三个要素相辅相成，相互支持，其关系如图 5-2 所示。

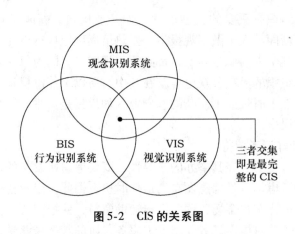

图 5-2　CIS 的关系图

一、理念识别系统及其设计

（一）理念识别系统的含义

理念识别系统（Mind Identity System，MIS）亦称理念统一化。它相当于组织的"心"。理念识别系统就是一个组织在经营哲学、经营理念、经营理论等方面区别于其他组织的识别系统，它包括：组织的经营信条、组织精神、组织经营哲学等内容。理念识别系统是 CIS 的核心，完整的组织识别系统的建立，首先必须依赖组织理念的确立，它既是 CIS 的深层内容，也是组织精神文化的集中概括。

组织的理念是组织灵魂之所在，是组织成功的关键。组织的理念识别为组织行为提供导向，正确的经营理念会引导组织走向成功。MIS 是一种内在的力量，是组织的精神支柱，它具有强大的凝聚力、导向力、感染力和影响力。这种内在的精神力量可以激发与强化组织成员为社会服务的意识，培育组织的整体精神和员工热爱组织的情感，可以强化和再生组织成员有利于组织发展的行为，促进组织物质和文化的协调发展。

（二）理念识别系统的内容

理念识别系统的内容包括：组织的经营方向、经营思想、经营道德、经营作风、经营风格等具体内容。

1. 经营方向。经营方向是指组织的事业领域（业务范围）和组织的经营方针。

案例 5-2

北京全聚德烤鸭是享誉世界的美味佳肴，它之所以能经历百年而长盛不衰，就在于全聚德人以继承传统烤鸭技法，推崇饮食文化，弘扬中华民族饮食特征为己任。20 世纪 90 年代初，全聚德导入 CIS，他们通过对百年经营之道的总结，提炼出"时刻不忘宾客至上，广交挚友，坚持以精美的菜肴和周到的服务欢迎各国、各界宾朋的光临"的经营方向，使其在社会公众中树立起了美味可口、技艺精良、品质上乘的组织及产品形象，不断地扩大了知名度和美誉度。

2. 经营思想。经营思想是组织生产经营活动的指导思想和基本原则，是组织领导者的世界观和方法论在组织经营活动中的运用和体现。

3. 经营道德。组织的经营道德是人们在经营活动中应该遵循的，靠社会舆论、传统习惯和内心信念来维系的行业规范的总和。组织经营道德以"自愿、公平、诚实、信用"为基本准则。如海尔集团的成功，其中得意于海尔的组织文化，尤其重视经营道德，他们的理念是："无私奉献，追求卓越；要么不干，要干就争第一。"

4. 经营作风。经营作风是组织的行为方式和存在方式。如麦当劳十分突出其独特的"Q + S + C + V"（质量 + 服务 + 清洁 + 价值）的经营作风，体现了麦当劳的组织文化的特色。

5. 经营风格。组织的经营风格是组织精神和组织价值观的体现。它包括员工对本组织特征、地位、风气的理解和认同；由组织优良传统、时代精神和组织个性融汇的共同信念；员工对本组织未来的发展抱有的理想和希望。

（三）理念识别系统设计的步骤

1. 组织内外调查。组织内部调查主要是研究组织的经营方向、行业特点、运行状况，以保证理念设计有组织自己的特点。组织外部调查主要是了解社会对组织的基本期望，了解组织所处社会的时代特征，从而保证理念设计具有时代的共性。由于组织理念是组织个性与时代共性的有机统一整体，因而必须将组织的内外调查有机地结合起来，以保证组织理念的个性与共性的有机结合。

2. 确定设计要素。组织理念是一个抽象的概念，在制定组织理念中，需要将其具体化为理念识别的基本要素和相关的应用要素。理念识别的基本要素包括组织的经营策略、管理体制、分配原则、人事制度、人才观念、发展目标、组织人际关系准则、员工道德规范、组织对外行为准则等。理念识别的相关应用要素主要包括组织信念、组织经营口号、组织标语守则、警语、座右铭、组织高层人员讲话精神等。在进行详尽调查的基础上，确定理念所要反映的基本要素，并把这些要素加以整理，分别界定其含义。

3. 语言表示。用语言对所要设计的要素一一进行表达。在语言表达时，必须使语言与要素及其内涵完全一致，也就是所选定的语言能准确代表理念所要表达的意义。

4. 概括。用最简练的文字，对所要表达的全部设计要素和内容进行概括。在概括时，既要使文字最简洁，同时还不能损害所要表达的意义。经概括后的文字，必须好听易记、朗朗上口。

5. 对所形成的组织理念设计草案适当进行组织内外的测试，包括对组织内部的主管与员工进行测试等。根据测试结果对设计草案进行修正，再根据修正草案制定组织的理念识别。

除此之外，组织理念设计随着时间的推移和社会环境的变化，还应做相应的调整和完善。

二、行为识别系统及其设计

（一）行为识别系统的含义

行为识别系统（Behavior Identity System，BIS）亦称活动识别系统、表现识别系统，相当于组织的"手"。

行为识别系统是指一个组织在其经营管理理念指导下，对组织员工实行系统化、标准化、规范化的统一管理的活动和行为。它主要包括两大类：一类是组织成员的生产经营管理活动，如生产活动、经营活动和科技活动；另一类是关于组织内部人与人之间的行为活动，如人际关系的协调活动、教育宣传活动、文娱体育活动等。行为识别系统是理念识别系统的应用和具体实践，是理念识别系统产生现实价值的根本保障，也是组织实施其发展战略必要的行为规范。

组织的行为识别是动态识别形式，包括对外的回馈和参与，对内的组织、管理和教育。对内而言，是建立完善的组织、管理、教育培训、福利制度和行为规范；对外则是通过社会的公益文化事业、公共关系、营销活动等方式传达组织理念，获得消费大众的识别和认同。

（二）行为识别系统的内容

组织行为识别系统的内容相当广泛，总体来看，它大体由两部分构成：一是组织的内部系统；二是组织外部系统。

1. 组织内部系统

（1）组织环境。组织内部环境的构成因素很多，主要分为两大部分：一是物理环境，包括视听环境、温度环境、嗅觉环境、营销装饰环境等。二是人文环境，主要内容有领导作风、精神风貌、合作氛围、竞争环境等。组织制造一个融洽、和谐、向上的内部环境，不仅能使组织员工处于审美氛围中，产生强烈的审美消费欲望和愉快感觉，更重要的是能在社会上树立美好的形象。

（2）员工教育。员工教育的目的是使其行为规范化，符合组织活动识别系统的整体性要求。员工教育分为干部教育和一般职员教育，两者的内容有所不同。干部教育主要是政策理论水平教育、法制教育、决策水平及领导作风教育；一般员工教育主要是与其日常工作相关的一些内容，如经营宗旨、组织精神、服务态度、服务水准、员工规范等教育。

（3）员工行为规范化。行为规范是组织员工共同遵守的行为准则，它对员工具有约束、引导、指导的效力。组织形象的塑造需要每一位员工的共同努力，员工的一举一动、一言一行，都体现组织的整体素养。规范约束机制能使员工的行为趋于一致，并与组织总体目标相适应。

2. 组织外部系统

（1）产品规划。产品规划是塑造组织产品形象的第一步。产品形象是指产品的命名、外形、功能、质量、商标、价格、包装，以及营销等给社会公众留下的整体印象。产品形象贯穿于产品的各个方面，因而产品形象的表现也是多种多样的，在实行产品规划时，经营者应综合考虑产品形象在不同层次的内涵。

（2）服务活动。以优质高效的服务活动不断地争取顾客，赢得顾客的心，是组织一切活动的出发点和归宿，也是组织竞争制胜的主要因素。

（3）广告活动。组织广告可分为产品广告和形象广告。其中形象广告在 CIS 策划中显得更为重要。形象广告根据广告对象的不同又分为组织形象广告和产品形象广告。其中，组织形象广告的主要目的是树立信誉，扩大组织知名度，增强组织内聚力。产品形象广告也并不仅仅是产品本身简单的再现，而是创造一种符合目标顾客群的追求和向往的形象，通过这种形象的介绍，以唤起社会大众对组织的注意、好感、信赖与合作。它集中力量宣传组织的形象和声誉，借此来取得其他多种成效。

（4）公关活动。公关活动是组织活动识别的重要内容。公关活动的核心是争取社会各方面的理解、信任与支持，在公众中树立良好的组织形象和产品信誉，达到促进销售的目的。它的着眼点，不是组织眼前的利益，而是组织的长远目标。通过公关活动，可以提升组织的美誉度，能消除公众的误解，取得社会的理解与支持。

（三）行为识别系统设计的步骤

1. 原有行为模式调查。对组织原有的行为模式如管理行为、公共关系行为等进行调查，分析其是否反映了组织的理念，是否能保证组织有效运转，对组织原有的行为活动进行整体的研究评价，以便去粗取精。组织行为识别系统设计不是将组织原有的行为活动全部否定而来一次全面的设计，而是遵循一定的管理规定，在尊重本组织自身特点的基础上，去掉不合理的部分，进而构想出足以传达组织理念、表明组织精神的有特色的新的行为活动模式来。

2. 分析组织行为。根据组织内、外部环境，我们还可以采用 SWOT 矩阵分析方法（自我诊断方法）来进一步细化组织的整体战略。SWOT 矩阵分析方法（自我诊断方法）是一种能够较客观而准确地分析和研究一个组织现实情况的方法。任何一种组织中都有优势、劣势、机会、威胁这四种主要因素，这四种主要因素相互作用，对组织的生存和发展构成了巨大影响。组织行为系统要根据这些分析有针对性地进行设计。

3. 具体设计。在进行了以上两步骤之后，就需要对组织行为识别系统定位，开始具体设计。

三、视觉识别系统及其设计

（一）视觉识别系统的含义

组织视觉识别（Visual Identity System，VIS）亦称视觉统一化，相当于组织的"脸"。组织视觉识别是指借助静态的识别符号和视觉化的传播系统，将组织经营理念和组织价值观有计划、有组织，并准确、快捷地向公众传达出去的各种传递形式。

心理学显示：人所感觉接受到的外界信息中，83% 来自眼睛，9% 来自听觉，3.5% 来自嗅觉，1.5% 来自触觉，另有 1% 来自味觉。视觉是人类获取外部信息的主渠道。VIS 是 CIS 中一个外在的直观的系统，也是 CIS 中最独特的要素。它并非简单的视觉表现手段，而是建立在组织经营理念和视觉传播基础上的系统传播工程。

（二）视觉识别系统的内容

组织视觉识别系统的设计分为两方面内容：基本设计和应用设计系统。基本设计要素包括：组织标志、组织名称、中英文标准字体、组织标准色、组织标语、象征图案等；组织的应用设计要素包括：办公用品、办公设施、招牌旗帜、建筑外观、衣着服饰、产品设计、广告宣传、厂区规划、交通工具、包装设计等。本节选取视觉识别系统中的核心要素，即标志、标准字及标准色三要素，进行重点介绍。这三要素是组织地位、规模、力量、尊严、观念等内涵的外在集中表现，是视觉识别系统设计中的核心。它们构成了组织第一特征及基本气质，同时也是广泛传播，取得大众认同的符号。CIS 中视觉识别系统皆据此繁衍而成，因此这三者便成为 CIS 设计中的核心与重点。

1. 组织标志的设计。标志是视觉设计的核心，是创造组织印象最重要的手段。组织标志作为视觉传达设计的主角，是指将组织理念、经营性质、组织文化信息传达给公众的那些造型、图案、文字、色彩等视觉符号。它是从事生产经营活动的经营者的标志，是公众对组织认同、认知的代表物。

商标是用以区别不同经营者的商品和劳务的标志，它通过形象、生动、独特的视觉符号将商品的信息传递给公众。许多组织为了便于公众的辨认和识别以提高传播效果，便将自己的商标和组织标志合二为一，在宣传商标以扩大商品知名度的同时，也扩大了组织的知名度和美誉度。

顶新集团的"康师傅"形象标志（如图 5-3 所示），是一位满脸堆笑，身着白色服装，戴高帽子和穿宽大围裙，卷起高高的袖口，捞起长长的面条，一副善良淳朴、逗趣儿模样的"师傅"形象，易引起人们的注意和好感。

图 5-3 "康师傅"的形象标志

"康师傅"的标志说明了一个成功的组织标志应该具备以下的几个特点。

（1）设计独特。与其他组织、机构的标志有明显的区别，确实代表组织的身份。

（2）容易识别。使公众能一眼认出来，并且能理解其中所凝聚的含义。

（3）适合性。标志设计应能用于小至名片，大至建筑物等各类媒体上。

（4）美观大方。标志在设计形式上应给人以美感，简洁、明快、新颖、别致、独具特色，让人觉得好看、爱看，有较强的视觉感染力。

（5）力求单纯。标志在造型上应经过高度概括提炼，切忌繁琐堆砌，丧失了易看易记的功能。一个成功的标志应该是高度单纯化的产物，将审美和实用融为一体。

2. 标准字的设计。标准字由很强的传播作用和标志意义，因而对它设计也是 CIS 设计的重要环节。

标准字设计是根据组织名称、品牌名称和经营性质、理念等，经过精心设计创作的文字，主要用以表现组织名称或商品名称。标准字一经确定，就被统一用于对外宣传的各种媒介中。它不同于普通文字，标准字注重字体的造型设计，强调整体的风格和个性形象，它通过笔画形状、背景颜色和字体的配置及字距的安排，并加以视觉的修正调整，着力体现组织的精神内涵。在标准字设计时，应注意以下几点。

（1）在对与组织相关的标准字进行调查分析的基础上，根据组织所要传达的内容和期望建立的形象，确定字体及其造型：如方形、扁形、斜体等。在字体及其造型的选择上应遵循统一性原则。例如中文字的宋体、黑体在笔画造型上有截然不同的风格特征：宋体凝重端庄，黑体则鲜明刚硬，传达了现代化的理性。又例如，不同的线端形式和笔画弧度表现组织不同的内容和个性，其中直线表现了组织技术精密、高科技等特征，而表现柔和、松软的食品、化妆品等则以曲线为主。

（2）外形确定后，可在设计纸上划分若干方格细线为辅助线，以配置笔画，将字写在正确位置上，保持合理的间距和大小。

（3）校正字体的错视。错视是指人类的视觉中，由于视觉心理的作用，某物象单独存在时产生的视觉与同其他物共存时产生的视觉的差异。因此，在进行字体设计时，尽可能对错视予以纠正，以取得字体在视觉上的均衡，充分体现其美感。

（4）组织标准字可以选用中文、英文或中文加英文。中英文可以选用各种式样。此外，还应注意标准字的排列组合，如中英文字组合时，各自位置的分布，字串的排列方向等。标准字的各种组合样式如图5-4所示。

图5-4　标准字的各种组合样式

3. 组织标准色设计。组织确定标准色有着十分重要的意义。组织标准色是指组织经过特别设计选定的代表组织形象的特定颜色，广泛地应用于标志识别、广告包装、制服、建筑装饰、展品陈列、旗帜、服务用品等应用设计项目上，是组织视觉识别重要的基本设计要素。确定组织标准色应考虑发挥色彩的作用，通过色彩的视觉刺激来达到传递信息的目的。色彩具有很强的表现力，各种颜色对人的注意力、潜意识、思维甚至行为都会产生很大的影响，人们面对不同色彩可以产生不同的联想和抽象情感。在标准色设计时，应做好以下工作。

（1）组织标准色一般以 1 ～ 2 种，不超过 3 种为宜。

（2）掌握在一定环境下各种颜色对人们产生的影响，并依此对色彩视觉效果进行归类，将组织形象概念的关键词与色彩、视觉效果作客观、合理的定位，以选择合适的色彩。

（3）组织标准色选择要有自己的特色，能体现组织独特的形象和身份。对选定的色彩样本进行测评，以确定色彩样本是否已体现了组织的精神内涵。

（4）符合社会公众心理。这主要是考虑色彩的感觉、心理效应、民族特性以及公众的习惯偏好等因素。首先要避免采用禁忌色，使得公众普遍能够接受；其次是尽量选择公众比较喜爱的色彩。

（三）视觉识别系统设计的步骤

1. 设计阶段。本阶段的设计需要体现出组织已经确定的经营理念。它包括基本要素设计和应用要素设计。组织视觉识别需运用一定的识别符号来传达组织的精神内涵。这些识别符号就称之为基本要素，它包括：组织名称、组织标志、品牌标志、组织标准字、标准色、组织象征图案、组织专用印刷字体、组织宣传标语、口号等。各组织对这些符号的设计和使用需要作严格规定，并以此作为应用要素设计的基础，来保证组织信息向外部传递的一致性，从而塑造明确和统一的组织形象。

在对有关基本要素进行规划和设计后，应根据不同的传播目的选用不同的应用要素，即确定基本要素的承载体——应用要素。可以说，组织的应用要素无时不在、无处不在，其中包括：事务用品（组织经营过程中的业务用品）、办公设备、室内装饰、建筑外观、标牌旗帜、广告媒体、员工制服、交通工具、商品造型和包装，以及其他不属上述各项的标志物。

2. 测定阶段。即对初步选定的视觉符号进行测试、评价及修正等工作，直至最终找到充分体现组织经营理念、代表组织精神、能够塑造预期组织形象的视觉符号。

3. 编制指导手册（CIS 手册）阶段。这是视觉识别设计的最后步骤，该阶段主要是将视觉识别设计制作出的所有要素，以简明准确的图例和说明进行统一规范，作为将来实际操作、应用时所必须遵守的标准。CIS 手册的内容应该包括董事长、总经理的致词，组织的经营理念体系和发展方向，组织标志、产品以及提供的服务、组织文化、组织环境、联系方式等。

综上所述，理念识别系统是 CIS 的核心，为 CIS 提供了原动力，规定了总方向，是 CIS 的精神内涵。行为识别系统是 CIS 的动态表现形式，是组织在理念识别系统的指引下所形成的一系列活动，更偏重于活动的过程；而视觉识别系统则是 CIS 的静态表现形式，是通过静态的视觉符号向公众传达组织抽象的精神内涵。

CIS 的结构层次图如图 5-5 所示。

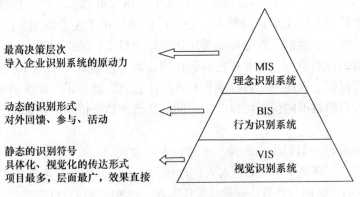

图 5-5　CIS 结构层次图

情景导出

小张所在的公关部通过调研，对兴达集团的组织形象有了清晰的判断：兴达集团处于快速发展期，目前是认知度在逐步提升，美誉度不错，但知名度不高。另外，兴达集团除了有企业产品的品牌外，缺少系统的理念体系和规范的行为体系，建议兴达集团进行组织形象设计，实施 CIS 战略。

思考、实训与案例分析

【复习与思考】

1. 什么是组织形象策划？
2. CIS 是由哪几个方面所构成的？

3. 怎样进行 CIS 战略设计？

4. 为什么说理念识别系统是组织的"心"？

【实训】

全班按前面所分小组，每个小组给自己的"公司"设计一份 CIS 手册，比一比哪个小组设计的最好。

【案例分析】

海尔集团的 CIS 战略

海尔集团是世界第四大白色家电制造商，也是中国电子信息百强企业之首。旗下拥有240 多家法人单位，在全球 30 多个国家建立了本土化的设计中心、制造基地和贸易公司，全球员工总数超过 5 万人，重点发展科技、工业、贸易、金融四大支柱产业。海尔品牌旗下冰箱、空调、洗衣机、电视机、热水器、电脑、手机、家居集成等 16 个主导产品被评为中国名牌，在智能家居集成、网络家电、数字化、大规模集成电路、新材料等技术领域处于世界领先水平。面对新的全球化竞争形势，海尔在实践中逐步导入了 CIS，CIS 的目标是实施"大名牌、大科研、大市场、资本活，企业文化统一"的"三大一活一统"的大集团战略，目的是创立世界名牌。

一、企业理念识别系统

丰富的理念系统，形成海尔 CIS 灵魂与价值体系。海尔新型企业价值观的建立，企业文化氛围的营造，是 CIS 战略成功的核心所在。

海尔企业精神：无私奉献，追求卓越；海尔作风：迅速反应，马上行动；经营理念：真诚到永远；服务理念：用户永远是对的。人才理念：人人是人才，赛马不相马；管理理念：日清日高，日事日毕。海尔的文化观——有生于无；海尔的战略观——先谋势，后谋利；海尔的服务观——企业生存的土壤是用户等。

二、企业行为识别系统

企业注入先进管理理念，形成 OEC 管理模式，即"全员日清日高自我管理"体系。具体是指全方位地对每人、每天、每事进行清理、控制，主要内涵是贯穿在企业各项工作中的"日事日毕，日清日高"，上自总裁，下至员工，都十分清楚自己应该干什么，干多少，按什么标准干，达到什么结果。海尔的管理理念强调"人人是人才"，所有的员工都是可以造就的人才，要设法将每一个员工的潜能都发挥出来，由此形成了带来海尔高速发展的强劲的内在动力。

（一）对内行为识别方面

海尔强调充分的授权必须与监督相结合，制定了三条规定：在位要受控，升迁靠竞争，届满要轮岗。制定了管理三原则，即闭环原则：凡事要善始善终；比较分析原则：纵向与自己的过去比，横向与同行业国际先进水平比，没有比较就没有发展；不断优化的原则：根据木桶理论，找出薄弱项，并及时整改，提高全系统水平。

重视职工素质的提高：制订了 5 年教育计划和年度计划，实行全员培训。对每一位新进公司的职工，都要进行最基本的文化培训，让他们知道海尔的过去、现状和未来发展方向，让他们明白海尔的管理特色、经营方法，了解公司的外部环境和内部结构，熟悉每个环节和确认公司的价值观念、行为规范，把握企业的整个精神等；然后到工作岗位再进行业务培训，之后才能正式上岗。

（二）对外行为识别方面

海尔开展了一系列的公关活动：热心参与扶贫、救灾、助残等"让世界充满爱"的公益事业、"世界多一个海尔，地球多一份安全"的绿色环保事业、"让体育走向世界，让中国走向未来"的体育事业、"情系教育"的希望工程、以及向"神六"宇航员赠送宇航变频冰箱等。

另外海尔还开展了一系列的广告宣传，强劲宣传企业形象与产品。

为追求产品的强劲竞争力和品牌形象力，海尔除了表现产品质量形象，技术形象、外观形象外，还不遗余力地树建设海尔特色的优质服务形象。以"真诚到永远"为经管理念和统一广告词，连贯传播；在全国家电行业独家推出"国际星级服务"。提出"用户永远是对的"的服务理念和"产品零缺陷，使用零抱怨，服务零烦恼"的服务目标。坚持在售后服务中做到"一、二、三、四"（即一个结果：服务圆满；两条信念：带走用户的烦恼——烦恼至零，留下海尔的真诚——真诚到永远；三个控制：服务投诉率、服务遗漏率、服务不满意率均小于十万分之一；四个不漏：一个不漏地记录用户反映的问题，一个不漏地处理用户反映的问题，一个不漏地复审处理结果，一个不漏地将处理结果反馈到设计、生产和经营部门）。

三、企业视觉识别系统

产品标志和企业名称的发展经历了三个阶段。产品标志由 1984 年的"琴岛-利勃海尔"发展为 1991 年的"琴岛海尔"，最后形成了现在的以中英文"海尔"为主的标志体系；企业名称由 1984 年的"青岛电冰箱总厂"发展为 1991 年的"青岛琴岛海尔集团公司"，最后形成现在的"海尔集团"。海尔现在的商标由蓝色中文（海尔）和英文（Haier）标志组成，同时辅以两个儿童吉祥物。英文标志简洁共 9 划，a 减少了一个弯，表示海尔人认准确目标不回头，r 减少了一个分支，表示海尔人向上、向前决心不动摇。英文标志的风格简约而充满了活力，显示海尔组织结构更加扁平化，每个人更加充满活力，对全球有更快的反应速度。汉字海尔的标志是中国传统的书法字体，每一笔，都蕴涵着勃勃生机，视觉上有强烈的飞翔感，充满了活力，寓意着海尔人为了实现创世界名牌的目标，不拘一格，勇于创新。

海尔形成自己定型的、同国际接轨的标志体系的同时，还实施了海尔产品家族的统一品牌战略。将集团品牌划分为企业牌（产品总商标）、产品牌（产品类别商标）、行销牌（产品销售识别名）3 个层次。将 7 个产品、65 个系列、3000 多个品种，统属在"Haier 海尔"总商标下，实施名牌产品群的大名牌战略以及在品牌延伸与产品细分中的差异化战略。海尔非常注意产品命名的文化味、形象感、可视性，为产品注入高附加值，引发消费者的购买欲望。

CIS 统筹下的形象推广将海尔企业形象、品牌形象、产品形象有机地组合了起来，大大降低了传播成本，企业形象由此不断上升，品牌地位不断加强，海尔也获得了长足的发展。

分析与讨论：请分析海尔 CIS 的独特之处。

中国国家形象系列宣传片

《中国国家形象片——人物篇》以中国红为主色调，在短短60秒钟时间内，涵盖文艺、体育、商界、智库、模特、航天等各行各业的数十个杰出华人，以"智慧、美丽、勇敢、才能、财富"等诠释中国人形象。2010年1月17日，该片在美国纽约时报广场电子显示屏一经播出，便引起了国际社会的广泛关注。

《中国国家形象片——角度篇》分为"开放而有自信""增长而能持续"、"发展而能共享"、"多元而能共荣"等8个篇章，长达15分钟。全方位、多角度地展示了中国的政治、经济、文化、民族、风光等方方面面，影片中熊猫、京剧、武术、中医、兵马俑、长城、布达拉宫等"中国名片"悉数亮相，全景式地展现了古老而又现代的中国国家形象，以及伟大的中华民族精神。

2011年1月，以胡锦涛主席访美契机，中国在纽约时报广场播出《中国国家形象片——人物篇》，运动员、企业家、导演、航天员……59张鲜活的面孔，每天在大屏幕播出300次，传递出真实、开放、朝气蓬勃的新时代中国人形象。2月，《中国国家形象片——角度篇》在德国掀起了新一轮中国热潮。

中国国家形象系列宣传片旨在塑造和提升中国繁荣发展、民主进步、文明开放、和平和谐的国家形象，是在新时期探索对外传播新形式的一次有益尝试。标志着中国开始更加自信、主动地展示自己的"软实力"、争夺国际话语权、进行国家公关的时代已经来临。制作播出"代表中国心、展现中国梦"的系列宣传片对树立良好的中国国际形象具有积极的意义。

分析与讨论：从公共关系的角度，分析中国国家形象宣传片的内容与对外宣传的作用。

第六章 公共关系专题活动

学习目标

了解公共关系专题活动的含义、类型，掌握公共关系庆典活动、展览会、开放参观、记者招待会、赞助的流程，学习专题活动的策划与组织的相关知识。

情景导入

小张所在企业拟举办两周年庆典活动，此次活动的宗旨本着对外扩大宣传力度，影响更多的公众；对内寻求组织团结，增加凝聚力的原则。企业领导将本次庆典活动的策划和组织工作交给公共关系部门负责，部门领导让小张先拿出个策划方案，在时间并不充裕的情况下，小张不知怎样操作才能办好此次庆典活动。

第一节 公共关系专题活动概述

为了达到预期的公共关系目标，公共关系人员要进行各种各样的公共关系专题活动，以强化宣传效果，配合整个公共关系方案的实施。富有新鲜感和纪念意义的专题活动，能使参与者在融洽、和谐的气氛中感受到活动组织者的各种意图，接受各种信息，增强对组织者的亲善感，达到提高组织知名度和美誉度的目的。因此，策划和举办成功的专题活动，要求公关人员不仅要有广博的知识，而且还要熟练掌握进行专题活动的技能。

一、公共关系专题活动的含义

公共关系专题活动是组织围绕某一特定主题所开展的专题性的传播活动，又称为特别活动或公共关系特殊事件。社会组织在每次活动中，能就某一方面与社会公众进行重点沟通，从而实现组织的公共关系重点目标。

公共关系专题活动是有目的的策划，策划公共关系专题活动是富于挑战性和创造性的工作，通过公关人员独具匠心的设计，使之成为公关日常工作中高潮迭起的"重头戏"，变"无心插柳"为"有心插柳"，为组织创造有利的公共关系时机。策划公共关系专题活动的目的主要为了吸引新闻媒体和社会公众的注意，以扩大组织的社会影响，提高组织的知名度；为促销服务，通过公关专题活动制造有利的营销气氛，淡化推销的色彩，使社会公众从感情上接受一种新产品、新服务，从而为进一步的销售活动开拓道路；联络感情，通过策划和举办公关专题活动，与社会各界广泛联络交往，为组织广结善缘；挽回影响，当组织形象受到损害时，通过巧妙的公关专题活动，改善公众原有的印象，使受到损害的组织形象得以恢复。

二、公共关系专题活动的类型

公共关系专题活动是一种常见的公共关系活动，几乎所有的社会组织都要定期或不定期地举办一些专题活动来实现公共关系目标。这种与社会公众进行重点沟通的公关专题活动，其类型多种多样，在公共关系活动中占有很大分量，如记者招待会、赞助活动、展览会、对外开放参观、庆典活动、联谊活动、演讲等各种人际传播活动都属专题活动。其中较常见的专题活动形式主要有：

1. 庆典活动

重大节日和重要事件，或某组织的纪念日，某工程开工或竣工等举行隆重的庆祝活动。此活动可以扩大社会影响，增强员工的自豪感和荣誉感。

2. 展览会

展览会是通过实物、文字和图像、影视材料等来展销产品的一种促销形式。由于它较为形象、直观，使公众容易信服而接受。因此，展览会也是组织促销产品的一种常常采用的形式。

3. 对外开放参观

举办参观活动的目的在于，消除公众对组织的误解或增进公众对组织的了解，联络公众对组织的感情，以此获得公众的理解、支持和合作。

4. 记者招待会

举行记者招待会的目的是为了公布与解释组织的重大新闻。一般由组织负责人或公共关系部门的负责人直接向新闻界发表有关本组织的消息，这对组织而言，是积极的宣传活动的一部分。

5. 赞助活动

赞助是组织为赢得政府、社区及相关公众的支持，创造组织生存和发展的良好环境，出资支持社会福利、社会公益和慈善事业等活动，并以此来证实组织的实力，表明组织承担社会责任，以赢得社会的普遍好感。

公共关系专题活动的种类很多，这些活动有它们共同的特点，而也就有举办这些活动的普遍性方法，即公共关系的一般工作程序法。但是，这些活动往往有不同的公众对象，有不同的公众对象的权益要求，就要做不同方面的具体工作，也就有了不同的具体工作步骤和方法，这就是专题活动方法。以下几节将着重介绍几种常见的公共关系专题活动流程和基本技巧。

第二节　庆典活动

一、庆典活动的流程

庆典公关活动是公共关系专题活动的一种形式，它是有目的地利用组织内部的重大节日或纪念日、社会生活中的传统节日等时机，通过各种形式的庆祝活动来营造一种喜庆气氛，以改善组织内部的人际关系和组织外部的社会舆论与关系环境。组织通过组织这些庆典公关活动，可以使广大公众潜移默化地接受举办者的各种信息，增加对举办者的亲近感，引起新闻界的注意，提高举办者的知名度和美誉度，为组织创造一个良好的社会关系环境。庆典活动的内容包括两个方面：即典礼仪式和周年志庆。利用各种较为隆重的典礼仪式可以为组织提高知名度。如奠基典礼、落成典礼、开幕典礼、剪彩典礼、就职仪式等。

社会生活中的各种盛大节日，以及各种有意义的周年纪念日，也可以作为开展公关活动的时机。比如国家规定的节日，地方通用的庙会、集日等公众公认的节日和宗教、民族节日；以及社会组织独具特色的纪念日，都属于周年志庆的范畴。

（一）庆典活动的准备工作

1. 做好舆论宣传工作

一是选择有效的大众传播媒介进行集中性的广告宣传。企业可在报纸、电台、电视台广泛发布广告或在告示栏中张贴庆典活动的告示，其内容多为庆典仪式举行的日期及地点、庆典活动之际对顾客的优惠、庆典单位的经营范围及特色等，以引起公众的注意。庆典广告或告示发布时间在庆典活动前的 3 天左右为宜。

二是邀请有关的大众传播界人士在庆典仪式举行之时到场进行采访、报道，以期对本单位作进一步的正面宣传。

2. 做好来宾约请工作

庆典仪式影响的大小，往往取决于来宾的身份高低与数量多少。在力所能及的条件下，要力争多邀请一些来宾参加庆典仪式。地方领导、上级主管部门与地方职能管理部门的领导、合作单位与同行单位的领导、社会团体的负责人、社会名流、新闻界人士，都是邀请时应予优先考虑的重点。其中新闻界人士是邀请的首要对象。

另外，也可以邀请一些有代表性的消费者参加座谈，虚心听取消费者的意见，拉近与消费者的距离。

3. 发放请柬

出席典礼活动的人员一旦确定，应提前一周发出请柬，便于被邀者及早安排和准备。请柬的印制要精美，内容要完整，文字要简洁，措辞要热情。被邀者的姓名要书写整齐，不能潦草马虎。

一般的请柬可派人送达，也可通过邮局邮寄。给有名望的人士或主要领导的请柬应派专人送达，以表示诚恳和尊重。重要来宾请柬发放后，组织者当天应电话致意。庆典头晚再电话联系。

4. 做好场地布置工作

为显示隆重与敬客，可在来宾尤其是贵宾站立之处铺设红色地毯，并在场地四周悬挂横幅、标语、气球、彩带、宫灯等。此外，还应在醒目处摆放来宾赠送的花篮、牌匾。来宾的签到簿、本单位的宣传材料、待客的饮料，以及剪彩时用的彩带、剪刀、托盘等，亦须提前备好。对于音响、照明设备以及庆典仪式举行之时所需使用的用具、设备，必须事先认真进行检查、调试，以防在使用时出现差错。

5. 做好接待服务工作

在举行庆典仪式的现场，一定要有专人负责来宾的接待服务工作。除教育本单位全体员工在来宾面前人人都要以主人翁的身份热情待客、有求必应、主动相助之外，更重要的是分工负责，各尽其职。在接待贵宾时，须由本单位主要负责人亲自出面；在接待其他来宾时，则可由本单位的礼仪人员负责。若来宾较多时，须为来宾准备好专用的停车场、休息室，并应为其安排饮食。

6. 做好礼品馈赠工作

举行庆典仪式时赠予来宾的礼品，一般属于宣传性传播媒介的范畴之内。根据常规，向来宾赠送的礼品，应具有如下三大特征：一是宣传性，可选用本单位的产品，也可在礼品及其外包装上印有本单位的企业标志、广告用语、产品图案、开业日期，等等；二是荣誉性，要使之具有一定的纪念意义，并使拥有者对其珍惜、重视，并为之感到光荣和自豪。三是独特性，它应当与众不同，具有本单位的鲜明特色，使人一目了然，或令人过目不忘。

（二）典礼活动的程序

1. 迎宾

接待人员就位在会场门口接待来宾，请来宾签到后，引导来宾就位。

2. 典礼开始

主持人宣布典礼正式开始，全体起立，奏乐，介绍重要来宾和其他宾客。

3. 致贺词

由上级领导和来宾代表致祝贺词，主要表达对举办庆典单位的祝贺，并寄予厚望。贺词由谁来讲事先要定好，以免当众推来推去。对外来的贺电、贺信等不必一一宣读，但对其署名的单位或个人应予以公布。

4. 致答词

由本单位负责人致答词。其主要内容是向来宾及祝贺单位表示感谢，并简要介绍本单位的经营特色和经营目标等。

5. 进行剪彩等仪式

由本单位领导和一位德高望重的知名人士，进行如剪彩、揭牌、托牌等活动。如在开业庆典活动中宣告企业正式成立。参加典礼的全体人员此时应鼓掌祝贺，在非限制燃放鞭的地区还可燃放鞭炮以示庆贺。

6. 参观

如有必要，庆典结束后，可组织来宾参观本组织的设施、陈列等，介绍本单位的主要设施、特色商品及经营策略，增加宣传企业的机会。

典礼活动也可安排其他的交流的形式，如留影、座谈、观看文艺节目等内容。

二、庆典活动的策划和组织

（一）庆典活动的策划

1. 了解庆典活动的特点

（1）目的性强

就公共关系活动总体而言，目的性、针对性强是它的一个总的特点。而社会组织的庆典活动由于是非日常性的，所以这个特点就显得更加突出。庆典活动相比较于其他类型的公共关系活动，这是一个集中显示社会组织强大实力、巨大的亲和力以及向世人展现优良形象及良好风范的难得时机。因此对社会的心理冲击力是极强的。不管是社会组织内部，还是社会公众对这一类活动可以说是报以很高的期望值的。所以目的性强，而且目标高是庆典活动的一个重要特征。

（2）主题明确

尽管有些庆典活动在外在形式上有重复之处，比如社会组织的周年纪念、厂庆、店庆等等，但真正意义的公关活动每次都会有一个明确的主题作为活动运作的核心。而且每次活动的中心主题都会是较之以往而与众不同。社会组织都应该通过不断变换的带有明确主题的活动把社会组织的方方面面展示给社会公众，与社会公众形成一种持久的并且是完整意义上的沟通。

（3）积极主动

庆典活动是组织有目的、有计划地开展的，具有主动性、积极性、进攻性和开拓性的特点，能最大限度地发挥公关人员的主观能动性，体现公关人员的智慧。能够在传统的社会节日中发现新的热点，赋予平常以全新的内涵是公关人员化寻常为神奇的体现；组织自身创制的新的属于自己的节日更是公关人员施展才能的广阔天地。

（4）计划性强

上述特点都必须借助周密的计划才能得以实现。庆典活动成功与否以及成功的程度是与事前计划成正比的。计划越周密，成功的概率就越高，反之则相反。因此，庆典活动要求事前做好周详的计划和安排，计划的内容要求全面、周详。由于庆典活动绝大多数是在万众瞩目下进行的，所以成功了就是一个大胜利，失败了就可能难以挽回。因此庆典活动的安排较之其他性质的公关专题活动必须极其周密，不可有丝毫偏差。对诸如活动的时间、天气、地点、参加人员的数量和结构、方式等都要做出周密的计划；专题活动所需设备、工具事前都要筹备齐全；什么人主持、哪些人负责联络，哪些人搞服务，事事要有专人负责，每人的分工要明确；活动过程中将有哪些异常情况（如突然停电）可能发生，发生了有何相应的措施等等，总之事无巨细，各种可能情况都要事前设计、计划好，以保证活动的绝对成功。

2. 庆典活动的策划

（1）明确目的，制订计划和成立领导小组

庆典活动策划的内容要周详，需要进行事前计划、明确主题。对于时间、地点、规模、活动方式、交通、气候、设备等各方面要素都要纳入计划之列。总之，应把庆典活动作为一个整体和系统工作来设计、规划。因此，根据活动规模成立精明能干的领导小组尤为重要，以保证活动的成功。小组成员不仅应具有公关知识和公关能力，还要具有开创精神。同时还应该热情、大方、知识面广、熟悉活动内容。在领导小组内部，即要有明确的分工还要有协作，要统一领导，系统运作，才能保证庆典活动的万无一失。

（2）对计划进行可行性研究

计划的制订要采取民主集中制，并要反复地推敲，进行切实的可行性研究。预计要达到什么目的、取得怎样的成效，对照目标对计划进行详细的、科学的可行性研究。

庆典活动一般耗费较大，影响不小。因此在活动之前务必要求策划者对其可行性进行充分地考虑。应该把效果、影响放在思考的首位，而不是把规模、等级放在第一位，切忌搞华而不实的"花架子"，也切忌盲目攀比。

（3）选择新颖的庆典形式

每一次庆典活动，都应力求策划的新颖别致，富有特色，力戒平淡化、雷同化。若缺乏精心的策划与创意，几乎没有什么特色可言得话，就会失去举办的意义。庆典活动的特色首先体现在社会组织参与庆典活动的目的与庆典活动组合的创意，以及自创式的庆典活动的切入角度。这是解决平淡，力戒雷同，富有特色的根本。其次才是形式上的多样化和手法的奇特化，而且可以是多种多样形式的结合，各种手法的组合。活动除了特色以外，还应做到雅俗共赏，调动所有参加者的注意力，使每个人都能进入角色。

比如很多社会组织，已经有意识地将诸如开业庆典、周年纪念的方式转向公益角度、慈善事业，并把所用资金作为"善款"，这样的抉择产生的影响似乎更适宜。

（4）编制预算、制订传播计划

即要提出活动的预算，筹措必要的经费，庆典活动要有财力作为后盾和支撑。因此，要编制好预算，活动的开展须筹措到必需的经费。否则，一切将无从谈起。

事先联系好新闻界，为记者采访和报道提供一切便利条件，以利扩大战果，更好的取得庆典活动效果。另外，设计一个醒目的标题或口号，根据主题设计一个既令人耳目一新又利于传播的标题或口号。标题或口号犹如一篇文章的题目，既要能反映文章的内容，又要有创意。活动开展前，就应把有关活动的消息传播出去，事先要渲染气氛，创造一个良好的氛围，为庆典活动做好铺垫。

（5）注意好时间、地点、人员和规模的安排

时间安排上应特别谨慎，注意不与其他单位相冲突。举办地点要考虑的因素很多，一般在事件发生地、目标公众所在地为最佳。此外，也要考虑诸如交通、人口密度等其他因素。庆典活动是以扩大影响为最终目的的，这些活动有人员和规模的限制，有些活动没有人员的限制，人越多越好，但庆典活动规模大，所需经费也大，在一定的经费范围内，应使尽量多的公众加入，在人员的结构上，除了邀请一般对象外，要特别邀请新闻媒介单位的人员加入。

（二）庆典活动的组织

1. 精心选择来宾对象，发出邀请。不可忽视的基本对象有政府要员，上级主管，知名人士，社区代表，同行同仁代表，新闻界人士，业务往来友好单位、员工以及消费者代表等。重要宾客要亲自上门邀请，为保证接待工作的顺利进行，庆典前应确切落实宾客到场的情况。

2. 科学安排庆典活动的流程。即要认真做好庆典活动的准备工作，又要科学合理地安排典礼活动的程序，同时，要加强对庆典活动操作中的监控，确保高质量地完成任务，达到组织举办庆典活动的目的。

3. 做好接待工作。庆典的接待工作是极为重要的一个环节，务必指定专人负责，认真热情且服务到位。重要来宾的接待，须由组织的高层领导亲自完成。要安排专门的接待室和会议室，以便让来宾在正式活动前有交谈和休息的场所。入场、签到、宴请及留言等活动都要有专人（礼仪小姐或组织内部工作人员承担）指示和领位。

4. 做好文字材料，宣传品的组织和发放工作。

5. 做好摄影、摄像、采访、文字记录、宣传报道、照明及音响应用等技术性工作。

6. 物质准备和后勤保障要到位。如文具、电源、彩绸带、气球、彩灯、彩旗、鞭炮礼花烟火、锣鼓（用于特定场合）、宣传画、条幅、标语、板报、展板、展品、赠与纪念品、车辆及饮品饮料等。

7. 妥善的安全保卫工作。安全是举办活动的关键要素。活动场地的环境、参与人员的数量等都是要在事先考虑的要素，不仅需要对内部员工加强安全教育，还要对企业外部的相关机构进行沟通，寻求政府部门的支持和监督，确保庆典活动有序进行。

8. 媒介舆论的跟踪与监测。庆典活动后的信息反馈工作也很重要。要全面及时地收集与会记者的相关报道。即要跟踪各类报刊、杂志、电台、电视台等大众传媒上的报道，又要监测互联网上的相关内容。同时将信息反馈给相关的职能部门，以便及时总结，为今后举办公共关系专题活动打好基础。

第三节　展　览　会

一、展览会的流程

展览会是公共关系专题活动之一。利用公关工作加强展览的效果是非常重要的。展览活动综合运用各种文字、图片、实物、模型、讲解、幻灯、录像、音响、环境布置、现场示范、现场咨询等传播手段，具有较高的知识性、趣味性、实用性，能广泛吸引公众的注意力和兴趣，并为公众提供一个详细了解、咨询、交流的机会。无论是推广产品或宣传形象，均是一种常用的传播方式。要搞好展览活动，除了要有一个良好的客观基础，即组织的优秀成果、优质产品及良好的服务素质。除此之外，还要注意把握展览会的目标公众，分析目标公众的特点和需求，有针对性地设计布展，加强展会的宣传，乐高国际大展的成功正是一个极好的说明。

在公共关系实务中，举办展览会是一种综合运用多种信息传播技术的专题活动。与一般的文字交流和电子媒介相比，由于展览会综合应用了实物、图表、动人地解说、优美的音乐和造型艺术等方法，因此，比一般的文字和口头宣传更有效，更能产生吸引力。

（一）项目的评估与命题

评估工作在展览会开展前一个月进行，主办单位成立专门的评估小组，并指定专人负责操作，收集展览会各种资料，然后做出预测和统计，系统地评估，如：对成本效益的评估、宣传质量效果的评估、招展代理完成目标任务的评估、主办单位是否具有预计的号召力的评估等，将有利于我们发现问题、改进工作和提高效率。

项目确定后，要进行展览会命题工作。展览名称命题需要有创意，而且要抓住行业的亮点和市场的特点而进行命题，这样才能吸引众多媒体和公众的关注，有利于组织公共关系专题活动的顺利进行。

（二）寻求支持单位

寻求支持的目标包括行业的政府主管部门、行业的权威协会、具有广泛影响力的行业媒体等。其目的是提高展览会的档次、规格和权威性；扩大展览会的影响力，吸引媒体的广泛关注，便于展开新闻宣传和炒作；提高行业号召力，利于组织目标客户参展和目标买家参观；能代表行业的发展状况和趋势；能有效地形成项目的品牌效应，最终实现可持续发展战略。

（三）寻求合作单位

寻求合作的目标包括媒体支持单位，它们具有专业性、大众性、权威性等。合作招展（组团）单位，它们是当地行业协会、主办单位的分支机构、行业权威机构、办展机构（公司），还有海外的代理机构（国际展）等。目的是提高展览会的影响力，加快信息的有效快速传递；善用资源，优势互补，加快资源整合；最大限度地挖掘新客户，壮大参展队伍；最大限度地降低招展成本。

（四）实施广告

宣传的主要方式包括：媒体广告和户外广告。运用媒体广告围绕展览不同的卖点和亮点来进行宣传，按区域、分行业地设计制作不同的广告；除此之外，还可以通过新闻发布会、行业研讨会等形式制造新闻题材，或对牵头参展的行业代表（企业）进行新闻专访，从侧面传播展览会的信息，进行新闻造势。运用户外广告针对人流量较大的公共场所，如：机场、车站、码头、商业街道和广场等地点，以海报、灯箱、广告牌、宣传布幅、彩旗等形式，进行广泛宣传。其目的是营造展览会的声势，形成广告宣传攻势。广告宣传的效果，是展览会成功与否的最关键因素，打造品牌的最有效方法。

（五）招展和组团工作

如果说宣传广告是展览会的战略性武器，那么招展和组团工作就起到犹如陆战队的攻城作用。主办单位与潜在客户和目标客户之间双向交流信息。它的优势是信息可以渗透的很深入，能清楚地了解情况，掌握第一手资料。招展和组团工作必须要坚持：一个中心、两个基本点的原则。一个中心是：以优秀的专业服务得到应有的经济效益；两个基本点是：一是着眼于买家（参观商），二是着眼于卖家（参展商）。

（六）具体实施内容

我们所有的工作都要围绕以上原则来开展，不仅积极寻求支持及协助单位，建立展览营销网络；还要组织实施的具体工作项目。主要有以下几方面：认真做好项目预算、收集可能参展的客户名录，建立信息库、宣传资料的设计与制作、发送调查表、征询表、利用各种媒体做宣传广告、电话联系或发送传真件，通过因特网发布信息（招商及发邀请函）、广告征集、工程预定展具、工作展位的销售安排及布置、展览会的会务及礼品安排、展览会有关数据、信息的统计和收集、着眼于第二届的预告宣传工作等。

（七）展后阶段

展后工作一般分二个阶段进行：展后跟踪阶段、总结阶段。展后的跟踪服务主要是针对参展商和重要的参观商而进行的，其目的是加深目标客户的印象；树立展览会品牌形象；为下一届展览会作预告宣传。展后总结一般分三部分：从筹备到开展中的各项工作总结；效益分析和成本核算；本展览会在市场同类项目中所占的市场分额、优劣势比较、竞争情况等。

二、展览会的策划和组织

展览活动中有大量的公关工作可做，绝不是仅仅写出一两篇新闻就完成了公共关系工作。从筹划展览开始到组织实施，都必须渗透公共关系意识。

（一）展览会的策划

策划行为都要以市场为导向，展览会策划应考虑从两方面入手：一是营造势力，这里是指利用各种宣传、广告手段，营造商业氛围，形成市场声势，并利用各种关系和途径，建立起庞大的展览营销网络，进行广泛的市场推广和招展，最终令目标客户纷纷前来报名参展；二是以专业的展览服务，赢得买家和卖家的支持和信赖；原则上是应该使80%以上的参展商都达到参展目的，使70%以上的参观商都达到参观效果为标准。

策划展览的一般原则是：展览主题思想要明确，布局结构要合理，经济，解说要精练、流畅、动人，给人以深刻印象。因此，展览会的策划原则主要掌握以下几点：

1. 明确展览会的主题和目的。举办任何一个展览，都必须首先明确这一展览的主题和目的，并在此指导下去精心确定内容，制作展览的实物、图表、照片、文字等，使之更有针对性。主题要围绕展览的目的而定，并写进展览计划，成为日后评价展览效果的依据。

2. 确定参展单位、参展项目和展览类型。大型展览会，主办单位或承办单位可以通过广告、新闻发布会或者邀请等形式联系可能的参展单位，并将参展时间、地点、项目、类型、收费标准要求和举办条件等情况告知联系的单位，一方面通过采取各种公关技能吸引参展单位，另一方面为可能的参展单位提供决策所需的资料依据。

3. 明确参观者类型。这次展览会针对的公众是谁？包括的范围有多大？这是展览会在策划阶段必须回答的问题。参观者的类型将影响到信息传播手段的复杂性和多样性。例如，对一般参观者应进行直观普及性的宣传；对有关学者、研究人员介绍资料要详细深入和专业化，展览会还可专门组织有关人士进行研讨、座谈、学术讲座等。

4. 选择展览时间、地点。展览会时间的选择一般按组织需要而定，有些展览则要考虑季节性，如花卉展览等。在地点的选择上，首先要考虑的是方便参观者因素。如交通要方便，易寻找等；其次，要考虑展览会地点的周围环境是否与展览主题相得益形；再次，要考虑辅助设施是否容易配备和安置等。

5. 确定展览会的管理机构，提供相关服务。大型的展览会，要设立文书，邮政、运输和保险等等专业服务部门，国际性展览会，还应设立处理对外商检贸易的业务部门。一般的展览会应设置：大会领导组、大会办公室、样品办公室、询问室、广播室、卫生保健室、贵宾接待室、保安处、会议室、谈判或签字室、停车场等。

6. 成立一个专门对外发布新闻的机构，负责和新闻界进行联系的一切事宜。要制订新闻发布的计划，如确定发布的内容、发布的时机和发布的形式等，新闻记者需要质量高、语言简洁的新闻稿和有吸引力的图片，公关人员应发觉展览会中有新闻价值的东西，写成稿件提供给媒体，以扩大展览会的影响。

7. 准备展览会所需的各种书面宣传材料。从主办方和承办方来看，展览会的宣传材料主要有展览会背景资料、前言及结束语、参展品名名录、展览会平面图、展览会组织机构、日程安排和其他要求等。参展单位也应提前做好准备。

8. 确定展览会的费用预算。具体列出展览会的各种费用，进行核算，有计划地分配资金，做到心中有数。展览会的费用通常包括：场地赞用、设计费用、工作人员费用、联络及交际费用、宣传费用、运输费用等，要根据展览所要达到的效果来考虑这些费用的标准。

9. 做好展览会效果测定。为了组织有更好的发展，每次举办活动后都应做事后效果测定工作，可采取问卷调查、统计参观人数、销售利润、有奖问答等多种方式来进行该项工作。

（二）展览会的组织

1. 培训展览会的工作人员。展览会的策划者除规划构思整个展览的结构外，还应注意对各部分的编辑、设计人员、美术人员、制作人员进行培训，对他们的工作提出具体的要求，以确保总体布局及各部分之间的合理安排与衔接。展览会工作人员素质的好坏，掌握展览技巧如何，对整个展览效果具有至关重要的影响。因此，必须对展览会的工作人员和解说员、接待员、服务员进行良好的公关训练，并就展览内容进行专业知识培训，才能满足展览会的要求，使参观者得到满意的服务。

2. 准备展览会的资料、发放资料、讲解服务。设计展览会的徽志，准备好展览会的纪念品，并事先准备录音、录像带、各种小册子、展览会目录表等各种辅助宣传资料。

3. 准备展览会的辅助设备和相关服务。布置展厅时，要考虑在入口处设立咨询台和签到处，贴出展览会平面图，要在出口处设置留言簿。如果办一个国际性的展览会，应该设有处理对外贸易业务部门，附有产品导购、文字、邮政、检验、海关、海陆空运输、旅游和预订饭店等服务部门。

4. 选择展览方法和技巧。为了使展览会办得生动、新颖、别致，组织者还需要适当地选用展览方法和技巧，如邀请有关知名人士出席，举行别开生面的开幕式，邀请有关文艺团队助兴等，从而达到活跃展览会的气氛、吸引更多公众前往参观的目的。

5. 做好接待服务，形成良好印象。参观者进入展厅时，最渴望的是对本展厅有个全面的了解，这时服务人员应礼貌地送上有关宣传资料，使参观者得到精神上的满足，并进而认真地参观本展厅的产品。细心讲解介绍，展示展品价值，有时参观者进入展厅后，很可能不是对每一件产品都认真、仔细地观看，但解说员娓娓动听地解说，会使展览充满生机，仿佛给展品注入了生命的活力，使得参观者明显感受到它的存在，明了其实际价值。接待服务人员要热情诚恳地迎接、周到礼貌地服务，力争使参观者对组织形成良好的第一印象。

6. 动手操作表演，促使产品成交。对于一些参展产品，就需要技术人员亲自动手操作，并在操作过程中进行必要的讲解，这样可以加深参展者对产品的认识。与此同时，还可以通过播放录像、开动产品模型等手段，来激发观众的兴趣，增强其对产品的信赖，最后达成交易。

第四节 开 放 参 观

开放参观是组织向社会各界开放，及时组织和安排接待广大公众参观本组织的设施建筑和工作现场，是增进与社会各界往来，提高组织的透明度，争取外界支持与了解的一个重要手段，故应列入组织经常性的公关活动计划。

组织为了让公众更好地了解自己，通常由公共关系部门负责组织一些对外开放参观活动。在这些开放参观活动中，组织的家属、新闻工作者、学校师生和其他对组织感兴趣的公众等均可以到组织参观和考察。组织可利用这些机会向公众进行宣传，表明自己的存在是有利于社会和公众的，以得到公众的理解和支持。组织的对外开放参观是件繁杂的工作，但这又是一项很好的公共关系活动，它可以使公众对组织产生兴趣和好感，增强组织的美誉度。

案例6-1

光明乳业：让开放日成为制度

随着消费者对食品和餐饮健康性及安全性的日益关注，越来越多的食品和餐饮组织开始举办"公众开放日"活动。"公众开放日"不仅让消费者有机会近距离了解体验食品的生产流程，满足他们的知情权，更昭示了组织在经营策略上的一个重大转变：开始尝试树立组织产品在消费者心目中的信心，从而塑造良好的市场形象。

光明乳业早在2005年6月29日，就启动"公众开放日"，在广州、南京、成都、德州等主要厂区，展开"光明"行动。光明乳业采用"公众开放日"的形式，通过大众、财经及电视媒体的现场参观和广泛宣传，全方位传播光明牛奶"质量可靠、安全放心"的产品形象和光明乳业"负责任组织公民"形象。

光明的"公众开放日"吸引了众多消费者的参与。参观者实地看到了光明的生产流水线，听到了技术人员详细的讲解，品尝了光明牛奶，感觉特别好。

光明乳业南京工厂总经理钱建国告诉记者，自从开放日推出之后，光明乳业的工厂已经成为"工业旅游"的重要一站，就拿南京工厂来说，已经接待了很多国内外游客。在参观结束之后，不少人在留言簿上写下这样的感言：光明这次通过公众开放日活动，换一种模式去告诉消费者光明的质量和品质的可靠。这种模式是一种创新，活动很新颖，效果很好。这次的"公众开放日"是一个很好的开端，希望以后多和消费者沟通，以更加积极的态度去面对媒体和公众，让媒体和消费者更加深刻地了解和认识光明。

一、开放参观的流程

（一）发放宣传资料

宣传资料可以采用小册子的形式发放给参观者，即节省成本又便于携带，以简明扼要、深入浅出的语言介绍参观内容，同时要考虑到一般公众的文化水平、接受能力，注意配有一定的图表或数据，少涉及深奥的专业术语。这种小册子宜在参观一开始时就分发给公众，使公众快速阅读后对参观内容有大致的了解，参观时还可针对实物进行对照，能集中注意观看，免去了记录的麻烦，并可供公众日后查考。

（二）观看视频及模型

有些组织结构复杂、产品技术尖端，为了帮助公众理解，观摩实物前可放映有关录像片、幻灯片或电视片，作简洁的介绍，使参观者对组织有个初步了解。

有的组织规模庞大、设施分布很广，为方便公众参观，可以事先制作模型，让公众观看。公众只需选择几处认为重要的地方实地观看即可。这样，避免参观者过于劳累或产生安全隐患，又能够保证组织正常的运营秩序。

（三）引导参观实物

有专人引导公众沿着规定的路线参观，逐一观摩实物。在重要的实物前，引导员要作讲解，或配备专门的讲解员讲解，讲解时要抓住公众关心的或不易理解的重点，避免长篇大论、过于专业或吹嘘而使参观者产生逆反心理。参观的目的主要是以物来传递信息，所以应该以公众亲身感受为主，讲解为辅，不能本末倒置。

（四）中途休息

参观的时间不宜太长，以一天中完成为好。在参观路线的中途，最好设有休息室，备好茶水，供参观者中途小憩。

（五）分发纪念品并征求意见

观摩实物结束，宜在出口处设置公众留言薄或意见薄，有条件的话，最好请参观者座谈观感、提出意见，便于组织改进工作。同时可向公众分发一些小型纪念品，最好是本组织制造的或刻印有本组织名称的纪念物，让公众一见到它就想起本组织，引起美好的回忆。

参观除了平时可以进行外，还可以结合一些特殊时机进行，如在开幕式、周年庆典之后组织来宾参观。

二、开放参观的策划和组织

（一）开放参观的策划

1. 明确开放参观活动的目的。

（1）扩大组织知名度。通过组织参观，增加组织的透明度，让公众了解组织的宗旨、功能、优点、特色，显示组织存在有利于社会、有利于公众。

（2）促进业务。通过组织公众参观组织的厂区、生产流程、产品，让公众产生信任感，便于推销产品、谋求投资或相互协作、拓展业务。

（3）和谐社区关系。组织社区公众参观本组织完善的设施、优良的工作环境、可靠的安全系统，表明组织对社区公众不产生危害，以求得社区公众的理解与支持。

（4）增强员工或家属的自豪感。规模很大、地位重要的组织可组织某一所属部门的员工或家属参观组织的全局性设施、先进的设备，使他们感到组织规模的宏大、地位的重要。从而产生自豪感，激发工作热情，或使家属全力支持员工的工作。

2. 确立开放参观主题。根据参观活动的目的进行策划，应确定一个明确的主题，即想通过这次活动让参观者留下怎样的印象，取得何种效果，达到什么目的。组织的开放参观活动，最常见的主题是强调组织的优良工作环境，表明组织是社区优秀的一分子，会和社区和周围民众和平共处。

3. 合理安排参观时间。开放参观的时间最好安排在一些特殊的日子，如周年纪念日、组织开业、逢年过节等。在喜庆的日子里进行参观，可以增添公众的兴趣，获得更好的开放效果。要有足够时间准备对外开放参观活动。规模较大的开放参观活动需三个月到六个月的准备时间，如果还要准备大规模的展览、编印纪念册或其他特别节目，则需要的时间更多。还要合理安排活动开放时间季节，如考虑到气候原因，较理想的开放日一般以晚春和早秋季节为宜。

4. 编制预算计划。参观活动的开展须要安排合理地预算，计划必要的经费，有经费的支持才能做好公共关系活动。因此，编制预算工作不可忽视。参观活动费用通常包括：工作人员费用、联络及交际费用、印刷宣传材料费用、礼品费用、茶水等。

（二）开放参观的组织

1. 成立专门机构。如欲将开放参观活动办得尽善尽美，就需要成立一个专门的活动筹备小组。小组成员应包括组织领导、公共关系人员、行政和人事部门人员等。如果主题是强调服务或产品，则还要有营销部门的人员。

2. 准备宣传工作。要想使对外开放参观获得成功，最重要的是做好各种宣传工作。准备一份简单易读的说明书，发给参观者。正式参观前放映影、录像或幻灯片进行介绍，可以帮助参观者了解组织的概况。之后，由向导指引参观者沿参观线路作进一步解说和回答问题。最好将参观者分成五六人一个小组，这样即使场地嘈杂，也能让参观者听清讲解。如果设置较明显的路标为参观者导向，那么就可以安排专人在人们可能最感兴趣的地方做集中讲解。要使参观活动产生持久效果，不妨赠送参观者一份有纪念性的小册子。这些小册子通过参观者之手转送未能亲自参加参观的人，还能成为十分有用的传播媒介。

3. 划分参观路线。提前划分参观路线，防止参观者越过参观所限范围，以免出现不必要麻烦和事故。有些组织往往担心开放参观活动会使秘密技术泄露，其实，只要精心妥善安排是不会出现这种情况的。

4. 做好接待服务工作。主要应做好登记、讲解、向导、安全、及赠品选择等工作。竭诚征求大家意见。相关单位的参观参观者本着接待的对等原则，由组织相应级别的人员亲自接待，热情迎送陪同。除对参观者应热情周到地做好接待工作以外，安排合适的休息场所和必备茶水饮料。

5. 培训组织讲解员。为保证组织公共关系专题活动的效果，无论是全程陪同参观的讲解员，还是各个环节的负责人，都要接受专业的培训，使组织参与人员都能以公共关系意识为来访者提供优质的服务，达到举办开放参观的目的。

第五节　新闻发布会

一、新闻发布会的流程

新闻发布会是政府、组织、社会团体和个人把各新闻机构的记者召集在一起，宣布某一有关消息并让记者就此进行提问，然后由召集者回答的一种特殊会议。它不仅是传播信息、谋求新闻界对某一事件客观报道的有效的手段，而且也是社会组织搞好与新闻界关系的最重要方式之一。

1. 选择新闻发布会会址

举办新闻发布会需要选择最佳地点，以便充分发挥新闻发布会的效能。选择的地点要求交通方便，安静，有舒适的座椅，且不受电话的干扰。另外，所选择的场所应该具备必要的照明、视听、通信设备，为记者提供方便（电源、电话、传真等）。

如果发布会内容侧重本组织的发展情况、或是推介企业的新产品，可以选择组织内部或组织附近的地方举办发布会；若发布本组织重大新闻、或主题内容侧重于澄清某一事实以挽回某种社会影响，那么可以选择在省、市政府所在地甚至北京等适合举办新闻发布会的地方举行，以取得良好的效果。

2. 确定日期

举行新闻发布会的时间，应尽量避开节假日和有重大社会活动的日子，以免记者不能参加招待会，影响招待会效果。

举行新闻发布会需要选择最佳时机，以便有关本组织的重要新闻在最合适的时间里向社会公众进行传播。这一时间选择应该遵循两个原则：一是所要传播的信息最具新闻价值的时候；二是被邀请的记者都能够出席新闻发布会。

3. 确定邀请记者的范围

根据组织要发布信息的重要性和影响程度来确定一个邀请范围，如果新闻内容仅限于本地，则以邀请当地新闻媒体为主；如果内容涉及较为专业，则应邀请专业性新闻单位的记者出席；如果内容涉及全国，则应邀请中央新闻单位的记者出席。并具体落实到会记者的人数，保证信息传播的质量。

4. 相关资料、物品的准备

安排好签到，分发给到会者的资料，图片和文具一并发到参会者手中。同时也可以准备一些礼品，以表示对来宾的谢意。注意嘉宾的安排，使其出现在突出的时机，以扩大影响。

5. 实施议程紧凑、详细的新闻发布会

6. 招待及接送

7. 媒体跟踪与监测

对照签到簿，了解记者发稿情况。对未发稿的新闻机构要了解未发稿的原因。

对因故而未能参加的新闻机构要提供有关背景资料，会议记录材料，图片和报道提纲等，以供他们选用。

8. 整理有关文档资料存档，以备用备查

二、新闻发布会的策划和组织

（一）新闻发布会的策划

1. 确定召开新闻发布会的目的和价值

根据新闻发布会的特点，在新闻发布会举行前必须对所发布的消息是否重要、是否具有广泛传播的新闻价值，以及新闻发布的紧迫性和最佳时机，进行研究和分析，只有在确认召开新闻发布会的必要性和可能性后，方可决定举行新闻发布会。组织中举行新闻发布会的事件一般有：如厂房起火或爆炸等严重事故或受到公众和新闻界的公开批评；对社会产生重大影响的新技术、新产品的开发和投产；组织对社会所做的重大社会公益事业；组织开张或倒闭；组织合并转产；组织重大庆祝日或纪念日等。

2. 选择新闻发布会的时机

举办新闻发布会的时间，应由公共关系人员周密策划，精心准备。以确保新闻发布会的实效性和出席率。

3. 准备材料，确定主持人和发言人

为使记者能充分理解所公布的新闻信息，在招待会召开之前应充分准备有关材料，包括文字、实物、图片、影视等，如有必要，还应提前向与会记者提供有关背景材料。主持人对有关事件的来龙去脉、前因后果都应了如指掌，以便回答记者的提问。为了做到有备无患，会议组织者应就一些主要问题事先拟定答话的要点，把拟定好的谈话要点和准备回答记者的基本答案，提供给发言人参考，发言人一般是组织的高级领导。还可写出报道提纲，在会上发给记者做为采访报道的参考。发言提纲和报道提纲的内容会前应在组织内部通报一下，统一口径，防止会上口径不一，在记者中引起猜疑和混乱。

4. 组织参观和宴请准备

在新闻发布会前后，可配合主题，组织记者进行参观活动，请其作进一步深入采访。有关参观事宜应在会前就安排好，派专人接待、介绍情况。会后，如有必要可邀请记者共进工作餐，利用非正式交谈，相互沟通，融洽与新闻界的关系，解决有关招待会没有解决的问题。

5. 经费预算

根据招待会的规格和规模，预算出场地、宣传材料、饮料、水果、交通、礼品、住宿及餐饮等费用，有经费的保证才能使公共关系活动达到预期效果。因此，要全方位考虑可能发生的费用。

（二）新闻发布会的组织

1. 会场布置与安排

要创造一个良好的会议环境，安静、无噪声干扰，室内灯光适宜，要有舒适的座椅。会场的桌子最好不用长方形而用圆形的，或者用桌椅围成一个圆圈，这样显得气氛和谐、宾主平等。当然，大中型新闻发布会可以使用长方形桌子，但尽量避免台上台下那种做工作报告式的会场布置。准备好录音和摄影的辅助器材，如电源、电传及其他设备，提供给记者使用。准备好别在与会者胸前的胸牌和摆在桌子上的名牌，与会记者应该发给写有其姓名和新闻机构的胸牌。会议桌和餐桌要分清主次，排好顺序，避免混乱和不愉快的情况发生。特别注意嘉宾的安排，使其处在突出的地位，借以扩大自己的影响。

2. 搞好会务接待工作

会议的组织人员应该佩戴胸牌，对为会议服务的工作人员也应有专门分工，各司其职，各行其责，以免扰乱会场秩序。同时安排足够的接待人员，设立签到处，并派专人引导记者前往会场。

3. 跟踪信息、纠正错误

搜集参加招待会的记者在各媒体上发布的信息，进行归类、分析、检查是否有由于自己的失误而造成的谬误，如有应立即设法补救，若出现不利于本组织的报道，应做出良好的应对策略。

核对发稿情况。对照与会记者的名单，核对是否每个到会记者都发稿了，以供在今后新闻发布会选定到会者名单时作为参考。

4. 整理、保存会议资料

收集并分析与会记者所发稿内容的倾向性，做到心中有数，以使今后更好地合作。同时检查招待会在接待、安排、提供方便等方面的工作是否有欠妥之处，总结经验和不足，以便改进今后工作。

第六节　赞　　助

赞助活动是一种对社会做出贡献的行为，是综合运用多种传播手段，树立本组织社会的形象的公共关系活动。一个组织要搞好与政府或社区的关系，最为有效的方式之一就是举办赞助活动。在改革开放的新形势下，越来越多的组织认识到除了自身要获利之外，还必须承担一定的社会责任和社会义务，以表明自己是社会的一员，要为社会发展贡献一份力量。尤其是致力于赞助社会福利事业、文化事业、教育事业和学术活动等等，不但有利于社会，而且能使组织赢得社会的普遍好感，树立组织关心社会公益事业的良好形象。

一、赞助的流程

为了保证赞助能获得最佳的信誉投资效果，赞助还应遵循一定的科学程序。一般的步骤是：

（一）赞助的研究与筹划

织织要开展赞助活动，进行赞助研究是非常重要的一步。赞助分土动赞助与被动赞助两种，无论是哪一类赞助，都应做出必要的研究。研究的主要内容包括：

1. 本组织的公共关系政策和目标，考察组织是否对社会，公众，组织有益，有无其他影响。

2. 研究赞助的影响力。

3. 研究被赞助者的公共关系状况。

4. 研究社会公众的意愿。

5. 研究本组织的经济状况，成本核算和效果分析。必须指出的是所赞助的应是公众最乐于支持的事业和最需要支持的事业。

（二）制订年度赞助计划

在调查研究的基础上，根据组织的赞助方向、赞助政策、赞助重点和赞助能力，拟订年度赞助计划。赞助计划是赞助活动的具体化，是整个赞助活动的基本依据。赞助计划一定要尽量具体和留有余地。在赞助研究的基础上，应制订相应的计划，计划内容可包括：

1. 赞助的目标、对象、形式。
2. 赞助费用的预算。
3. 为了达到良好的赞助效果而选择的赞助主题和传播方式。
4. 赞助的具体实施方案。其要求是：量力而行、节制浪费现象、做到有的放矢。

（三）审核评定

根据年度赞助计划，对其赞助项目进行逐项审核评定，确定其可行性，具体赞助方式，款额和时机。

（四）具体落实计划

在赞助年度计划和具体赞助项目确定以后，应派出专门的公共关系人员，去实施赞助方案。对具体项目，应指定专人负责，充分运用各种公共关系技巧，尽量扩大组织的社会影响。

在实施过程中，公关人员要利用各种有效的公关手段，创造出组织内外的"人和"气氛，尽可能扩大赞助活动的社会影响。与此同时，组织还应以各种传播手段，扩大赞助活动的影响，使赞助活动的效益达到最佳峰值。在实施过程中，还应将公关人员的形象和组织的形象一体化，谋求被赞助者和社会公众的好感，使赞助获得圆满的成功。

（五）测定赞助效果

一次赞助就是企业的一次重大攻关活动。因此，在赞助活动结束时，应该进行活动效果的检测。在检测的过程中，大量的调查，要广泛收集各个方面如公众、新闻媒介、赞助对象等对此次赞助的看法和评论。看看预定的计划与评估的内容是否相符？完成了或达到了哪些预定指标？还有哪些差距？出现差距的原因是什么？并把这些写成总结报告上报有关领导，然后归档留存，为以后开展赞助活动提供参考。

二、赞助的策划和组织

（一）赞助的策划

赞助活动是一种技术性很强的公共关系专题活动，一次成功的赞助活动，需要做好以下工作：

1. 确定赞助目的

组织应从经营活动政策入手，分析组织公共关系目标，确定赞助目的，并据此考核需要帮助的项目是否对社会、对公众有益，是否能对本组织产生有利影响。还应研究本组织的经济状况，成本核算和效果分析，保证社会和组织都能获益。另外必须指出的是所赞助的应是公众最乐于支持的事业和最需要支持的事业。赞助的目的是要扩大组织的知名度、增强信任度和提高美誉度。

2. 慎重选择赞助对象

选好赞助对象的基本原则是引导公益事业方向，符合组织公关目标。前者是指对社会的宏观需要的长远需要有利有益，后者是指对组织的现状和发展有利有益。赞助一般有两种形式：一是企业主动对某些组织予以支持。二是根据某些组织的请求，企业提出予以赞助。为此，必须对赞助的对象和项目进行详细的调查论证。

3. 设计赞助方案内容

赞助计划的内容应该具体，详实，对赞助的目的、赞助的对象、形式、费用预算、具体实施方案等有所计划，并控制范围，防止赞助规模超过组织的承受能力，杜绝浪费，做到有的放矢。

4. 审核赞助项目

组织每进行一次具体的赞助活动，都应由组织的高层领导或赞助委员会对其提案和计划进行逐项的审核评定，确定其可行性、具体赞助方式、款额和时机。

5. 实施计划

组织要派出专门的公共关系人员，去实施赞助方案。在实施过程中，公共关系人员要充分利用有效的公共关系技巧，尽可能扩大赞助活动的社会影响；同时，应采用广告和新闻传播等手段，辅助赞助活动，使赞助活动的效益达到最佳值。此外，公关人员的形象应与组织形象一体化，谋求公众的好感，争取赞助的成功。

（二）赞助的组织

1. 评估赞助项目

这一步主要是针对具体赞助项目进行的，对每一项具体的赞助项目，都应进行分析研究。首先是对赞助项目进行总体评价和估计，检查是否符合赞助方向。其次对赞助效果进行质和量的评估。质的评估主要是这次赞助向社会表明了所承担的社会义务和责任，社会公众对此有何评论，能否起到树立组织良好形象的作用。量的评估是从作用的大小，影响的覆盖范围，营销的经济效益等方面进行。评估是结合年度的赞助计划，对制订每个赞助项目的子计划和具体实施方案进行的审定。

2. 选择赞助对象

要优先考虑对各种社会福利事业与活动、公共设施建设、以及教育事业的赞助。这样做既能表明企业对社会承担了一定的责任和义务，有比较容易获得社会各界的普遍好感，从而树立企业良好的形象。

3. 确定赞助金额

任何形式的赞助，都不能超出企业的承受能力。因此，制订赞助计划一定要留有余地，以防突然发生重大灾害等需要企业提供赞助时而造成被动。并注意留存一部分机动款项，作为遇到临时、重大活动时的赞助备用金。

4. 处理好与征募者的关系

对各种明显不能满足其要求的征募者，应坦率而诚恳地解释企业的有关政策。也不要屈服于某种威胁利诱，必要时可诉诸社会舆论和法律，以保障企业的合法权利。

近年来，鉴于对赞助活动的本质的更深认识，公共关系的赞助活动有了一些新的趋向：将社会组织联合起来共同参与大型赞助项目，以少量投入获得长期的、具有规模效应的宣传效果；注重赞助的一贯性与长期性，寻找相对稳定的赞助对象，开展多方位赞助，建立"赞助工程"，追求赞助活动的"名牌效应"，扩大公共关系的影响范围；寻找急待发展，高度敏感的社会团体和社会问题，作为自己的赞助项目等。

公共关系专题活动是一种常见的公共关系活动。为了达到预期的公共关系目标，公共关系人员要进行各种各样的公共关系专题活动，以强化宣传效果，配合整个公共关系方案的实施。几乎所有的社会组织都要定期或不定期地举办一些专题活动来实现公共关系目标。富有新鲜感和纪念意义的专题活动，能使参与者在融洽、和谐的气氛中感受到活动组织者的各种意图，接受各种信息，增强对组织者的亲善感，达到提高组织知名度和美誉度的目的。策划和举办成功的专题活动，要求公关人员不仅要有广博的知识，而且还要熟练掌握进行专题活动的技能。

 **情景导出**

公共关系专题活动是有目的的策划，策划公共关系专题活动是富于挑战性和创造性的工作，通过公关人员独具匠心的设计，使之成为公关日常工作中高潮迭起的"重头戏"，变"无心插柳"为"有心插柳"，为组织创造有利的公共关系时机。组织举行庆典活动，其目的是为了让更多的公众认知组织或组织产品，达到扩大社会影响的目的，因此活动必须抓住大众的心理，具有趣味性，以便引人注意，产生影响。影响越大，说明办的越成功；没有影响说明就是失败。尽管公众心理上具有一种对新奇事物的关注，但众多组织的此类活动此起彼伏，运作起来也是花样翻新，奇招不断。因此公众的兴奋点已被逐渐消磨，所以如何良性、健康地唤起公众对组织活动的注意和兴趣，不仅仅是庆典活动策划的一个难题。

小张经过深思熟虑之后，决定采取以公益角度、慈善事业的形式筹划一场庆典活动，将庆典原计划的预算80%的资金作为"善款"捐赠给受灾地区的公众，并将灾区代表作为特别嘉宾也列入拟请的名单中，这样的策划不仅会给公众带来良好的企业形象，同时能够吸引媒体的关注，更能提高兴达集团员工的主人翁意识，充分体现了公共关系的内涵：对内加强团结；对外寻求发展。小张的方案也得到了领导的认可，工作热情无比高涨。

思考、实训与案例分析

【复习与思考】

1. 什么是公共关系专题活动？常见的公共关系专题活动有哪些？
2. 怎样策划新闻发布会？
3. 怎样进行赞助活动？
4. 办好一场展览会要从哪些方面着手？

5. 怎样组织好对外开放参观？

6. 庆典活动的特点及策划要求是什么？

【实训】

- 选择具有积极意义的主题，在班级或学校中开展一次展览活动。
- 选择社会上或校园中需要赞助的人员，以班级名义开展一次捐款赞助活动。
- 给本校的校庆策划一次庆典活动或为班级的元旦等节日策划一次晚会，看一看哪个小组的策划方案有新意。

【案例分析】

中国平安希望小学大型公益活动新闻发布会

中国平安人寿保险股份有限公司河北分公司牵手中国青少年发展基金会，共同发起"新农村 新希望"中国平安希望小学支教行动。同时与河北青年报携手，共同推出"河北青年报·中国平安希望小学支教大型公益活动"。按照双方前期的协议，志愿者将在 9 月 22 日启程前往希望小学实地支教。启动仪式上，主办方中国平安和河北青年报将在东方大厦 7 楼会议室举行新闻发布会。

一、活动名称

中国平安希望小学大型公益活动新闻发布会

二、活动时间

时间：2008 年 9 月 22 日

地点：石家庄市中山西路 83 号东方大厦 7 楼第一会议室

三、活动组织单位

河北省青少年发展基金会

河北青年报

中国平安人寿河北分公司

四、拟邀请来宾

1. 拟邀请领导

河北保监局局长助理

河北省青少年发展基金会秘书长

河北青年报报社社长

中国平安人寿河北分公司总经理

中国平安财产河北分公司总经理

中国平安养老险河北分公司总经理

2. 拟邀请媒体

河北电视台、河北经济日报、燕赵都市报、燕赵晚报、河北青年报、河北人民广播电台、交通台、石家庄电视台、新华网河北频道、长城在线

五、会务人员

主持人 1 名、礼仪 5 人、行政部 2 人

六、活动流程

河北启动仪式安排

活动事项	活动内容	时间
入场	来宾入场，签到	9:00～9:30
开场	手语舞"让爱传出去"	9:30～9:45
领导致辞	主持人宣布仪式开始，并介绍到场嘉宾	9:50～10:00
	河北青基会领导致辞	10:00～10:10
	河北青年报领导致辞	10:10～10:20
	平安人寿河北分公司领导致辞	10:20～10:30
授旗及宣誓仪式	1. 志愿者代表发言 2. 分公司领导为志愿者授旗 3. 志愿者上台接旗展示	10:30～10:50
	志愿者宣誓	10:50～10:55
	志愿者及嘉宾在旗帜上签名，旗帜挥动展示	10:55～11:00
出发	吴越总宣布支教行动开始	11:05
	主持人结束语	11:10～11:30
	志愿者出发	

分析与讨论：结合所学内容对此发布会的流程等内容进行分析，以更清晰地掌握相关内容。

第七章　公共关系技能

学习目标

掌握公共关系广告、谈判、演讲、文书的相关内容，能够在公关场合进行熟练运用。

情景导入

小张最近很忙，公司到年底了，各种活动也越多了。这不，新年中的公关广告计划出来了。预算也出来了，得找相关的媒体洽谈一下广告的投放。年底要举行大客户答谢酒会，要对外发请柬，对内给各部门发活动内容相关通知，要帮领导写致谢词。而且，有时候需要当众表明自己的观点，演讲在工作中竟然也很重要。小张想，看来自己还有很多内容需要学习，才能把工作做得更好。

第一节　公共关系演讲

演讲是一种社会活动，演讲者在特定的时空环境下借助有声语言和无声语言向听众传递信息，抒发情感，感召听众，在短时间内树立自己的观点而给听众留下深刻印象。成功的演讲具有独特的艺术魅力，往往有很强的说服力和感染力。在公共关系活动中，演讲是一种非常重要的手段，因此，公共关系人员应该掌握一定的演讲技巧，为进一步开展工作奠定基础。

一、演讲稿的写作

演讲稿是演讲之前准备的文字材料。演讲要获得成功，关键是要做好充分的准备，最重要的莫过于写好演讲稿了。被誉为世纪十大演说家之一的原英国首相丘吉尔，他的精彩演讲感人至深，他的儿子介绍说："我的父亲为了撰写那些即席演说的讲稿，耗费了他大半生的精力。"可见，好的演讲稿是演讲获得成功的重要保证。

（一）演讲稿的写作要求

1. 从事实出发。演讲虽然有表演的成分，但不是演戏，演讲稿应从事实出发，客观真实地表现真人真事，并通过真实的演绎，才能让听众接受。

2. 提炼主题。演讲者要善于从纷繁的社会现象中解析人生，把自己独特的人生感悟，提炼升华为富有哲理性和思辨性的语言，才能给听众以启迪和警醒，从而留下深刻的印象。演讲稿的主题要有新意，紧扣时代，最好用一个简单的判断句，在演讲中反复出现，起到强化、突出的作用。

3. 修饰语言。演讲是通过语言把演讲者要表达的中心思想传递给听众，所以，语言的雕琢非常重要。演讲稿的语言应尽量口语化、生活化，以生动、朴实、鲜活的用语去打动听众，需要注意的是演讲中的语言不是原汁原味的生活用语，而是经过加工提炼的文学语言。可适当使用一些修辞手法，如比喻、夸张、拟人、排比、对偶等，以增加演讲的气势和感染力。还要观点鲜明，感情真挚，显示出演讲者对社会、对人生一种理性的认识，以及对客观事物见解的透彻、深刻，能给人以可信性和可靠感。演讲稿观点不鲜明，就缺乏说服力，就失去了演讲的作用。演讲稿还要有真挚的感情，才能打动人、感染人，有鼓动性。因此，它要求在表达上注意感情色彩，把说理和抒情结合起来。既有冷静的分析，又有热情的鼓动；既有所怒，又有所喜；既有所憎，又有所爱。当然这种深厚动人的感情不应是"挤"出来的，而要发自肺腑，就像泉水喷涌而出。

4. 行文变化，富有波澜。影响演讲效果的要素很多，有内容，有布局，也有听众的心理特征和认识事物的规律，但平淡无奇的演讲肯定会失败。所以，演讲稿的整体布局要错落有致，有用激昂华丽的文字突出主题的部分，也有对例证的娓娓道来，才会产生吸引力，让听众有听下去的兴趣。

5. 篇幅不宜过长。一次演讲的时间不能太长，长篇大论的说教让听众产生厌烦感，从而影响演讲的整体效果。

相关链接7-1

在一次演讲中不要期望得到太多，宁可只有一个给人印象深刻的思想，也不要五十个让人前听后即忘的思想；宁可牢牢的敲进一根钉子，也不要松松的按上几十个一拔就起的图钉。

——德国著名演讲家海因兹·雷·德曼

（二）演讲稿的结构

1. 标题。好的标题应是醒目的，有吸引力的，能抓住中心，体现主旨。

2. 正文。演讲稿的开头部分应生动、鲜明，好的开头是演讲成功的关键。写作时应注意或开门见山，直述主题；或迂回婉转，曲径通幽；或提出问题，引发思考；或出人意料，加深印象。无论哪种开头都应在短时间内吸引听众的注意力，控制会场气氛，为整个演讲奠定良好的基础。

正文是演讲稿的主要部分，是分析问题解决问题的中心所在。具体内容应根据演讲的主旨来定，要言之有物，言之有理，言之有情，结合叙事抒发情感，论辩说理，以求得听众的认同。在正文的写作中应该注意以下几个方面。

（1）在素材的选择上，要从听众出发。无论什么类型的演讲，都是演讲者与听众间的情感交流和信息沟通，离开这些，演讲就会变成空洞乏味的说教，让人厌烦。因此，演讲稿所选用的素材必须是听众喜欢听，听得懂的一些人和事，才能激发听众的情感共鸣和思想共振，才能有好的效果。

（2）在结构安排上，要张弛有度。围绕主题所选择的素材应按照一定的结构安排，

"文似看山不喜平"，事实材料要有主有次，有高潮有低谷，一波三折，峰回路转，紧紧抓住听众的心理，这样的演讲才有鼓动性和说服力。像高潮部分，可以运用一些排比、对偶等修辞手法，或使用一些富有哲理的警句、格言，在平直的叙述中加入哲理性的议论，大段的议论之后，选用简单的事例进行佐证。

（3）在感情的表达上，以诚感人。"感人心者，莫先乎情"，演讲不是以势压人，听众在能动地、思辨地接受演讲者的观点，经过筛选之后，只有那些他们认为对的，有理的说法才能得到认同。演讲应首先注重寓情于理，事中有情，论辩说理，以诚感人，干巴巴的说教，只会让听众感到厌烦，从而大大降低了他们参与现场互动的积极性。

3. 结尾。一般来讲，这是演讲稿的点睛之笔，总结全文，重申主题，表明态度，并给听众留下思索空间。好的结尾应简洁明快，言尽而意不尽，在点题之后戛然而止，让众感觉意犹未尽，回味无穷。

二、演讲的表达技巧

演讲，又叫演说、讲演，是在听众面前就某一问题表示自己的意见或阐述某一事理。演讲是一种面对面地宣传，把文字变为声音和姿态表达出来，激发听众兴趣，引起听众的共鸣。

（一）声音

演讲是一门独特的语言艺术，以讲为主，以演为辅。声音作为传递信息的符号，发挥着非常重要的作用。声音的魅力通过声调和语气体现出来。

1. 声调是非言语沟通中一种较为特殊的形式，它与语言一样，是以听觉为接受对象的，但它区别于语言。声调本身不包含特定的内容，只是对语言所传递的信息起到一定的辅助作用。

2. 语气是对语言感情化表达的一种方式，因语气不同，人们会对语言产生不同的理解。在演讲过程中，要体现出声音的音韵美，要有抑扬顿挫，平仄起伏，合则一句煽情的话，由于声调、语气把握不当，完全有可能让人感觉索然无味。

演讲时要控制声调、语气、音调，注意说话的速度，使演讲抑扬顿挫，增加演讲的感染力。

案例7-1

从前，波兰有一位明星——摩契斯卡夫人，一次她到美国演出时，观众请求她用波兰话讲台词。于是她站起来，开始用流畅的波兰语念出台词，观众都只觉得听起来非常舒服，但不了解其意。她的语调渐渐转为激愤，高亢，最后在悲怆万分时戛然而止。台下的观众鸦雀无声，同她一样沉浸在悲伤之中。突然，台下传来一阵大笑，原来是她的丈夫——波兰的摩契斯卡伯爵。因为，摩契斯卡夫人刚刚用波兰语背诵的是九九乘法表。

（二）仪态

演讲者感染听众的过程中不仅有有声语言，还包括眼神与表情、服饰礼仪、肢体语言等。

1. 注意眼神与表情的运用。眼睛是心灵的窗口，人的很多感情是通过眼睛流露出来的。演讲时，应面向听众，眼睛要扫视全场，目光炯炯有神，面带微笑，表情自然。

2. 服饰礼仪。演讲者的穿着应与现场环境相协调，因为是公共场合，衣饰的选择要与自己的年龄、体形、气质及演讲的内容统一起来，最好穿着正式的服装，少用或不用装饰物，以免分散听众的注意力，也是对听众表示尊重的一种方式。

3. 恰当地使用肢体语言。肢体语言是人类最古老的交际方式，是对有声语言的必要补充，这里主要指的是手势。恰当使用手势，可以起到较好的辅助作用，有助于增强语气，加深听众对内容的理解。如列宁演讲时前倾的身体，张开的手臂，很容易得就把听众的情绪调动起来。演讲中，如果没有手势，就会显得呆板，手势过多则给人不稳重、不自信的感觉。所以，使用手势应以自然适度为原则，恰到好处，才能更好地表达演讲的中心意思。

第二节　公共关系谈判

谈判在我们的生活中非常常见，大到国际间就战略问题进行磋商，小到日常生活中买卖物品的讨价还价都是谈判。在今天的社会中，人们越来越意识到谈判的重要性，因为这能和平友好地解决问题，并最大可能满足双方需求，因此，当双方在现实利益和心理需求方面无法达成一致时，应当采用谈判的手段来互相沟通，以谋求矛盾最合理的解决。

美国谈判学会会长尼尔伦伯格说："只要人们为了改变相互关系而交换观点，只要人们是为了取得一致而磋商、协商，他们就是在进行谈判。"因此，公共关系谈判就是彼此间存在利益冲突和协作可能的双方或多方，为了达成一致而进行协商、洽谈的活动。公共关系谈判强调谈判的目的是互惠双赢，谈判的手段是平等协商。

一、公共关系谈判的程序

公共关系谈判的程序是指谈判的整个过程。它包括准备阶段、开局阶段、交锋阶段和成交阶段4个步骤。

（一）准备阶段

准备阶段是谈判前非常重要的一个环节，有时会决定谈判的结果。主要工作如下。

1. 搜集信息。谈判是一场没有硝烟的战争，双方都在争取最大限度的利益，这样必然会损害到对方的利益，这就要求谈判人员在谈判前搜集大量的信息并充分利用这些信息，因为知己知彼，才能百战百胜。比如，在商务谈判中，需要搜集的信息包括市场行情，对方提供的商品性能、成本，国际上其他同类产品的销售价格，以及谈判对手的个性、优势、弱点、爱好，为接下来的实质性的交锋做好充分的准备。

2. 确定人员。谈判人员的确定对谈判结果也有着举足轻重的影响，确定谈判人员时要充分考虑到环境、谈判内容、对手情况，有针对性地选择最恰当的人选，以达到最佳的谈判结果。一个谈判组的成员应由以下人员构成。

（1）领导人员。他们是谈判成员的领导者，享有一定的决策权。

（2）专业技术人员。他们主要负责商品的出价、报价及技术问题。

（3）法律人员。他们负责专业法律问题的把握。

（4）翻译人员。

案例7-2

春秋战国时期的范蠡，其次子被楚国羁押，范蠡派他的小儿子带一千两黄金去楚国找其好友庄生，请庄生代为斡旋。长子得知后认为父亲看不起他，无奈范蠡只得命其前往。长子到达楚国找到庄生后，将一千两黄金交与他。庄生本不想收下，准备事情办成之后将这些黄金交还给范蠡。庄生次日上朝，对楚王说："臣夜观天象，楚国将有大难，望陛下大赦天下，以解楚国之难"。楚王听后大惊，忙令大赦囚犯。范蠡的长子听说二弟被赦免了，觉得这一千两黄金白送了，就到庄生处要了回来。庄生觉得自己受到戏弄，连夜到楚王那里说："京城到处传言陛下收受了范蠡送来的大批金银珠宝，所以您才会赦免他的儿子。"楚王听后大怒，为了证实自己的清白，唯独将范蠡的次子斩首了。当长子带着一千两黄金和次子的尸首回来，范蠡扼腕长叹："我不让长子去，因其幼时生活艰难，必不甘心将一千两黄金拱手送人；小儿子自幼生活优越，不会将这些钱放在眼里。今日之事错在我呀"。

可见在谈判中选用人员是至关重要的一环。

3. 选择地点。从人的心理上说，越熟悉的环境，人的心情越放松，越生疏的地方，人们的戒备心理越强，谈判的双方都希望谈判的地点选定在自己的地盘上，或尽可能与己方接近的地方，以赢得心理上的主动权。一般谈判的地点会选在相对中立的地方，以示对双方的公平。

4. 选择时机。谈判时机的选择有时也会影响到谈判结果，应考虑到外在和内在的因素，确定恰当的谈判时间。

5. 制订谈判计划。谈判计划应尽可能的简洁，采用框架式的结构，应把总体目标分化成若干个小目标，在小的突破中积累成绩，最后达到最大限度的成功。

（二）开局阶段

1. 寒暄。众所周知，有什么样的谈判气氛就会有什么样的谈判结果，一个好的开端是成功的一半，所以，在双方进入实质性问题的谈判之前，营造友好和谐的氛围是必须的。

谈判双方对对方的问候必须是发自内心的，真诚的，才会打动对方。在谈判桌前，双方是各取所需，互惠合作的关系，你应当将对方看做是朋友，而不是敌人；是合作伙伴，而不是竞争对手。真诚的问候，亲切的眼神是拉近彼此距离的灵丹妙药，使双方在亲切友好的气氛中都获取更多的利益。所以双方应选择与谈判内容无关的话题，可以回顾以往友好合作的历史，谈论天气或双方共同关心的时事，以缓解谈判前的紧张气氛。

案例7-3

商务部长薄熙来在巴黎工商会举行的"中法中小企业合作洽谈会"上的开场白："中国只有卖出八亿件衬衫，才能进口一架法国空中客车380"。一下子消除了法国工商界对中国纺织品的恐惧心理为接下来的谈判奠定了良好的基础。

2. 概说。在此阶段双方提出自己初步的谈判要求。在谈判过程中，控制主动权的一方往往会赢得更多的利益，有经验的谈判人员总是根据谈判计划，恰当地提出自己的谈判目标，在增加透明度的同时，也可控制场上的主动。如报价，非整数定价会给人一种便宜精确的感觉，像1997.8元和2000元，前者让人感觉这个定价是经过深思熟虑的，而后者则随意性更强一些。

（三）交锋阶段

随着开局阶段的结束，己方的计划，对方的目标，双方利益的共同点和冲突所在，以及双方均未表露出来的内在需求已逐渐趋于明朗，谈判气氛开始变得紧张，有时会达到剑拔弩张的程度。狭路相逢智者胜，在这一阶段，双方为争取更多的利益，要尽量展示自己的优势，运用各种方法和技巧，促使有利于己方的谈判结果逐一确定。在整个谈判过程中，这一阶段是最关键的。

1. 讨价还价。讨价还价是在双方报价的基础上，"后发制人"。了解对方报价的虚实，根据自己所确定的最低底线寻求双方都能容忍的临界点，以取得最佳的谈判结果。在此期间，对对方的报价，可以逐项还价，也可以分组还价或整体还价，谈判人员要有自信、顽强、穷追不舍的态度，要稳扎稳打，步步为营，保持优势，要相信自己的不懈努力总会有所收获。

2. 让步妥协。让步妥协是每一场谈判中都不可缺少的。每个让步都是对己方利益的损害，所以不要作出无谓的让步或一次性大幅度的让步，那样会让对方认为仍可争取到进一步的利益。所以，应让你的每一次让步都获得更多的保证，让对方知道你是付出努力和代价的，以求得利益上的均衡。

（四）成交阶段

谈判者必须把握成交时机，双方均可采用暗示成交法、从众成交法、保证成交法等方式尽快把谈判成果用文字形式确定下来。针对成交时可能存在的一些障碍，查找原因，逐项解决，灵活机动，以实现既定的谈判目标。在此阶段，应重点关注措辞，要咬文嚼字，避免在理解上出现歧义，内容的规定要明确具体，不能出现诸如尽力、努力、争取等模棱两可的词语，以免在合同履行过程中出现不必要的纠纷。

二、公共关系谈判的技巧

由于谈判的对抗性，双方对有些问题会各执己见，毫不让步，这就需要采用一些谈判中常用的技巧，以尽快地、满意地达成协议。

（一）倾听的技巧

在谈判中，倾听是前提和基础，要善于"听"出对方话语中所包含的需要，听出他的话外之音，言外之意。要不带有偏见，不先入为主地倾听，从其声调、语气、表情、肢体语言中发现动机和需要，并据此调整自己的谈判策略。不打断对方的话，让他把话说完，完整地理解对方的意思。听的时候要不断给自己提问题，如对对方的话语有疑义，可向对方提问，来印证你是否理解错了，"对于您所说的……我可以这样理解吗？"，"对不起，我没听懂您刚才的话，您能不能再重复一遍？"倾听时要做到"耳到、眼到、心到"，这样才能产生良好的倾听效果。

（二）提问的技巧

为了摸清对方的虚实，了解对方的实际需要，掌握对手的心理态度，控制谈判的进程，必须不失时机地、适时地提问，以争取更多的主动权。提问是谈判中非常常用的一种技巧，在很多时候，提问的方式决定着答案。因此提问时应注意以下几点。

1. 控制好情绪，不要让自己的急躁情绪外露。
2. 要用正常语速，正常的音量发问，显示自己从容不迫，有自信心。
3. 密切注意对方的一举一动，随时掌握对手的心理反应。
4. 带有暗示性，引导对方在你给出的答案中选择。
5. 不盘问，不审问，平等真诚的提问。

案例7-4

有一个人问神父："我祈祷的时候可以吸烟吗？"神父说："不行"。而另一个人则说："我吸烟的时候可以祈祷吗？"神父回答："当然可以"。同样的事情，不一样的结果，为什么？因为提问的方式。

（三）用事实去否定的技巧

谈判者在谈判中为了使最终达成的谈判协议能够更多地有利于自己，会故意制造谬误，以求乱中取利，为了反驳对方的错误观点，要举一些对比鲜明、无可置疑的事实和道理，以明辨真伪，要知道"事实胜于雄辩"，数字有时比语言更有说服力。

案例7-5

1961 年，在周总理主持的一次记者招待会上，一个外国记者以挑衅的口吻问周恩来总理："中国这么多人口，是否对别国有扩张领土的要求？"周恩来义正词严地回答："你似乎认为一个国家向外扩张是由于人口过多。我不同意你这种看法。英国的人口在第一次世界大战以前是4500 万，不算太多。但是英国在很长时间内曾经是"日不落"殖民帝国；美国的面积略小于中国，而美国的海外驻军达到150 万人。中国人口虽多，但是没有一兵一卒驻扎在外国的领土上，更没有在海外建设一个军事基地，可见一个国家是否向外侵略扩张，并不取决于他的人口多少。"

（四）设定最后期限的技巧

大多数谈判都是在最后期限或临近这一时间才达成协议的，有经验的谈判者会在谈判一开始就设定一个最后期限，当谈判陷入僵局，对方态度强硬，表示绝不让步时，可明示对方这一最后期限，促使对方痛下决心。从心理学角度讲，当某一最后期限到来时，人们会感到不安、焦虑，随着期限的临近，这种心理压力会逐渐增加，最后，迫不得已改变原来的主张，以求得问题的解决。运用这一技巧时要注意时机的把握，态度要真诚，让对方切实感到你的忍耐已到了极限，如果再不改变看法，将直接导致谈判的破裂。最后期限一旦确定，就不能随意更改，所以，在此之前要仔细考虑。谈判人员在提出最后期限时，要清楚这只是一种技巧，如果此举不成功，应预先想好退路或其他补救措施，避免出现两败俱伤的局面。

第三节　公共关系广告

广告是商品经济与社会化大生产的必然产物，它可以通过多种传播媒介传递大量信息，以商品信息为主要内容的是商品广告，以非商品信息为主要内容的是公关广告。企业通过反复播放的广告，使社会公众对商品或企业自身更加熟悉，并由此产生信任。

一、公共关系广告的特点和分类

公共关系广告是企业、政府、新闻媒体等社会组织借助大众传播媒介同社会公众沟通信息，以树立良好组织形象的宣传形式。也可以说公共关系广告是以品牌为中心的营销手段。

（一）公共关系广告的特点

1. 公共关系广告的真实性和全面性

公共关系广告必须立足于实际，不得以任何形式弄虚作假，蒙蔽或欺骗消费者。树立企业形象是一个长期的、系统的工程，不能靠一味地夸大的宣传达到目的。对企业来说，真实感人的广告是提高企业信誉、树立企业良好形象的主要形式，所以，公共关系广告必须坚持真实性的原则，为企业的长期稳定发展奠定良好的基础。

商品广告在公众推介新产品或新服务时，突出优点（允许艺术的夸张与夸大），针对目标公众的需求寻找契合点，从而使其产生购买欲望，公共关系广告则把商品和服务纳入其整体推介的框架中，将组织特色、经营模式、发展现状、长远目标等信息整合后告知公众，以达到提高组织知名度和美誉度的目的。公共关系广告对组织的宣传是全方位的，如果说商品广告推销的是某一商品或服务的话，公共关系广告推销的是整个组织形象。

2. 公共关系广告目标的长期性及系统性

随着现代社会科技水平的发展，企业间竞争的加剧，商品的更新换代也在不断地加快，商品广告更换的频率也在加快，因为商品广告必须与商品的寿命同步。而一个好的公共关系广告则应侧重于向公众介绍企业文化的内涵，强调企业的人文色彩，突出企业的总体形象，是企业公共关系活动的一个组成部分。随着市场经济的发展，人们感性消费趋势上升，对价值的关注程度远远大于价格，在人们的消费观念中，品牌的影响力越来越大，公共关系广告的作用不是提高某一商品的销售量，而是积极的去培养偏爱，不是偏爱某一种产品，而是某一品牌，这是公共关系广告的最终目标。这个目标的实现非一朝一夕之功，要有一个长期的、系统的计划。

3. 公共关系广告效果的间接性

企业通过销售商品获得发展，利用商品广告创造一种消费理由，以满足人们心理上对某种商品的期望。由于市场竞争的加剧，消费者已从单纯的消费功能中解脱出来，面对大量相似的同类产品，唯一凸显出来的差异就是品牌和组织形象。针对这种情况，企业必须以消费者的需求为出发点，走在消费者的前面，去创造消费，引领消费。公众通过公共关系广告认可、喜欢某一企业，有需要时才会购买该企业的产品，这是最稳固的销售模式，是"买我"和"爱我"的最大区别。

（二）公共关系广告的类型

1. 形象广告

自觉树立有利于企业长期稳定发展的良好形象，是现代企业一项非常重要的工作。企业形象广告是通过企业实力、经营目标、发展现状的展示，增强公众对企业的信任度和满意度。

2. 响应广告

以组织的名义响应社会生活中的某个重大主题，表达组织与社会的关联性与共通性，从而寻求社会公众的理解与支持而进行的广告就是响应广告。对政府的某项政策、措施或社会生活中的某项重大事件表示响应，也可对某个新开张或有重大庆典活动的组织、企业表示祝贺。

3. 公益广告

顾名思义，这类广告是把对大家都有益的行为、观念等向社会公众提示、告知、警示的社会性广告。公益广告的出发点是为了社会公益事业，内容可以是文明礼貌、社会公德，也可以是生态维护、节能环保，企业在劝导公众改掉某种陋习的同时也树立了富有社会责任感的良好形象。

案例7-6

中央电视台曾播过一条警告吸烟危害生命的公益广告。电视画面中，在醒目的位置上显出"吸烟"两个大字，背景上是吸烟危及健康的组合画面，"烟"字半边的"火"将一支香烟点燃后熊熊地燃烧着，烧出了一连串惊人的数字：全世界每年因吸烟所引起的死亡人数达300万人，占全年死亡人数的5%；世界上每10秒就有1人因吸烟而丧命；我国15岁以上男性吸烟率平均为61%；……深沉的画外音进一步做了本质的揭示：吸烟是继战争、饥饿和瘟疫之后，对人类生存的最大威胁。

这组惊人的数字，再加上这句振聋发聩的警告，从本质上说明了吸烟的危害，收到了良好的宣传警示效果。

4. 解释广告

当公众对组织某些情况因不了解而产生误解或不信任时，就某些问题做出合理性解释，或就企业的失误导致公众损失表达歉意的广告就是解释广告。无论起因为何，当公众对企业产生误解、不信任甚至抗拒心理时，企业都应及时反映，抓住问题的症结所在，尽快消除误解，承认错误，从而将对组织形象的不良影响降到最低。

二、公共关系广告的运作程序

公共关系广告的运作程序有设计、制作、发布和检测效果几个步骤。

（一）公共关系广告的设计

一说起广告设计，人们可能马上联想到"创意"、"销售"、"艺术表现力"等词语，实际上在形成广告创意之前，应考虑以下几个问题。

1. 定位。定位即确定位置，企业采用公共关系广告的形式在潜在顾客心中确定一个位置，一旦这个位置找到并最终确立起来，当消费者需要解决某一特定的消费问题时，首先会考虑某一品牌的产品。所以，一个公共关系广告的定位是否准确，决定了这个广告能否达到预期目的。公共关系广告的定位受这样几个因素影响。

（1）特定的目标公众。首先要确定这个广告是给谁看的。定位时应考虑目标公众，只有知己知彼才能百战百胜。每个企业都有自己特定的目标公众，这些公众的年龄、性别、知识水平、兴趣爱好、接收信息的渠道不同，决定了他们的购买理由、购买方式也有所不同。任何一个广告都不可能对所有人产生效果，想吸引所有人注意的广告实际上是不可能存在的。严格地讲，广告发挥作用是特定的企业采用特定的方式作用于特定的目标市场的过程。

案例 7-7

提到"动感地带"，人们会自然地把它和"麦当劳"、"周杰伦"、"街舞"等时尚新鲜事物联想到一起。正是由于动感地带在定位上的准确性，使得这个品牌深受年轻人的喜爱。除此之外，动感地带还与其他同类品牌进行异业结盟，扩大了它的受众群体范围，现在已经成为"最酷、最炫、最动感"的时尚符号。

（2）潜在顾客的消费心理。任何一个人在采取购买行为时都会给自己一个理由，比如便宜、外观时尚、名牌、方便耐用等，每一种理由背后都反映了一些人的看法，往往代表着一个消费群体，公共关系广告的最终目的是通过树立企业良好形象的方法来销售商品，所以，潜在顾客的消费心理是广告定位时必须考虑的，一个广告要有针对性地给潜在顾客一些消费理由，否则会让人感觉不知所云。

（3）企业自身的实力。发现企业自身的优势，通过广告传递给公众。悠久的历史、雄厚的实力会给人以可靠、稳妥的感觉，而以新型的产业为主的企业则应强调时尚、富有个性的企业特色，让目标公众认识、了解企业的特点，才有可能产生信任和赞美。

（4）产品最具竞争力的优势。突出商品在市场中的占有位置，对企业来说，非常清楚地知晓自己的产品之所以畅销的理由，是做公共关系广告之前必须了解的信息。

（5）通过广告要实现的目标。在做广告之前要目标先行，确立了目标才能有效的组织材料，才能有针对性地取舍，为最终实现目标奠定基础。

2. 确定广告主题。公共关系广告并不能改变企业，只是通过这种宣传方式引起公众的关注，改变公众的看法。好的公共关系广告必然是主题鲜明、突出，针对特定的受众群体，投其所好，达到树立良好形象的目的。常见的公共关系广告主题有：赢得信誉、展示实力、强调社会责任感、突发事件等。

3. 设计广告文案。广告文案一般由广告标题、正文、口号组成。

（1）广告标题。标题是广告成功的关键。很早人们就发现，只有20%的人看广告的正文，人们往往只看标题而忽略正文，因此标题在广告中的注目率最高，给人留下的印象也最深。世界上著名的广告大师都极其重视广告标题的创作。标题的制作应注意以下几方面。

① 标题应反映主题。标题要把广告的主要内容告诉公众，并能引起人们的兴趣，吸引公众关注广告的正文。

② 标题应简明扼要。特别长的或多行标题会给人以沉重、难懂的感觉，要在最短的时间内让公众明白广告的大概意思，一般以8～10个字为宜。

③ 富有创意。设计标题也是一种创作，应富有创意，千篇一律的面孔不会给人留下深刻的印象。如一家航空公司的一则广告标题，非常有新意："自12月23日起，大西洋将缩小20%。"它的实际内容就是告诉旅客飞机提高了飞行速度，但叙述的角度不同，给人的感受和印象也就不同，显得非常富有新意。

④ 要在标题中加入企业名称，便于公众重复记忆。

（2）广告正文。广告正文是广告的核心部分，是集中表现主题的，选用的词语也要围绕着这一中心。

一个广告只能突出一个主题，一次告诉公众太多优点等于没有优点，公众不会去分析孰重孰轻。用语要简明扼要、准确形象，尽量生活化，使用公众最熟悉的语言，让人倍感亲切。写作时不要使用太多的形容词，如"最佳的选择"，"绝对划算"，"包您满意"等，这些词会引起消费者本能的抵制和反感。应提供有价值的信息，不要去说那些生活中人人皆知的信息，比如冰箱制冷，空调调温，糖是甜的。最好在广告中给公众提供一些生活、商品或服务常识，让公众自主选择，以显示对消费者决定的尊重。

（3）广告口号。广告口号一般在广告的末尾，是一句简短的口号式语句。好的广告口号一旦确定卜来，会在较长时间内反复使用，以加深公众对企业形象的认知。有时一句好的广告标题也能变成广告口号，因其便于记忆，在广告中能起到非常重要的作用。其基本要求有以下几点。

① 简洁明快，尽量减少字数，一般以5个字为宜。如海尔的"真诚到永远"。

② 有节奏感，要上口，符合人们发音的习惯。如"高乐高，棒极了！"，"农夫山泉有点甜"。

③ 词句要有美感，给人以心灵的享受。如"孔府家酒，叫人想家"，"鹤舞白沙，我心飞翔——白沙集团"。

④ 呼应主题，重申广告的中心意思。如"脑白金，年轻态，健康品"，"科技，以人

为本——诺基亚"。

⑤ 包含企业名称，便于公众重复记忆。如"金利来，男人的世界"，"山高人为峰——红塔集团"。

（二）公共关系广告的制作

公共关系广告的制作要遵循广告特有的规律，要依据广告制作的原则，才能产生预期的效果。在现代广告中主要包含以下几种要素。

1. 文字。文字是一则广告的主要组成部分，向公众传递直接信息，引起注意，并留下深刻的印象。

2. 构图。当今大量的广告是视觉广告，由众多视觉要素组合而成，任何视觉广告都离不开构图。构图就是将一个广告中所包含的视觉要素以一定的顺序或按照内在的规律排列起来。总的说来，构图要均衡，符合人们审美观的构图会显得活跃、丰富、醒目并具有现代感。构图要适当的留白，留白是指广告构图中的空白部分。一个被文字、图形填得满满的广告效果是很差的。在今天这个信息爆炸的时代，没有人会有耐心去仔细探究某个广告想要表达什么意思，应用适当的空白来衬托广告的文、图，突出其中不寻常的美感和吸引力。

3. 色彩。在长期的社会生活中，人们出于各种需要赋予了色彩以内涵，大家公认的白色象征着纯洁，黑色代表神秘，金色意味着高贵，绿色预示着生命等，人们对色彩是非常敏感的，不同的色彩给人以不同的感觉。人们因为年龄、性别、性格和个人爱好的不同，对色彩的识别也有所不同，甚至不同国家的人对色彩的喜好也有很大的区别。中国人比较偏爱红色这是众所周知的，美国人认为灰色代表着昂贵和高质量。制作公共关系广告时色彩应根据目标公众的喜好来确定。广告中必须有一个主色和若干个辅色，主辅色之间要协调才能产生美感。

4. 附加价值。在广告中出现的除了主题之外的所有内容都是附加价值。通过附加价值可以强化企业形象、品牌形象；突出广告主题，使广告更有感染力和说服力；增大广告被注意的几率，引导视线，引发联想。就像广告中经常出现的美女、名人、孩子、自然景观等，都是为了使广告主题更加突出。需要注意的是，附加价值是为主题服务的，不能喧宾夺主，让附加的东西分散了公众对广告主题的注意力。

5. 音乐。这是电视广告中非常重要的组成部分。音乐与色彩一样，是广告中最瑰丽的表现主题的形式。音乐不仅能引起丰富的联想，而且极易被记忆。它能够鲜明反映主题的广告音乐和广告歌曲，甚至能起到"二次广告"的作用。

（三）公共关系广告的发布

广告不能自行传播，所以，广告制作完成之后，必须通过广告媒体传递给公众。大众传播媒介是企业与公众之间联系的纽带和桥梁，在整个传播的过程中，媒体的选择至关重要，应根据广告主题的需要选择最佳媒体或媒体组合，在最合适的时机，花最少的钱，达到最好的传播效果。不同的媒体有不同的特点，如传播空间的大小，影响力的高低，费用的多少。在整个广告宣传活动中，媒体的费用支出占总支出的很大比重，媒体选择错误，可能导致前功尽弃，全盘皆输的结局，所以对广告媒体的选择就至关重要。

1. 广告媒体的分类。由于科技水平的不断提高，广告媒体的形式越来越多样化。常见的有以下几种。

（1）电子媒体。如电视、广播、网络等。

（2）印刷媒体。如报纸、杂志、宣传品、书籍等。

（3）户外媒体。如霓虹灯、灯箱、广告牌、招贴画等。

（4）交通媒体。如各种交通工具、路牌等。

（5）邮寄媒体。如商品目录、产品说明书、传单等。

（6）售点媒体。如物品陈列、橱窗摆设等。

（7）礼品媒体。如手工艺品、台历等。

2. 广告媒体的选择。正确选择广告媒体应从以下角度考虑。

（1）企业自身的特点。不同的企业，其生产经营也是各具特色，因此，要根据企业自身的特点有针对性地选择不同的媒体。如商品零售企业，因为面对的是大量分散的顾客，最好选择电视，报纸等传播范围广、影响力大的媒体，生产机械加工设备的企业，因其公众的单一性，所以应有针对性地选择印刷媒体、礼品媒体等信息传播形式，从而达到更好的宣传效果。

（2）商品的特点。每一种商品都有其独特的优势所在，发布广告也应考虑使用能将商品的优点体现得最完善的媒体。商品种类不同，销售方式不同，销售范围不同，决定着媒体也要有所不同。电视媒体的图文并茂、声情并茂能更好地增强儿童玩具的吸引力；大件、耐用家用电器的销售应侧重宣传册等内容详实的印刷媒体。

（3）目标公众接受信息的渠道。广告的制作与发布都是针对特定的对象，所以必须了解他们接收信息的渠道，有的放矢，才能取得很好的传播效果。生活中人们因为年龄、职业、文化修养、爱好的差异，经常接触的媒体形式也有所不同。如一些使用高档化妆品的女性，她们更容易受时尚杂志的影响；那些前卫、讲求个性的年轻人，网络媒体在他们的生活中占有很重要的地位；老年人往往更喜欢听广播，家庭主妇则会受到商场散发的宣传单的吸引。

（4）媒体独有的特点。任何媒体都有自己特定的优点，特定的传播范围，特定的传播对象。对企业来说，媒体本身无所谓好坏，要从广告宣传的目的出发，确定最合适的媒体。媒体的传播范围的大小会直接影响到目标公众能否接受到该信息，在一定范围内，媒体的影响力是否能达到广告宣传的要求。还有最重要的一点就是媒体的成本，收费高不一定就代表宣传效果好，低投入不意味着回报少。发布广告之前，最好多选择几种媒体，将其成本进行比对，以求花费最低效果最好。

（四）公共关系广告传播效果的测定

公共关系广告传播效果是指广告通过广告传播媒介传播之后在公众中产生的作用。一个广告发布出去之后，或多或少都会对社会产生一定的影响。具有真实性、思想性和艺术性的广告不仅可以赢得公众的好感，还会产生一系列的深远影响。广告传播效果的测定是完整的广告活动中不可缺少的组成部分，是检验广告成败的重要手段。

成功的广告应具备的特征有以下几点。

（1）广告能立刻引起注意。心理学研究表明，一种新信息的接受过程起码有三个要素，就是注意、理解、接受。广告对消费者心理的影响过程，也与此直接相关。注意、关注是产生说服力的前提，不能吸引人们注意力的广告有再好的创意和设计也不可能达到预期的效果，广告首先要有能使人看下去的兴趣，这就意味着成功的可能。

（2）能引导人们去关注广告的主题。一个广告应该吸引人们的视线去看主要的部分，即广告的主题，而不是其他，尤其是广告的附加值，不能喧宾夺主，因为附加值是为了更好的表现广告的主题而存在的，要突出主题这一直接信息。

（3）主题必须简单易记。随着人们生活节奏的加快，广告被关注的时间也随之缩短，既然看到了这个广告，就应该让人在短时间内记住广告的主要内容，看一眼就忘是不可能实现广告的目的的。人记忆的特点是记特征，忽略细节，如一个人很高就比一个人1.87米容易记忆，根据这种特点，广告的主题要简单、鲜明，采用人们生活中喜闻乐见或者新奇生动的方式去突出主题，才能产生预期的效果。

（4）能引起预期的联想和感觉。人们在看广告的过程中，并不是全盘接受，而是经过思考、筛选之后，在自身经验的基础上，加以联想，从而最终确立一个产品或企业的形象。广告表达主题的方式不能引起公众相反的联想和感觉，比方说，用非常鲜艳的颜色想要突出产品的时尚感觉，公众看了之后觉得太花哨了，非常幼稚，结果很可能是事与愿违。

在一个成功的广告中，这四点不是简单的先后关系，而是并存的，它们之间存在着内在的逻辑关系，决定着一个广告的质量。

为了科学地测定广告传播效果，要根据广告的特点确定适合的方法，才能取得更好的测定效果。广告测定的方法主要有：广告销售效果的测定、广告传播效果的测定和广告社会效果的测定。由于公共关系广告不直接促销商品，所以，广告播出后对销售的影响不可能短时间内显现出来，广告的社会效果又涉及社会生活的方方面面，测定的结果往往不能反映全部事实。在此，只介绍广告传播效果的测定。

公共关系广告传播效果的测定一般采用抽样调查、问卷调查等方法，测定内容包括注意率、阅读率、视听率、认知率、记忆率等。

（1）注意率是指曾注意过广告的人数与被调查的总人数的比例。用公式表示：

注意率 = 看过该广告的人数/被调查的总人数 × 100%

（2）阅读率是指通过报纸、杂志等途径认真阅读过广告的人数与被调查的总人数的比例。用公式表示：

阅读率 = 认真看过该广告的人数/被调查的总人数 × 100%

（3）视听率是指通过广播、电视听到、看到广告的人数与拥有电视机或收音机的总人数的比例。用公式表示：

视听率 = 广告节目的视听人数/拥有电视机（收音机）的总户数 × 100%

（4）认知率是指能分辨广告的人数与看到或听到广告的总人数的比例。用公式表示：

认知率 = 认知广告名称的人数/广告节目的视听人数 × 100%

（5）记忆率是指在认知的基础上，能记忆广告主要内容的人数与看到或听到广告的人数比例。用公式表示：

记忆率 = 记忆广告的人数/广告节目的视听人数 × 100%

第四节 公 关 文 书

一、日常公关文书

1. 通知

通知应用范围很广，可以传达上级指示，可以批转下级机关公文，转发上级机关、同级机关、不相隶属机关的公文。

（1）公关人员处理的最常见的通知种类有

① 批转类通知　主要用于印发行政管理规章或重要讲话，转发上级机关或不相隶属机关公文，批转下级机关的公文。

② 指示类通知　用于上级机关向下级机关、所属单位布置任务和下达指示性措施的公文，是运用最多的一类通知。

③ 事务类通知

任免类通知。上级机关在任免下级机关领导人或上级机关的有关人事任免事项需要下级机关知晓时使用。

会议通知。党政机关、人民团体、企事业单位为召开某一会议而郑重发出的文件。

一般类通知。指启用印章、催报材料、变更作息时间等事物的通知。

（2）通知的结构

① 批转类通知　要求写明三部分：通知的目的或陈述转发的理由；对受文单位提出贯彻执行的具体要求；根据具体情况做出的补充性规定。

② 指示类通知　要写明两部分：通知的缘由、意义、依据和任务；内容要求和措施、办法。

③ 事务类通知　要求写明两个部分，包括：通知的缘由（背景、目的、依据）；通知的具体事项（要求、措施、办法）。

④ 任免类通知　写清决定任免的时间、机关、会议或依据的文件以及任免人员的具体职务。

⑤ 会议通知　写明召开会议的名称、目的、议题、时间、会址、对参加会议人员的要求（如准备发言、文件、论文、生活用品等）、注意事项以及筹办会议单位名称、联系人、联系地址、电话号码、电报挂号、会议食宿安排、去会址路线、接洽标志等。有的通知后面还要附上入场凭证或请柬等。

2. 信函

信函是各种组织之间在公务活动中处理大小公务的专用信件的总称。它的使用范围很广泛，既可以用于上下级之间，也可以用于平行的不相隶属的部门单位之间。

信函分为公函和便函。公函，是指具有较完整的公文格式的信函，内容也较多为正式的公务事项，使用公函显得较郑重、正规。

便函，是一种没有完整公文格式的信函，它是公关人员处理一般事务用的简便函件，与私人信件相似，可用组织信笺缮写，不编列发文字号，无标题，但必须加盖机关单位印章。它不属于正式公文。

3. 介绍信

介绍信是机关团体、企事业单位派人到其他单位接洽事宜、联系工作、了解情况或参加各种社会活动时用的一种专用书信，它有两种类型：一种是印好格式的介绍信，用时按空填写即可；一种是用公用信笺书写的介绍信。它具有介绍、证明的双重作用。

介绍信主要有两种形式，普通介绍信和专用介绍信。

（1）普通介绍信。普通介绍信一般不带存根，用公文纸书写：

在公文纸正中的地方写"介绍信"三个字，字要比正文大些；联系单位或个人的称呼；被介绍人的姓名、身份、人数（派出人数较多，可写成"×××等×人"；接洽事项和向接洽单位或个人提出的希望。最后可写上"请接洽"、"请予协助"、"此致敬礼"等语；本单位名称和写信日期，加盖公章；最后说明介绍信的有效期限。

（2）带存根的印刷介绍信。有规定格式，使用只须填上有关内容。专用介绍信共有两联，一联是存根，另一联是介绍信的本文。两联正中有间缝，同时编有号码。

二、社交礼仪类公关文书

1. 欢迎词、欢送词、答谢词

欢迎词、欢送词、答谢词，是指特定的公共礼仪场合所发表的讲话。主人致欢迎词或欢送词，客人对主人的热情接待和关照致答谢词。

内容包括：

（1）标题

在第一行居中的位置上写上欢迎词或欢送词或答谢词。

（2）称谓

另起一行顶格写致辞对方的姓名、头衔，既可以是广泛对象，也可以是具体对象。称呼后加"："以示引领全文。

（3）正文

欢迎词主要陈述举办活动的目的、宗旨与意义，简介活动安排的内容程序，陈述双方的友谊；欢送词主要陈述对对方来访的感谢，表达依依惜别之情；答谢词主要陈述对主人的盛情表示感谢，表达出自己良好的感受、印象，希望与之进一步发展友情。

（4）结语

再一次用简短的语言表示欢迎、欢送或感谢。

2. 请柬、聘书

请柬，又称邀请书或请帖，是单位、团体或个人为了邀请客人参加某项活动而发的礼仪性书信。使用请柬，既可以表示对被邀请者的尊重，又可以表示邀请者对此事的郑重态度。请柬通常情况下可以分成以下会议类请柬（用于庆祝会、纪念会、座谈会等）、活动类请柬（用于典礼仪式、活动宴请等）。

其内容包括：

（1）标题

居中表明"请柬"、"请帖"字样。"请柬"前亦可加上活动的名称。"请柬"二字也可标于经过艺术加工、美观庄重的信柬封面之上。

（2）称谓

定格写被邀请者的单位或个人姓名。个人姓名后面加上"先生"、"女士"等相应的称呼。

（3）正文

交代会议或活动的时间、地点、内容等。如有其他要求，亦在此写出，以便被邀请者准备。文末多写"敬请参加"、"恭候光临"等礼貌用语。

（4）落款和日期

在正文右下方签上邀请单位或个人的名称，同时签上年月日。

3. 海报

海报是人们极为常见的一种招贴形式，公共关系活动中多用于比赛、文艺演出等活动。海报的语言要求简明扼要，形式要做到新颖美观。

海报一般由标题、正文和落款三部分组成。

（1）标题

海报的标题写法较多，大体可以有以下一些形式：

① 单独由文种名构成。即在第一行中间写上"海报"字样。

② 直接由活动的内容承担题目，如"舞讯"、"球讯"等。

③ 可以是一些描述性的文字，如"×××文艺演出"。

（2）正文

海报的正文要求写清楚以下一些内容：活动的目的和意义；活动的主要项目、时间、地点；参加的具体方法及一些必要的注意事项等。

（3）落款

要求署上主办单位的名称及海报的发文日期。

4. 公关简报

简报，它是各种组织在公关活动中，用以反映情况、交流经验的一种简明扼要、及时迅速又带有报道性的汇报文件。简报是一种内部刊物，只限于组织内部传播，一般是定期出版。其内容不局限于组织内部，还登载与本组织活动有关的，来源于其他方面的文稿、摘录和改编的材料。组织的领导层和各职能部门通过公关简报这个窗口，可了解形势，交流信息。

简报的种类分为综合简报、专题简报、会议简报三类。

简报的书写格式，一般包括报头、正文、报尾三个部分。

报头在第一页的上方，写有简报的名称、期数序号、编制者、编写时间。

正文按各篇文章的重要性排次序。报头与正文之间用一横线隔开。简报的写作必须注意做到简短、明快，用尽可能少的文字说清楚必须说明的问题。讲究时效，反映迅速，内容实在，不空洞。

报尾在简报最后一页下方，写有分发单位、印发份数，注明主送单位或个人姓名。报尾与正文之间也要用一横线隔开。

 情景导出

忙忙碌碌中，小张又学到了很多知识。明白了开展公共关系活动时，需要采用的一些为公众喜闻乐见的方式和技巧，比如公关广告、演讲。公共关系广告是利用大众传播媒介推介、树立企业良好形象，为达到企业最终目标服务。公共关系人员有时需要通过演讲的

方式去说服公众，确立自己的观点，所以，演讲是公共关系活动中非常重要的一个环节。这些都给了小张很多启发，让他感到自己工作上又长进了不少。

思考、实训与案例分析

【复习与思考】

1. 你认为好的公共关系广告应具备哪些要素？
2. 进行谈判时应注意哪些问题？如果谈判对手态度强硬，应如何应对？
3. 公共关系简报写作中有哪些注意事项？

【实训】

1. 结合前面的分组，给本小组成立的"公司"制作一则形象广告，写出广告文案来。
2. 结合前面的分组，两个小组之间选择议题，进行模拟谈判，并给学生将全过程录下像来，边回放边点评。
3. 要求每位学生自由选择话题做一个三分钟演讲，内容可以是自我介绍，也可以是本"公司"产品的推介，要求声情并茂、富有特色。

【案例分析】

万宝路的广告

万宝路香烟广告很有特色：一位英俊粗犷的美国西部牛仔骑着一匹棕色的高头大马，在美国西部辽阔无垠的绿色草原上昂首奔腾。同时，一股荡气回肠的画外音："这就是万宝路的世界"。整个画面没有出现香烟，万宝路广告也根本不提香烟，他只是告诉观众，享受万宝路香烟就如同享受自由自在的、豪放不羁的旷野跑马生活。

万宝路广告给人留下了深刻的印象，品牌形象深入人心。

分析与讨论：万宝路的广告为什么会促使品牌形象成功？从公关的角度进行分析。

林肯的辩护

林肯在出任美国第 16 任总统之前，曾是一位著名的律师，因在辩护中说理充分，例证丰富，逻辑性强，善于捕捉听众心理而负盛名。有一天，一位老态龙钟的妇人来找他，哭诉自己被欺侮的事。这位老妇人是美国独立战争时一位烈士的遗孀，每月就靠抚恤金维持生活。前不久，出纳员竟要她支付一笔手续费才准领钱，而这笔手续费等于抚恤金的一半，这分明是勒索。素有修养的林肯听后怒不可遏。他安慰老妇人，答应帮助打这个没有凭据的官司。因为那个狡猾的出纳是口头进行勒索的，法庭开庭，原告申诉之后，被告果然矢口否认。因无证据，形势对老妇人不利。这时，林肯缓缓站起来，上百双眼睛盯着他，看他有无办法扭转形势。林肯首先以真挚的感情述说独立战争前美国人民所受的深重苦难，述说爱国志士如何揭竿而起，怎样忍饥挨冻地在冰天雪地里战斗，洒尽最后一滴血。讲到这里突然间他的情绪激动起来，言辞犹如夹枪带棒，锋芒直指那个企图勒索烈士遗孀的出纳员。

他说："现在事实已成陈迹。1776 年的英雄，早已长眠地下，可是他们那老而可怜的遗族，还在我们面前，要求代她申诉。不消说，这位老妇人从前也是位美丽的少女，曾经有过幸福愉快的家庭生活，不过她已牺牲了一切，变得贫穷无依，不得不向享受着革命先烈争取来的自由的我们请求援助和保护。请问，我们能熟视无睹吗?!"

发言至此嘎然而止。听众的心早被感动了：有的捶胸顿足，扑过去要撕扯被告；有的眼圈泛红，为老妇流下同情之泪；还有的当场解囊相助。在听众的一致要求下，法庭通过了保护烈士遗孀不受勒索的判决。

分析与讨论：林肯的演讲是如何打动人心的?

第八章　危机管理

 学习目标

　　了解公关危机的类型、特征，认识危机发生、发展的阶段。掌握危机发生不同阶段的处理策略与方法步骤。学会运用危机处理的原则与技巧。

情景导入

　　一消费者买了兴达企业生产的一箱饮料，结果发现其中一瓶有异物。于是，他与当地经销商进行了交涉，要求赔偿。经销商找到企业售后，售后人员说研究后给予答复，但此后便没了下文。交涉多次没有结果，消费者一气之下，把有异物的饮料拿到当地一家颇有影响的报社，该报社遂派记者到兴达进行暗访。并将消费者反映的问题以及记者在兴达中所拍摄的材料公诸于众，企业一时陷入危机。领导责成公关部火速拿出方案来，小张他们着急了，怎么办呢？

第一节　危机概述

一、危机的特点与类型

　　现代社会是一个竞争日益激烈的多元化社会，任何企业都处于风云莫测的环境中，企业无法避免随时可能发生的危机。英国著名公共关系专家弗兰克·杰夫金斯说："今天，我们生活在化学、核能、电气外加恐怖危机之中，必须承认，如不采取措施防止最大可能的危机，任何事情都可能发生。"危机轻则影响组织正常运营，重则危及组织的生存发展。

相关链接8-1

　　根据上海交通大学舆情研究实验室、舆情网在沪联合发布的《2010 中国企业舆情与危机公关年度报告》。报告对 2010 年 50 起重大企业危机事件进行分析，包括富士康 N 连跳事件、腾讯 360 事件、霸王洗发水致癌、中石化红色漏洞门、惠普电脑质量门、紫金矿业污染、国美股权之争、美的紫砂门等。研究发现，民营企业的危机事件所占比重最大，达到 50%，其次是国企，占 26%；第三是外企及港澳台企业，占 24%。上半年外企和港澳台企业危机频发，下半年危机聚焦于国企和民企。

（一）危机的含义

一般说来，危机是指危及企业形象和生存的突发性、灾难性事故与事件。它通常会给企业和公众带来较大损失，严重破坏企业形象，甚至使企业陷入困境。人们通常所说的危机，其外延非常广泛，如财政危机、金融危机、经济危机、能源危机、军事危机、管理危机等等。

（二）公共关系危机的含义

公共关系危机是公共关系学的一个较新的术语。英文为 Public Relations Crisis，专指灾难或危机中的公共关系。从一般意义上来说，所谓公共关系危机，是指由于组织内部或外部的种种因素，严重损害了组织的声誉和形象，使组织陷入了强大的社会舆论压力之下，并处于发展危机之下的一种公共关系状态。

公共关系危机是公共关系在危机中的开发和应用，是处理危机过程中的公共关系。当危机事件发生时，公关工作人员要从不同的方面予以调查、处理和解决。公共关系是危机管理或问题管理的重要组成部分。

（三）危机管理的含义

危机管理是对危机的产生、发展、变化实施的有效控制，其目的就是通过公关等一系列手段使危机对组织的负面影响降低到最低限度。因此，如何进行危机管理就成为公共关系工作最重要的方面，也成为公共关系的最大价值所在。当组织发生危机时，组织就处于高知名度、低美誉度的状态。危机往往给企业带来巨大伤害，使企业不得不正视危机管理。

（四）引起危机的事件类型

引起危机的事件是指突然发生的危及公众生命财产安全，对企业形象造成严重损害的恶性事件。引发组织公共关系危机的原因是多方面的，公共关系危机按不同的标准可以划分为为不同的类型。准确认识和判断公共关系危机的类型，是组织成功地进行公共关系危机处理的前提和保证。

1. 按形成危机的原因，可将公共关系危机划分为以下三种类型。

组织行为不当引起的危机。由于组织行为不当，如产品或服务有质量或性能有问题及缺陷，导致危机发生；由于投资、购并、体制、债务、供应或人事行政等管理方面的原因导致危机发生。

由不可抗拒的外部力量所引起的危机。组织自身行为并无不当，由不可抗拒的外部力量所引起的事件。外界的突发事件产生，如：因自然灾害、战争、恐怖活动、宏观政策调整或外交风云导致。

媒体失实报道引起的危机。组织行为并无不当，也无突发事件产生，但因媒体曝光，或媒体报道失实，使企业美誉度遭受严重考验，从而发生危机。

2. 按危机表现形式，可分为信誉危机、产品危机、财务危机和财产危机。

3. 按危机的严重程度，可分为重度危机事件和轻度危机事件。

（五）公共关系危机的特点

产生公共关系危机的因素很多，但不同类型的公共关系危机都具有共同的特点，把握危机的特点，有助于组织做好危机管理的各项工作。

1. 突发性。尽管有的危机可能有很长的潜伏期，但它的表现形式必然是带有突然爆发的特点。例如康泰克 PPA 事件、南京冠生园陈馅月饼事件等，都是在企业毫无准备的情况下发生的，给企业和社会带来极大的混乱和惊恐。

2. 紧迫性。危机一旦发生，就有飞速扩张之态势，它就会像一颗突然爆炸的"炸弹"，具有在短期内向更大范围、更多领域蔓延的能量，在社会中迅速扩散开来，对社会造成严重的冲击。必须在最短的时间内作出判断、提出应对方案、作出决策。

3. 危害性。从火灾、爆炸、飞机失事、有毒气体和放射性物质的泄漏到原油、化学物品、工业废料的溢排以及恐怖分子的活动、计算机灾难，现代危机的种类已变得繁多复杂，涉及面广，危害性大，任何危机事件不仅会给组织的经济利益和声誉造成不利的影响，破坏组织的正常运转或生产经营秩序，带来严重的形象危机和巨大的经济损失，而且给社会也会造成严重的危害，给社会公众带来恐慌，甚至造成直接的损失。

4. 可变性。危机事件是可变的，可以发生，也可以消除。任何一种危机事件的出场都是事物运动、发展、变化的结果，无论是什么程度的危机事件，不存在不可收拾的情况。根据危机不同的危害程度，制定相应的处理措施，让它在我们力所能及的范围内得到扼制、扭转和向好的方向发展。

5. 舆论的关注性。危机的爆发能刺激人们的好奇或恐惧心理，容易形成舆论、新闻媒介关注的热点。随着现代传播业大发展，特别是互联网的出现，组织所发生的危机，能以很快的速度在地区、全国甚至全球范围内传播开来，引起社会和各类公众的极大关注，进而在相当的程度上对组织的声誉产生影响。

二、危机产生的原因

任何危机的出现，都是事物在复杂的发展运动中，组成事物的各种因素之间综合作用的结果。每一项事物都有和其他事物存在着这样、那样的相互联系，而这些联系又随时随地发生着不同形式的变化，任何一个环节和因素的改变，都会导致事物结果的变化。分析公关危机出现的原因，也要分析构成公关的各个组织要素，考察它们的构成和变化，这是认识公关危机产生原因的本质所在。

（一）危机产生的内部原因分析

内因是条件，外因是根据。从组织内部环境角度剖析危机产生的原因，无疑为组织危机管理奠定了坚实的基础。引起组织危机的内部环境原因主要有以下几个方面：

1. 组织内部成员危机意识淡薄。由于中国社会发展的阶段和特点，组织成员把危机仅仅定义为特殊现象，认为此类事件发生机率比较低，不一定需要上升到日常管理的层面和达到时时关注的程度。部分管理者没有正确的公共关系理念，在组织利益与社会利益相矛盾时，首先想到的是如何维护组织自身利益，以致危机发生之前，不知道"患忧"；而一旦危机发生，有些组织机构固守"内外有别、内紧外松"的宣传方式，错失解决危机的最佳机会；有的则采取"踢皮球"、"大事化小、小事化了"的做法，拖延、隐瞒甚至谎报，放任危机恶化，使问题演变成一场危机。

2. 法律法规知识匮乏。组织经营活动的正常开展，除了必须遵循组织经营的基本准则和社会伦理道德之外，还必须要守法，严格依法办事。因为现代社会是法制社会，市场经济是法制经济，组织的任何一员是否具有法律意识，是否知法、守法，是否将组织的经营活动置于法的监督、保护之下，这对于正常开展经营活动，规范组织管理行为，树立良好的组织形象有关十分重要的意义。

3. 组织的侥幸心理的危害。侥幸心理通常是指同行或竞争对手发生了危机事件，但由于时间或区域的原因，并非本组织的危机，此时组织会认为危机与自己无关，从而任由事态的发展。存在"危机不一定发生，发生不一定扩大，扩大不一定与我有关"的侥幸心理和观望态度。

4. 组织自身决策违背公众利益。在现代社会，组织的决策与行为应自觉考虑到社会的利益，"与公众同发展"。如决策违背公众和社会环境的利益要求，就有可能使组织利益目标与社会利益目标相对立，从而引以公众对组织的抵触、排斥和对抗，使组织陷入危机中。

5. 危机预防管理体系不健全。组织的危机预防管理是一个非常体系化的庞大系统，人事制度、财务制度有缺陷，带来的只是管理的失误，营销策略有问题，带来的只是产品销量的下降，这些问题都是可以通过组织内部管理调整改变的，唯有危机的管理，是根本不以组织意志为转移的，是由外部因素和内部缺陷共同作用才引发的，具有极强的突发性和不可预见性，一旦发生，组织必受重创甚至走向灭亡，将多年辛苦经营毁于一旦！

6. 组织的传播沟通渠道不顺畅。许多组织在传播沟通意识上还存在两大"盲点"：一是无限制扩大企业机密范围，追求事事保密、层层设卡，惟恐公众知晓企业的决策内容。二是只知道信息的单向发布，不知道信息的及时反馈。对外界发展变化缺乏迅速反馈的机制，失去了对传播媒介的监控。组织犯了无视沟通或传播沟通意识淡薄的毛病，从而酿成组织形象危机。

（二）危机产生的外部原因分析

引起组织危机的外部环境原因主要有以下几个方面：

1. 管理人员不懂法，严重的法律法规教育空白是组织危机的重要源泉。

2. 政府监管体制的乏力。我国的市场中介机构与政府部门根深蒂固、千丝万缕的联系造就了监管上的软弱。政府工作与企业管理脱节，首先表现在政府部门对企业的管理置后，事前教育极为稀少，事后处罚层出不穷。

3. 媒体监督与媒体竞争是组织危机发生的导火索，媒体永远是引发组织危机的导火索，忽视媒体公关后果往往非常严重。

4. 行业协会自律作用的淡化。行业协会的主要功能在于联系本行业或本分支的从业者，进行行业自律方面的建设，同时为同业者提供交流的机会和场所，进行政府组织的公共活动，替本行业争取利益。行业协会还提供信用管理的专业教育，举办从业执照的培训和考试，举办会员大会和各种学术交流会议，发行出版物，募集资金支持信用管理研究课题等。

5. 忽略公众的态度是组织无法避免的危机源泉。对待公众的态度未能及时回应，组织往往要付出不小的代价。

6. 以索要高额赔付为目的的投诉、恶意敲诈、假冒伪劣产品和不可预防的突发事件使组织防不胜防。

第二节　危机管理的过程

公关危机分为潜伏、爆发与蔓延、平息三个阶段。相对应的危机管理分为应该是危机预警、危机处理、危机善后三个阶段。

危机预防着眼于未雨绸缪、策划应变，建立危机预警系统，及时捕捉企业危机征兆，及时为各种危机提供切实有利的应对措施。最好、最完善的危机公关是把公关危机"扼杀在摇篮中"。英国危机管理专家迈克尔·李杰斯特认为，预防是解决危机的最好方法。美国学者戴维斯·扬所说："面对任何危机，你首要的目标是尽快结束危机。比这更重要的是要做到防患于未然。"预防是危机管理的重要组成部分，涉及组织管理的各个环节、各个岗位以及每个员工，是一项复杂的系统工程。任何组织都应重视公共关系危机预防工作，运用科学方法和手段进行危机的预防管理。

一、危机预警

（一）强化危机意识

危机意识是危机预警的心理基础。而要强化公众的危机意识，就必须加强危机教育，要做到居安思危，帮助公众掌握基本的识灾、防灾知识与技能，这样才能使他们处危不乱，进行有效的自我救助和互助。提升公众的危机意识与应对能力。

（二）成立危机管理机构

成立危机管理机构是顺利处理危机协调各方关系的组织保障。其具体的组织形成可以是独立的专职机构，也可以是一个跨部门的管理小组。其人员组成可由组织领导人、公关部、生产、后勤、人事、安全、销售等部门的人员共同组成，其主要职责是：对各种危机情况进行全面、清晰的预测；为处理危机制订相关的策略和计划，并根据情况的变化适时修订调整更新计划；监督和引导有关方针和步骤的正确实施；有计划地组织危机管理培训和演习，提高组织应对危机的能力；构建危机处理网络，根据组织可能发生的危机，应与可能参与处理组织危机的有关单位联系，形成网络，并向这些单位告知可能出现的危机及要寻求的帮助，以便危机出现后能及时有效地进行沟通与合作；在危机发生时，对全面工作进行有效的解决。

（三）建立危机识别系统

需要通过多种途径与渠道做好舆情监控，重视网络舆情监控体系的构建与相关制度的建设，从而能有效地对可能发生的危机作出预测、分析。如：组织可能发生哪些危机，危机可能具备的条件及时机，它对各方面可能带来的影响。要搞好进行舆情监控，搞好危机预测分析。

危机的识别

作为公共关系工作人员，可以从如下几个方面去搜集、发现和识别可能存在的危机：

（1）时刻关注和分析国家宏观经济环境。要重点着眼于国家重大经济政策的出台、国家领导人就经济的重要讲话、工业生产总值、经济增长率及增长曲线变化、景气对策信号、景气动向指针、金融市场的变化等。由于经济因素会影响市场松紧程度、市场规模大小、可资利用的资源多少、市场获利能力的高低以及市场区域分配和走向。

（2）关注行业走势及竞争对手动态。时刻关注行业走势和法律法规的出台。专家学者、行业协会及竞争对手对整个行业的未来走向是如何预期，与企业目前的走向是否一致？目前行业及企业的问题焦点都聚集在哪些领域和方面？竞争对手都有什么样的新品发布？替代品发展如何？上下游合作伙伴是否有背离的可能？

（3）时刻关注和收集媒体信息。时刻保持对媒体的关注和研究对危机的识别和预防具有非同寻常的意义。现在的传媒可以分为传统的电视、电台、报纸、杂志媒体和互联网媒体。这些媒体是搜集企业危机信息的重要渠道来源。通过这些媒体，可以了解企业在读者心目中的形象如何？公众对企业的产品和服务都存在什么样的反馈和抱怨？有没有负面的或不同意见的报道？政府发布的新政策走向是什么样的，对企业是利好？还是利空？

（4）利益相关者信息反馈。利益相关者是与组织生存和发展息息相关，它包括投资者、客户、顾客、员工、供货商、渠道商、政府执法检查监督者等。利益相关者对组织的日常运营、生产管理、产品质量、市场营销、企业形象等方面的任何抱怨、建议、警告都应该引起危机管理者的足够重视，它们的信息反馈往往是危机发生前最重要的渠道来源。

比如多数企业每年都会举办经销商恳谈会，VIP会员联谊会、供货商的招标会等，这个时候往往是搜集建议和危机信号的信息最佳时机。

（5）敏锐捕捉组织内部潜在信息。根据一项危机产生根源的调查显示，85%以上的危机是由组织内部原因引起的。捕捉组织内部潜在信息可以从如下方面着手：

组织财务资料分析。有这样几个财务资料需要引起组织决策层和危机管理者高度重视，即组织的资产负债率、资本结构率、市场占有率、销售增长率、各项指针的环比和同比增长率、库存周转率、新品开发和老品淘汰率、应收帐款比率等。

内部反馈和沟通系统。内部反馈系统所反馈的信息往往是最真实、最直接，也是最客观的。"意见反馈箱"、电子邮箱、电话。

定期专项检查和随机性抽查。通过定期召开座谈会议、进行问卷调查和建议收集、定期防水、防火、防盗专项检查、职工作业纪律抽查、产品检验检测抽查、职工抱怨度评估等措施，将能够发现出一些现实的和潜在存在危险的问题，并能够责任到人，主动消除。

（四）制订危机应急计划

应急系统是一个从预警、预控到紧急救援的全面工程。在危机管理中，在危机爆发前对危机进行监测和预控是十分重要的，但再好的监测和预控也不能保证万无一失。因此，组织必须根据危机发生的可能性，事先制订出防范和处理危机的计划。危机应急计划的内容则主要包括下列几个方面：危机处理小组、包括人员的组成以及相互之间的联系方法、沟通与合作的方式、涉的部门和职责、权利、不同情况下的调整和变通方案。

1. 资源的有效配置（指处理危机时所需要的财物和设备）。这其中包括资源的种类，存放地管理人，维护制度，获取方式，使用税等。

2. 危机时企业形象管理。包括企业形象的定位和维护措施，形象管理人员的职权及其挑选和培训等。

3. 沟通。包括信息的收集和转换，可能的受害者和利益相关者，不同的对象之间的沟通原则方式和渠道，处理企业外部关系的原则和方式等。

4. 媒体管理，包括媒体的分类、分组及相应的传播方法，新闻发言人的确定及职责，媒体管理的原则和方式，媒体管理人员的选择和培训等。

5. 危机处理，包括危机处理小组各部门的设立，地点选择及其工作协调的原则和程序。指挥、协调和控制所需信息的获得方式和传递渠道，危机可能造成的损失及其减少策略，危机中可能需要向其求助的外部单位及其联系方式等。

6. 危机的恢复，包括危机可能带来的长期影响及其减少或消除策略，危机恢复所需的时间估计和加快恢复的措施，危机损失的重建和修复，危机恢复的内部协调合作等。

总的来说，一个好的危机应急计划，应当使管理者明确危机降临时，该做什么，怎么做，该说什么，怎么说，向谁说，谁来说等一系列问题。还需特别注意计划的灵活性、计划的时效性、计划的条理性。同时要让计划执行者了解并切实理解计划的内容，否则，计划只是一堆废纸而已，这就要求，计划制订者要尽可能地与计划执行者进行沟通，让执行者参与计划的制订，同时，计划的用语要简洁明了，易于理解。

（五）开展危机管理培训和模拟训练

危机管理培训的目的不仅在于进一步强化员工的危机意识，更重要的是让员工掌握危机管理知识，提高危机处理的技能，如沟通能力，合作能力等，以及面对危机的心理素质，从而提高整个企业的危机管理能力和水平。

西方学者总结危机处理过程中的特征认为，"平时能做到的，危机状态下不一定能做到；平时能满足的，在危机状态下不一定能满足；平时不能做到的，在危机状态下肯定不能做到。"弥补的办法就是"防患于未然"的危机训练和演习。危机管理必须由实践的练习演示才能加深员工对危机管理的重视与培养科学的应对经验，比如定期召开火灾应急培训、企业管理高层的离去等等的角色扮演与情景模拟能够促进团队在危机管理中掌握应变能力，也能够培植企业的文化贯彻。模拟训练包括：领导的指挥控制、员工的应急措施实施、危机后的公关宣传管理。

二、危机处理

所谓危机处理，是指危机事件发生后，在危机调查的基础上，制定一系列应急措施，化解各种矛盾，协调公众关系，做好善后工作，重塑企业声誉和企业形象的危机管理过程。危机一旦发生，组织形象就会不同程度地遭受损害，事实不能改变，但是可以改变公众对组织的看法。公关人员要做的是整合所有信息，在内部先行协调，同时要针对不同的媒体特性与他们进行沟通，有目的、有方向地管理对内和对外的信息传递和内容。公关人员在危机时刻要将不利范围缩小，并发掘机会点，化危机为转机，这才是危机公关的最高境界。危机就等于"危险＋机会"。

（一）危机处理原则

公共关系部门在处理危机事件、实施危机公关时，决不是随心所欲，跟着感觉走的行为。必须按照一定的处理原则，妥善地加以处理，用稳妥的方法赢得公众的谅解和信任，尽快恢复组织的信誉和形象。所以在危机公关中应当遵循以下原则：

1. 及时性原则。由于危机事件具有突发性、严重危害性等特征，危机公关的目的在于尽最大可能地控制事态的恶化和蔓延，把因危机造成的损失减少到最低程度，在最短的时间内换回组织的损失，维护组织的形象。因此，事件发生后，公关人员要迅速做出反应，果断进行处理，赢得了时间就等于赢得了形象。

2. 主动性原则。出现危机，一般情况下企业都是被动的，但这不妨碍企业采取主动的行动。积极主动的行动不仅能反应企业的负责态度和解决问题的诚意，还能避免企业被媒体及公众牵着鼻子走。前面提到的可口可乐事件，就是在比利时政府采取了很严厉的制裁措施后，首席执行官才被迫出面的。危机一旦发生，组织内部陷入了困境，作为组织内部的人员就要挺身而出，勇于承担责任，寻找解决问题的契机，变被动为主动，使不利因素变为有利因素。

3. 积极性原则。积极是赢得时间、争取主动的心理动力。当危机出现时，就要有负责的积极的态度，主动投入到调查、了解、分析、判断、决策的工作当中去，寻求最佳的解决方案和补救措施，争取专家、权威的帮助和公众的支持与谅解，这是危机公关的起码态度。

4. 冷静性原则。公关人员面对危机的灾难和混乱局面，情绪千万不能激动、要沉着冷静、富于理性精神。更不能急躁，随意，信口开河。具有稳定而积极态度的人，才是在处理危机中应付自如，卓有成效的人。

5. 真实性原则。发生危机，组织不要粉饰事实真相，更不要撒谎，对未知的事实不要妄加推测，要自始至终以坦诚的姿态应对危机，因为面对坦诚，公众更容易理解和同情。只有本着实事求是的态度，公布事实真相，让事实说话，才能防止流言蔓延，影响组织的形象。

6. 善后性原则。危机事件带来的不良社会影响、不可能在一朝一夕消失殆尽，因此还要做好危机事件后的善后工作，包括对公众损失的补偿，对社会的歉意，对自身问题的检讨等等。要千方百计地去化解危机，扫清组织发展的障碍，不要斤斤计较对此的投入成本。

7. 责任性原则。不管危机会给企业带来多大的损失，都要以负责任的态度来维护公众的利益。勇于承担责任，做到不推卸，不埋怨，不寻找客观理由。这样才能赢得社会的谅解和好感。

8. 灵活性原则。公关工作中出现的危机事件是形形色色的，因此对不同的公关危机的处理手段也不尽相同。所有针对不同情况下的危机情况要具体问题具体分析，只有根据具体情况，才能进行有针对性、灵活性的处理。由于危机多属于突发性的，不可能有既成的措施和手段，因此，根据实际情况，灵活处理很重要，也很关键。

（二）危机发生后的应对处理

控制事态。危机发生时，采取紧急措施，防止事态发展。必须尽早在物质上和精神上控制问题的进一步扩展。以最快的速度启动危机处理计划，防止事态的发展、蔓延和扩大。因为，现代社会信息传播高度发达，任何组织的公关危机事件都有可能被迅速传播，如不加以紧急控制，就可能使组织陷入灭顶之灾，或者损失惨重。而采取紧急措施，一方面可以使组织形象与声誉损失降到最低点；另一方面则赢得了宝贵的时间，以使组织能了解危机事件真相，并妥善地处理危机。

1. 当机立断、行动迅速。"危机"阶段是一个非常时期，此时对企业决策以及付诸实践的速度都提出了更高的要求，因为赢得时间本身就意味着给企业赢得了更多的回旋余地。危机中的每一个企业都像在与时间赛跑，他们需要比拼的不仅是智能、实力与质量，还有一个同样重要的因素——速度，英明决策的作用能否发挥出来取决于它能否被尽可能快地付诸实践，犹豫不决是处理危机决策过程中的大忌。第一时间组建危机处理小组，指定责任人，对新闻媒体阐述自己的观点，并与政府机关和职能部门取得联系，进行良性沟通，不可被动承受，消极对待。

2. 坦诚告知，表明诚意。要做到坦率、忠实和直率。要告诉人们事实真相。组织一旦发生危机，便会受到社会与公众的关注，人们急于了解危机发生的真相，作为舆论代表的新闻界必然要来进行采访。组织应尽快调查事情原因，弄清真相，尽可能地把完整情况告诉新闻媒体，避免公众的各种无端猜疑。诚心诚意才是组织面对危机最好的策略。组织应掌握宣传报道的主动权，通过召开新闻发布会，使用互联网、电话、传真等形式向公众告知危机发生的具体情况。

3. 勇于承担责任。在危机处理过程中要勇于承担责任，不要企图回避问题推卸责任或者闪烁其词。要依据法律条款进行认真权衡。应把公众的利益放在首位，充分表达组织对危机事件的态度和处理方式。如对受害者的补偿或弥补；对不合格产品的处理方式是回收退货还是等值换货等等。尽量为受到危机影响的公众弥补损失，这样有利于维护企业的形象。

4. 以长远为方针，高瞻远瞩。有些时候组织遇到的危机并不是由于自身的原因造成的，比如说，政府政策的突然改变，消费者不合理的要求，媒体舆论的误导等等，对于组织而言，可能也会有说不尽的苦衷，但我们一定要告诫自己，危机时刻决不是争辩谁是谁非、相互推诿的时候，不论责任究竟应该由谁承担，组织都要以一种勇于负责的姿态出现在公众面前，虽然可能需要暂时的妥协退让，甚至要付出一定的代价，但从长远的角度看，这样做不仅利于组织解决危机，还有助于它树立起良好的口碑和形象，为日后的发展奠定基础。

5. 选择适当的危机处理策略，如危机中止策略、危机隔离策略、危机排除策略、危机利用策略。

隔离策略，危机的发生往往具有连锁效应，一种危机爆发常常引发另一危机，为此，企业在发生危机时，应设法把危机的负面影响隔离在最小范围内，避免殃及其他非相关生产经营部门。

中止策略。就是要根据危机发展趋势，主动承担危机造成的损失，如停止销售、收回产品，关闭有关工厂，部门等。

消除策略。需要组织根据既定的危机处理措施，迅速有效地消除危机带来的负面影响：要善于利用正面材料，冲淡危机的负面影响，如通过新闻界传达组织对危机后果的关切，采取的措施等，并随时接受媒体的访问并回答记者的提问。

利用策略。这一策略是变"危机"为"生机"的重要一环，越是在危机时刻，越能昭示出一个优秀组织的整体素质和综合实力。只要采取诚实、坦率、负责的态度，就有可能将危机化为生机。处理得当，就会收到坏事变好事的效果。

6. 充分发挥公证或权威性的机构对解决危机的作用。利用权威机构在公众心目中的良好形象，处理危机时，最好邀请公证机构或权威人士辅助调查，以赢取公众的信任，这往往对组织危机的处理能够起到决定性的作用。

(三) 针对公众，确定对策

由于公共关系危机具有不同的类型、性质和特征以及组织所处的环境差异，因此，针对不同的公众，其对策和沟通技巧也不尽相同。

1. 对组织内部公众

组织的所有内外部公众中，员工是最复杂也是最敏感的。他们关心自己的工作、前途，进而关心企业的前途和命运。当危机来临时，他们担心企业效益下降、裁员乃至破产，他们会怀着公心加私心敏感地关注着危机发生的是是非非，而且他们还会成为一些媒体、机构挖掘信息的目标。另外，能得到员工的支持也是克服危机的关键。否则，一旦后院起火，就无异于火上浇油。因此及时恰当地与员工沟通是很重要的。

与员工沟通的首要工作是稳定军心，以免耽误了危机以外的领域的正常工作。在与员工沟通时要设身处地的想员工最关心的事情，要善待员工。危机发生了，在这个时候，企业能不裁员就尽量不要裁员。一方面裁员是件很麻烦的事，这时裁员会分散危机处理的精力，另一方面裁员会给人以"企业不行了"的感觉，会严重影响投资者、分销商、供货商的信心。中美史克在康泰克危机发生后，很快宣布不裁员，许多员工被感动得流了泪，表示一定要与企业共渡难关。

可以采取多种形式，比如开大会、部门分头开会，召开员工代表大会、告员工书等。在沟通中，即可以听取员工的建议，还有可能开发员工的公关资源，尽可能告诉员工更多的信息，员工有权力知道事情的真相，即使不是全部。因此不能欺骗员工，如果有的事情暂时不能如实告诉员工，那就向员工解释清楚，并承诺在另一个时间告诉他们。如果有很关键的信息是从企业外部得到的，那员工就会感觉自己不被信任，同时也不信任企业领导。

2. 对危机受害者

组织出现危机时，特别是出现重大责任事故，导致社会公众利益受损时，组织必须承担起责任，给予公众一定的精神补偿和物质补偿。在进行善后处理工作的过程中，组织也必须做到一个"诚"字。努力做到：

及时了解受害者情况，对他们及其亲属公开道歉以示诚意，并且给受害者相应的物质补偿。

对于那些确实存在问题的产品应该不惜代价迅速收回，立即改进企业的产品或服务，以表明企业解决危机的决心。只有以诚相待，才能取信于民。

冷静听取受害者的意见，避免与受害者及家属发生争辩与纠纷。由专人负责与受害者接触，给受害者安慰与同情，并尽可能提供他们所需要的服务。了解、确认和制定有关赔偿损失的文件规定与处理原则，并向受害者及家属公布补偿方法与标准。

3. 对消费者

迅速查明和判断消费者的类型、特征、数量以及分布等情况。及时开设专门消费者热线来解答消费者的疑问。针对公众的特点，借助不同的传播媒介，告知消费者有关事故梗概。通过多种途径，广泛听取受到不同影响的消费者对事故处理的意见和愿望。利用不同的渠道及时公布事态的发展，处理方法和组织今后的预防与改进措施。

4. 对新闻媒体

首先必须清楚，媒体对企业发生的危机永远都会感兴趣，这是媒体的行业特点和记者的职业特点决定的。那些出现危机的企业试图躲避媒体实在是自欺欺人。所以企业发生危机必须做好与媒体的沟通工作，这在一定程度上将是最重要的沟通。与媒体沟通工作做得好还有利于危机的化解。

在媒体面前要诚实，要敢于承认错误。实事求是，不回避、不隐瞒。对所有媒体要口径一致。否则不同媒体报道的不同内容会带来令人烦恼的争论和猜疑。积极主动向新闻界提供事实真相和相关的信息，以客观公正的态度表明自己的看法。在事实结果没有明朗之前，不信口开河，盲目加以评论，千万不要说"无可奉告"。应与新闻界密切合作，表现出主动和信任。可以借助新闻媒介表达自己的歉意，并向公众做出相应的解释。

三、危机善后

危机善后阶段是整个危机管理的最后环节，除通过具体措施继续关注、关心和安抚公众和相关利益群体，做好恢复和提升企业形象的事后管理外，还应该包括对危机发生的原因和相关预防和处理的全部措施进行系统的调查，对危机管理工作进行科学和全面的评价，分析危机管理工作中存在的各种问题，对危机管理中存在的各种问题综合归类，及时总结经验教训，修改和完善危机管理制度中存在的缺陷，并提出相应的改革措施，以提升组织危机管理能力。

危机过后组织应尽最大努力再塑组织形象。首先，继续通过媒体向公众传达企业的信息，以实际行动表明组织重振雄风的决心和期待今后公众支持、帮助的愿望；其次，让危机良性延伸，借力打造，纠正错误，弥补损失，恢复形象，用正面形象去引导和涵盖其过失；最后，通过举办富有影响的公关活动，主动创造良好的公关氛围，借此提高组织的知名度和美誉度，重塑组织形象。

第三节　公共关系危机中的传播工作

公众媒体传播和口碑传播是危机公关中企业危机信息传播的两种重要形式。对于公众的口碑，可控性比较差，但是对于公众性的媒体则完全可以通过政府公关、媒体公关加以控制和引导，使事态朝着良性渠道发展，并近而影响口碑传播。

媒体的传播应该注意及时与迅速，并且注意传播的渠道，是采取利用电视访谈的形式、还是采用召开新闻发布会或说明会的形式，还是采取声明的形式，是值得处于危机之中的企业好好研究的。近两年，互联网的发展异军突起，一些媒体和一些专业人士，都是通过网站首先获悉这些信息的，尤其是一些大型企业和外资企业不仅及时将信息通过自己的网站向社会公布，而且与知名的门户网站也建立了友好的关系，这无疑也是一条很好的公关危机处理信道。

当危机发生时，组织应立即成为第一消息来源，掌握对外发布信息的主动权。因此，公共关系危机中的传播工作应注意做好以下几个方面的工作：

1. 确定信息传播的公众对象、媒介及其联系人。
2. 拟定统一的传播内容和传播口径。
3. 准备一份应急新闻稿，留出空白，以便危机发生时可直接填写具体资料并及时发出。
4. 准备好组织的背景材料，并不断根据最新情况进行补充。
5. 公关机构的第一负责人或高级公关顾问须参加危机管理小组，并担任首席发言人。
6. 设立危机新闻中心，作为新闻发布会和媒介索取材料的场所。
7. 在危机期间为新闻记者准备好所需的通信设备。
8. 建立24小时热线电话，以训练有素的人员来回答新闻媒介和外部公众的询问。
9. 确保在危机期间电话总机人员知道谁可能会打来电话，应接通至何部门。
10. 及时分析公众的反应，跟踪舆论动态，保证组织的信息渠道畅通。

第四节　危机网络公关

网络传播具有快捷性、广泛性、互动性等特点。在危机发生后，有些组织奉行"沉默是金"的信条，逃避媒体、不愿进行信息公开，组织官方网站陷入无事件最新消息、无咨询联系方式、无组织官方答复的"三无"状态。当公众不能从组织获得相关内容时，信息传播就会出现真空地带，谣言就会滋生，从而导致危机的扩大。因此危机网络公关在这个时代显得尤为重要，企业必须加强自身危机网络公关能力。

企业在建立系统专业的危机管理组织机构时，必须把网络媒体有效整合到危机管理的构架中，建立一套实时高效的监控系统，全面有效地对网络信息进行监测和过滤，从中发现可能发生危机的关键信息。

一旦发生危机，组织应该迅速在官方网站上及时公布相关信息，包括事件的最新调查结果、组织采取的措施、组织关切的态度等；每天都有事件的最新进展及举措及时放在组织官方网站上。也可以举办网络新闻发布会。还可以采用近年流行的新型信息传播方式——微博，以最快速度在最大范围内和网民进行沟通，起到说明情况、消除误解、疏导民怨的作用。

相关链接8-3

微博改变舆情危机应对格局

人民网舆情监测室发布的《2010年中国互联网舆情分析报告》中指出，微博话题也从日常琐事转向社会事件，逐渐发展成为介入公共事务的新媒体，改变了传统网络舆论格局的力量对比。微博客成为网民收发信息的首选载体之一，其涉及领域已渗透到网民社会生活的各个层面，无论是在重大事件、防灾救灾，还是公民权益、社会救助等各个领域，往往也对事件的发展起到重大的影响和推动作用。微博客带来的更大社会震动，在于实现了对突发事件的"现场直播"，通过手机等无线终端，每个人都可以轻而易举地成为信息发布者。在微博的应用中，人民网舆情监测室提出如下建议：

设立企业账户。无论你是什么行业的，只要你关注自己的品牌，就必须有企业账户，作为微博这个无边界媒体上的一个正式渠道，代表公司行使发言权；

参与行业圈子，并建立专业领域的人脉，以帮助树立正面形象，并更快地拓展信息源，及时了解与企业相关的信息；

遇到问题，及时反馈。微博上是非较多，遇到非议也很正常，不用太较真，但一定要及时反应，有则改之，无则加勉，微博时代，不再是人微言轻了。危机公关，就是要把对品牌不利的东西变成对品牌有利的东西；

企业声誉相关的重要信息，要主动发布，避免口舌误传。

（资料来源：人民网．2010 年 30 大舆情危机事件应对能力 11 规律点研究．2011-01-13）

 情景导出

企业在发展的过程中可能会遇到各种危机，给企业带来巨大的损失，但机遇往往与危机同在。只要掌握危机处理的原则、策略，迅速的采取行动，就能转危为安，重塑企业形象。

公关危机发生的阶段有三个：潜伏、爆发与蔓延、平息。公关危机事件发生前，要注意积极预防；发生中，要注意迅速妥善处理；发生后，要注意分析原因，改进工作。在网络背景下，搞好舆情监控，做好网络危机公关非常重要。

小张在弄明白相关问题后，跟同事和领导一道制定了危机的应急措施：首先向消费者公开道歉，积极赔偿；开展质量检查，防止类似事件发生；组织专门的新闻小组，负责接待新闻采访人员，并将采取的措施都迅速在企业网站上公布，同时积极回答企业官网上消费者的提问；开设多条服务热线，热情回答消费者的来电⋯⋯通过积极行动，最终平息了这次风波，只是发现企业品牌形象还是多多少少受到了不良影响，如何趁着企业还被高度关注的时候修复受损的形象、如何预防危机的出现也被企业提到了议事日程。小张发现这危机管理的学问可真大。

思考、实训与案例分析

【复习与思考】

1. 什么是公共关系危机？它具有哪些特征？
2. 如何预防危机的产生？
3. 简述危机处理的一般程序。
4. 危机处理的要点是什么？

【实训】

一家化工厂由于废水没有得到及时处理，对流经的附近水域造成污染，致使鱼类大量死亡，以捕鱼为生的渔民愤怒地涌入化工厂，造成了严重的社区关系纠纷。你作为这家化工厂的公关部经理准备怎样处理这场纠纷？

【案例分析】

富士康"自杀门"

2010年，一共有十几位年轻的富士康职工跳楼自杀，富士康被贴上血汗工厂的标签。

面对报道，富士康一开始采取回避与沉默姿态，但随着自杀人数的不断攀升，2010年5月26日，11跳后，郭台铭终于亲临深圳，陪同媒体参观工厂，召开新闻发布会，鞠躬道歉。

随后富士康开展系列的危机公关策略：主动配合政府彻查事件；宣布为所有员工加薪30%以上；成立庞大的心理咨询团队进驻富士康，定期为员工提供心理咨询；邀请外部专家成立企业监察团，监察富士康用工情况，同时为富士康企业管理提供决策参考；在全工厂加装防自杀防护措施等。

此次事件被境内外媒体所广泛报道，"精神血汗工厂"等名词出现在境外媒体上。

分析与讨论：你认为富士康在整个事件处理中有哪些不足？如何做才能更好一些？

苹果公司员工工作环境污染事件

2010年2月15日，苹果公司公布了2010年供应商责任进展报告，首次公开承认中国供应链员工因污染致残。报告说，在苹果公司供应商胜华科技苏州工厂，有137名工人因暴露于正己烷环境，正在遭受不利影响。据了解，137名工人中，部分员工正在遭受被迫离职的压力。

2010年11月，36家民间环保组织批评苹果的供应商在生产过程中使用有毒溶剂，导致生产线上的员工致伤致残。苹果公司耐心十足地不回应、不解释、不作答。而今情势所逼，"大梦初醒"，却又唱上了"双簧"，一面拿出25页供应商责任进展报告书，表示"支付医药费和伙食费，补发工资"，一面却又警告员工"不离职得不到公司赔偿"。

（资料来源：河北青年报. 从"苹果有毒"看企业"双重人格". 2011年2月18日）

分析与讨论：请根据所学的知识，对苹果公司的危机处理进行讨论。

"金龙鱼事件"中的政府关系

2004年12月27日，卫生部官方网站上发布了"2004年植物油国家卫生监督抽检情况通报"，其中金龙鱼、福临门、金象三种食用油均被列在黑名单中。翌日，北京各大媒体和网站都在显著版面对该消息进行了报道。消息发布的当天，很多地方商店的"金龙鱼"就开始下架，情况十分危急。在危机面前，"金龙鱼"公司快速、全面作出反应，积极开展与各方面的沟通工作。公司当时制订的策略是：对卫生部，沟通而非对抗；对媒介关系，交流而非质疑；对消费者，本着高度负责的态度，先行召回卫生部通报的"问题产品"，同时通过各种渠道答疑解惑，深度沟通；对内部员工，通告事件情况、提高凝聚力。

这些对公众舆论的快速反映及具体行动，表明了公司本着对消费者负责的态度，其决策正确，内外沟通到位。"金龙鱼"公司的危机处理很快收到成效。不到半个月，"金龙鱼"的销售量就上升到与去年同期持平，"金龙鱼"品牌受到的伤害甚小，消费者对产品质量更加信任。

分析与讨论：请根据危机公关处理的原则进行分析，指出金龙鱼此次危机处理的成功和不足之处。

第九章 公共关系礼仪

学习目标

　　了解基本的服饰礼仪，掌握基本的仪态礼仪以及介绍、握手、接打电话、名片交换等交往礼仪，掌握乘车时的座位安排以及接待工作中引领等接待礼仪，掌握好餐饮礼仪。

情景导入

　　小张经过不断的努力，公关工作做得越来越顺手，可随着接触的人群的不同，他感到自己的气质以及待人接物的礼仪急需提升，前几天接待一位重要客户时自己出了好几个小问题，让领导批评了一顿：比如介绍时弄错了主宾顺序，递接名片时太随意，就餐时筷子的使用方法犯了忌讳……都是一直以来小张觉得无伤大雅的问题。领导说公关人员的举手投足都代表着企业的形象，小张的礼仪问题是个大问题，说得小张赶快利用业余时间对礼仪知识开始了充电。

第一节　礼仪概述

　　据考证，礼仪在中国最初是敬奉神明的，礼字左边是"示"，表示祭祠的容器，是在庆丰收时用的。英语中"礼仪"一词是从法语"etiquette"演变而来的，原意是法庭上用的一种通行证，它的上面记载着进入法庭应遵守的事项，后来其它各种公众场合也都规定了相应的行为准则，这些规则逐渐成为大家都愿意自觉遵守的礼仪。可见，礼仪是人类社会活动的行为规范，是人们在社交活动中应该遵守的行为准则。

　　公共关系礼仪是指社会组织的成员在公共关系活动中，为了塑造组织的良好形象，针对交际的不同场合、对象、内容，向交往对象表示尊重和敬意的行为准则和交往规范。

　　随着现代公共关系的诞生和普及，公共关系礼仪成为直接塑造公共关系人员形象，间接塑造社会组织形象的基本手段之一，在社会组织"内求团结，外求发展"中发挥着其他公共关系形式难以替代的作用。

　　据有关专家研究表明：第一印象由55%穿着、38%行为举止及7%谈话内容构成，恰当的仪容仪表会给人留下良好印象。仪容指一个人的容貌，包括外貌和发型，是个人的整体形象中至关重要的一环。它反映着一个人的精神面貌、朝气和活力，是传达给接触对象最直接、最生动的第一信息。

仪容仪表是员工个人形象展示的首要途径，也是传递企业形象的重要渠道。良好的个人形象不仅有利于营造和谐的工作氛围，更是企业风范的突出反映。

（一）仪容修饰的基本原则

修饰仪容的基本规则，是美观、整洁、卫生、得体。

1. 要与个性气质相协调。仪容修饰美要反映自己的独特气质，如文雅、活泼、沉稳、忧郁等。公共关系人员应把握自己的个性气质，依照规范与个人条件，对仪容进行必要的修饰，扬长避短，塑造出美好的个人形象，以获得与内在气质的和谐。

2. 要与综合形象相协调。即要与自身皮肤、脸型、身材相协调。仪容修饰美应该追求一种不着痕迹的自然美，要通过适当的修饰手段，使自然美获得提升。化妆品的色彩要与肤色协调，发型应与脸型、身材协调。通过适当修饰，男性要体现稳重自然的男子气韵，女性要体现典雅端庄的女子风韵。

3. 要与职业、场合相协调。公关人员要体现出自己高雅的气质与美好的心灵，使自己秀外慧中，表里如一，所以妆容一定要与之相配合，相协调。

（二）仪容修饰的知识

1. 仪容的清洁

清洁是仪容美的最基本要求。包括：面容的清洁、口腔的清洁、头发的清洁、手的清洁、身体的清洁。公关人员经常与公众打交道，尤其要注意仪容的清洁。

手部干净，指甲修剪整齐，男员工不留长指甲，女员工不涂抹鲜艳指甲油，保持唇部润泽，口气清新，以适合近距离交谈。男士要每日清理胡须，保持面部的整洁。要使自己面部与手部的皮肤保持清爽、卫生、光洁的状态。

2. 商务人员的发型

发型应该保持美观、大方，男员工不留长发，女士在商务场合要选择盘法或短发。头发要梳理整齐，不要染发。要爱护头发，不要因疏于护理，而让它发干、发黄、开叉，或不断地脱发。

3. 化妆的礼节

公关人员为了维护自己组织的形象，同时也是为了对交往对象表现友好与敬重，在商务交往中就不能无精打采、蓬头垢面，必须保持精神焕发、神采奕奕的精神面貌。经过化妆之后，人们大都可以拥有良好的自我感觉，身心愉快、精神振奋，能缓解来自外界的种种压力，在人际交往中表现得更为自尊自信。显然，适度的化妆起着非常重要的作用。

在日常生活中，商界人士的化妆不仅有其基本的程序，而且也有妆饰的重点。商界人士化妆的重点，一般包括护肤、美发、修眉、画眼、修饰唇形、呵护手部，等等。

（1）化妆要做到"浓妆淡抹总相宜"，就要注意不同的时间和场合。通常化妆有晨妆、晚妆、工作妆、社交妆、舞会妆等多种形式，它们在浓淡的程度和化妆品的选择使用方面，都有一定的差异。公关人员要以清新淡雅、略施粉黛的工作妆为宜。特别是白天，不能化浓妆。参加一些外事活动，必须化妆，因为在国外，正式场合不化妆，会被认为是对对方的不尊重，是不礼貌的行为。

男士所化的工作妆，包括美发定型；清洁面部与手部，并使用护肤品进行保护；使用无色唇膏等几项内容。女士所化的工作妆，在此基础上，还要使用相应的化妆品略施粉黛、淡扫蛾眉、轻点红唇，恰到好处地稍加强化。

（2）不要使自己的妆面出现残缺。在工作岗位上，要有始有终，努力维护妆面的完整性。如用餐之后、饮水之后、出汗之后，一定要及时地为自己补妆。如果妆面残缺不全，就会给他人造成邋里邋遢、作事缺乏条理的印象，会直接地损害自身的形象。所以，发现妆面出现残缺后，要及时采用必要的措施，进行修补。

（3）不能当众化妆或补妆。公关人员切忌在公共场合化妆、补妆。在公共场合化妆，既不尊重自己，也妨碍他人。需要补妆要到洗手间或化妆间，不能在大庭广众之下进行。女士切忌在男士面前化妆。

（4）注意美容护肤相结合。化妆是消极美容的方法，但过多或长期使用化妆品，会对皮肤造成一定程度的损伤，所以要坚持科学的面部护理。

三、仪表礼仪

仪表是人的大然形象、外饰形象、行为形象的综合，是人的精神面貌的外观。在公共关系场合，一个人的仪表不但可以体现他的文化修养，也可以体现他的社会角色。穿着得体，举止大方，能给人留下良好的印象，赢得他人的信赖。

服饰反映了一个人文化素质的高低，审美情趣的雅俗。具体说来，它既要自然得体，协调大方，又要遵守某种约定俗成的规范或原则。着装打扮要优先考虑时间、地点和目的三大要素，并努力在穿着打扮的各方面与时间、地点、目的保持协调一致，即符合"TPO，Time Place Object"原则。除此之外，男士和女士在公共关系场合中也有不同的礼仪要求，下面分别予以介绍。

（一）女士着装礼仪

女士着装以整洁美观、稳重大方、协调高雅为总原则，服饰色彩、款式、大小应与自身的年龄、气质、肤色、体态、发型协调一致。在公共关系场合，女士的穿着需要注意以下几个方面。

1. 大小适度。如果穿套裙，那么套裙中的上衣最短可以齐腰，而其中的裙子最长则可以达到小腿的中部。否则，便会给人以勉强或者散漫的感觉。特别应当注意，上衣的袖长以恰恰盖住着装者的手腕为好。

2. 协调妆饰。着装、化妆与佩饰风格要统一，相辅相成。公共关系场合，不要浓妆艳抹。就佩饰而言，女士在穿套裙时的主要要求是：以少为宜，合乎身份。在工作岗位之上，可以不佩戴任何首饰。如果要佩戴的话，则至多不应当超过三种。

妇女着装还应注意讲究手包、鞋子、袜子等与所有衣服的协调搭配，使之取得整体美的效果。在晚宴等正式场合，宜用较小的手包。皮鞋的颜色、款式应与衣服、手包相配套。

3. 穿着规范。女士着裙装、套装应配以皮鞋或不露脚趾的皮凉鞋，不能赤足穿鞋，鞋袜不得有破损。穿靴子时，应该注意裙子的下摆要长于靴子上端。参加重大的宴会、庆典和会见等比较正式和隆重的场合，尤其是涉外活动，参加者应按组织者所发请柬上的着装要求着装。如果组织者没有提出具体的着装规定，参加者也应穿着比较正式的服装。在我国，女士可穿各式套装、民族服装、旗袍或连衣裙等。

（二）男士着装礼仪

男士着装要与环境和谐，在正规场合，如正规的会议、礼宾活动、谈判、典礼等，应穿礼服或深色西装。西装是男士的正装，在大多数公共关系活动中，男子都穿西装。因此，下面着重介绍一下这方面的常识。

1. 西装款式与场合。现在男子常穿的西装有两大类，一类是平驳领、圆角下摆的单排扣西装；另一类是枪驳领、方角下摆的双排扣西装。另外西装还有套装（正装）和单件上装（简装）的区别。套装要求上下装面料、色彩一致，这种两件套西装再加上同色同料的背心（马甲）就成为三件套西装。套装如作正式交际场合的礼服用，色调应比较深，最好是毛料的。在半正式交际场合，如在办公室参加一般性的会见，可穿色调比较浅一些的西装。

在非正式场合，如穿西装，最好是穿单件的上装，配以其他色调和面料的裤子。

2. 西装与纽扣。穿双排扣的西装一般应将纽扣都扣上。穿单排扣的西装，如是两粒扣的只扣上面的一粒，三粒扣的则扣中间的一粒。在一些非正式场合，可以不扣纽扣。穿西装时衬衫袖口一定要扣上。西装的驳领上通常有一只扣眼，这叫插花眼，是参加婚礼、葬礼或出席盛大宴会、典礼时用来插鲜花用的，在我国人们一般无此习惯。西装的衣袋和裤袋里，不宜放太多的东西。西装的左胸外面有个口袋，这是用来插手帕用的。

3. 西装与衬衫。穿西装时，衬衫袖应比西装袖长出 1～2 厘米，衬衫领应高出西装领 1 厘米左右。衬衫下摆必须扎进裤内。若不系领带，衬衫的领口应敞开。在正式交际场合，衬衫的颜色最好是白色的。

4. 西装与领带。领带是西装的灵魂。凡是参加正式交际活动，穿西装就应系领带。领带长度以到皮带扣处为宜。如穿马甲或毛衣时，领带应放在它们后面。领带夹一般夹在衬衫的第四、五个纽扣之间。

相关链接9-1

领带的来历

据说，领带的前身是领巾，出现于 17 世纪。当时，有一支克罗地亚的骑兵部队来到巴黎，他们的脖子上都系有一条传统的彩色围巾。法国军官看后争相仿效。巴黎街头爱时髦的贵族和公子哥儿们也纷纷系起围巾来。一次，一位大臣上朝时，也按流行方式在颈上围了一条白围巾，并在前面打了一个漂亮的结。国王路易十四见了这种新奇饰物，大为赏识。于是宣布以领巾作为高贵的标记，下令凡尔赛的上流人士都这样打扮。领带的前身——领巾就这样诞生了。18 世纪工业革命兴起，资产阶级大量生产时髦服装，这时领带才真正问世。从此，领带风靡了整个西方世界，并逐渐传遍全球，成为男子喜爱的装饰品。

5. 西装与鞋袜。穿西装时不宜穿布鞋、凉鞋或旅游鞋。庄重的西装要配深褐色或黑色的皮鞋。袜子的颜色应比西装深一些，花色应为素色。

四、仪态礼仪

（一）坐姿

坐是一种静态造型。端庄优美的坐，会给人以文雅、稳重、自然大方的美感。正确的坐姿应该：腰背挺直，肩放松。不论何种坐姿，上身都要保持端正，如古人所言的"坐如钟"。女性应两膝并拢；男性膝部可分开一些，但不要过大，一般不超过肩宽。双手自然放在膝盖上或椅子扶手上。在正式场合，入座时要从左侧入座，轻柔和缓，起座要端庄稳重。

（二）站姿

站立是人最基本的姿势，是一种静态的美。站立时，身体应与地面垂直，重心放在两个前脚掌上，挺胸、收腹、收颌、抬头、双肩放松。双臂自然下垂或在体前交叉，眼睛平视，面带笑容。站立时不要歪脖、斜腰、屈腿等，在一些正式场合不宜将手插在裤袋里或交叉在胸前，更不要下意识地做些小动作，那样不但显得拘谨，给人缺乏自信之感，而且也有失仪态的庄重。

相关链接9-2

舍宾标准站姿

（1）五点一线：即脚跟、小腿、臀、肩胛骨、头在一条线上。
（2）目光平视，微收下颚，头部尽量向上顶。
（3）脊背挺直，收腹、挺胸，将呼吸控制在胸膈以上。
（4）尽量将臀部收紧，微微向后翘。
（5）膝关节伸直，小腿尽量向后靠。
（6）身体重心要在脚的中点稍向后的位置，如果穿靴子，可将重心稍向前移。

上面几种练习，在您刚开始练习时，坚持时间可以稍微短一些，时间可以掌握由5分钟持续增加到10分钟、30分钟、40分钟甚至更长时间。循环渐进直到养成优美的站立习惯为止。

（三）走姿

行走是人生活中的主要动作，走姿是一种动态的美。"行如风"就是用风行水上来形容轻快自然的步态。正确的走姿是：轻而稳，胸要挺，头要抬，肩放松，两眼平视，面带微笑，自然摆臂。男女不同，走姿也略有不同。

男士的正确走姿应该是：双目向前平视，微收下颌，面容平和自然；双肩平稳、肩峰稍后张，大臂带动小臂自然前后摆动，肩勿摇晃；上身自然挺拔，头正、挺胸、收腹、立腰，重心稍向前倾；两脚跟交替踩在直线上，脚跟先着地，然后迅速过渡到前脚掌，脚尖略向外，距离直线约5厘米；步伐矫健、稳重、刚毅、洒脱、豪迈。

女士的正确走姿应该是：双目向前平视，微收下颌，面容平和自然；双肩平稳、肩峰稍后张，大臂带动小臂自然前后摆动，肩勿摇晃；上身自然挺拔，头正、挺胸、收腹、立腰，重心稍向前倾；走一字步走姿，即两腿交替迈步，两脚交替踏在直线上；步伐轻盈。

（四）谈话姿势

谈话的姿势往往反映出一个人的性格、修养和文明素质。所以，交谈时，首先双方要目视对方、认真倾听、不能东张西望、看书看报、面带倦容、哈欠连天。否则，会给人心不在焉、傲慢无理等不礼貌的印象。

第二节　交往礼仪

一、介绍礼仪

什么是介绍呢？介绍就是向外人说明情况。从礼仪的角度来讲，介绍可以分为四类，第一类是自我介绍，也就是说明个人的情况，说明本人的情况；第二类是为他人做介绍；第三类是集体介绍，也就是在大型活动社交场合，需要把某一个单位某一个集体的情况向其他人说明；第四类是业务介绍，就是向他人介绍某种产品的使用和功能或者介绍某种服务的具体细节。在公共关系场合经常会用到自我介绍和为他人做介绍，下面来介绍一下这两方面的相关礼仪。

（一）自我介绍的礼仪

进行自我介绍时应注意以下问题。

1. 注意时间。自我介绍时要简洁，只介绍自己的单位、姓名和职务即可。作自我介绍时，还可利用名片、介绍信加以辅助。

2. 讲究态度。进行自我介绍，态度一定要自然友善、亲切随和。语速要正常，语音要清晰。

3. 真实诚恳。进行自我介绍要实事求是，真实可信，不可自吹自擂，夸大其词。

（二）为他人作介绍的礼仪

为他人作介绍时应注意以下问题。

1. 为他人作介绍的顺序。为他人作介绍时必须遵守"尊者有优先的了解权"的规则。把年轻者介绍给年长者；把职务低者介绍给职务高者；如果双方年龄、职务相当，则把男士介绍给女士；把家人介绍给同事、朋友；把未婚者介绍给已婚者；把后来者介绍给先到者。

2. 介绍人和被介绍人都应起立，以示尊重和礼貌；待介绍人介绍完毕后，被介绍双方应微笑点头示意或握手致意。

3. 在宴会、会议桌、谈判桌上，视情况介绍人和被介绍人可不必起立，被介绍双方可点头微笑致意；如果被介绍双方相隔较远，中间又有障碍物，可举起右手致意或点头微笑致意。

二、握手礼仪

在公共关系场合，握手是人际交往中最常用到的礼仪。那么，握手时需要注意哪些问题呢？下面我们分三个方面来进行介绍。

（一）握手的正确姿势

正确的握手姿势讲究双手虎口对虎口，2公斤握力，上下摇动三下，这样显得热情而又有分寸，是人们交往中最常运用的姿势。正确的握手姿势如图9-1所示。男士握女士的手应轻一些，只握其手指部位即可。女士跟人握手应该避免"死鱼式"握手，即只把手冷冰冰的伸出去，让对方握，而自己没有任何反映，显得高傲冷漠。

（二）握手的顺序

在公共关系场合，握手讲究"尊者决定"，即女士、年长者、身份高者、主人、先到者先伸手，男士、年轻者、身份低者、客人、后到者响应；如是多重身份者，一般社交场合按女士优先原则，单位内以身份高低为序。如果需要与之握手的人士较多，握手的顺序为：先女士后男士，先长辈后晚辈，先职位高者后职位低者，也可以由近及远地依次与之握手。而朋友和平辈之间则不用计较谁先伸了，一般谁伸手快，谁更为有礼。另外，在祝贺对方、宽慰对方，或表示谅解对方的场合下，应主动向对方伸手。

有客来访时，主人应先伸手，以表示热烈欢迎。告辞时等客人先伸手后，主人再伸手与之相握，才合乎礼仪，否则有逐客的嫌疑。

（三）握手的时间和力度

握手的时间要恰当，长短要因人而异。握手时间控制的一般原则可根据双方的熟悉程度灵活掌握。初次见面握手时间不宜过长，以三秒钟为宜。切忌握住异性的手久久不松开。

握手时的力度要适当，可握得稍紧些，以示热情，但不可太用力。

图9-1　正确的握手姿势

（四）握手的忌讳

1. 忌用左手。握手时须用右手，如果是右手有手疾或太脏，需用左手代替右手时，应先声明原因并致歉。

2. 忌戴手套和墨镜。与人握手时，不可戴着手套和墨镜。

3. 忌不专心。施握手礼时应专心致志，面带微笑看着对方，切忌左顾右盼、心不在焉；

4. 忌坐着握手。除非是年老体弱或者身体有残疾的人，握手双方应当站着。

5. 忌顾此失彼。在握手时如果有几个人，不能只同一个人握手，而对其他人视而不见，这是极端不礼貌的。同一场合与多人握手时，与每个人握手的时间应大致相等，若握手的时间明显过长或过短，也有失礼仪。

三、名片礼仪

名片是一个人身份的象征，当前已成为人们社交活动的重要工具。因此，名片的递送、接受、存放也要讲究社交礼仪。在社交场合，名片是自我介绍的简便方式。

1. 递接名片时的礼仪

- 职位低者先递名片。在拜访单位，拜访者先递名片。
- 递名片时，要准确告诉对方自己公司名称，所属部门及本人姓名。
- 双手接受对方名片。
- 客人递名片时，应站起来接受。
- 接受对方名片后，要仔细的看一遍，决不要一眼不看就藏起来，最好还可以将对方的姓名和职称等默默地读一遍。

2. 递接名片时避免犯以下错误

- 在客人面前慌忙翻找名片。
- 在后裤兜掏名片。
- 递名片时不说姓名。
- 把客人名片放在手里摆弄玩，是轻视客人的态度。

四、电话礼仪

在公共关系活动中，电话日益成为人们沟通的桥梁，电话运用得体，它会带来成功，运用不得体，它又会成为人们交往中的绊脚石。在接打电话时需要注意以下事项。

（一）拨打电话的礼仪

一般来讲，通话的最佳时机有双方预定的时间或接听电话者方便的时间。尽量不要在对方休息或用餐的时间内给其打电话。白天应在 8:00 以后（周末或节假日应在 9:00 以后），夜间 9:00 以前，最晚不要超过 10:00，一般中午 13:00 ～ 15:00 也不适合。

每次通话前，应当尽量想好通话的内容，理好思路。在电话接通后，应口齿清晰、音量适中、语气友好，嘴与话筒之间应该保持 3 厘米左右的距离。每次通话时，简单问候后即可转入正题，力求长话短说，简明扼要，终止通话时，应将话筒轻轻地放下。另外，应该注意挂电话的次序。若是子公司同总公司通话，应该是总公司的人先挂掉；若是同上级、长辈、贵客通话时，则应等对方挂掉话筒后，自己再把话筒挂掉。

（二）接听电话的礼仪

若电话是找其他人，要用手轻捂送话筒，然后再呼喊远距离的接话人。另外应注意尊重别人隐私，如果对方所找的人不在，需要代转电话时，应准确记录对方的姓氏和联系电话，或告诉对方何时再打来。接听电话时，如果遇到重要内容，应详尽地做好记录，然后及时地转给有关部门负责人，以免给工作造成损失。

五、交谈礼仪

公共关系人员在交谈时需要注意自己的表情、语气、手势的运用以及交谈内容的选择，以期取得最好的交谈效果，具体说来需要注意以下几个方面。

（一）手势适度

交谈时应该表情自然，语气亲切，可适当做些手势，但动作不要过大，不要用手指指人。与人交谈时，应保持一定距离，注意不要唾沫四溅。

（二）照顾他人

交谈中，不要只与一两个人说话，不理会在场的其他人，也不要只与个别人交谈而冷落第三方。如所谈问题不便让旁人知道，则应另找场合。第三方参与交谈，应以握手、点头或微笑表示欢迎。发现有人欲与自己交谈，可主动询问。交谈中遇有急事需要暂停交谈，应向对方表示歉意。

（三）善于倾听

在交际场合，要善于聆听对方交谈，不轻易打断别人的发言；别人说话，可适时发表个人看法，一般不提与交谈内容无关的问题。如对方谈到一些不便谈论的问题，不要轻易表态，可转移话题。在相互交谈时，应目视对方，以示专心，对方发言时，不作左顾右盼、心不在焉状。

（四）选择内容

交谈的内容一般不要涉及疾病、死亡等不愉快的话题，一般不询问妇女的年龄、婚姻情况，不询问对方履历、工资收入、家庭财产、衣饰价格等私生活问题。与妇女交谈不说妇女长得胖、身体壮、保养得好等。对方不愿回答的问题不要追问。对方对此反感时应表示歉意，或立即转移话题。一般交谈不批评长辈、身份高的人，不讥笑、讽刺他人，也不要随便议论宗教问题。为防止冷场，可谈谈天气、新闻等应酬话题。

（五）用语礼貌

交谈中要使用礼貌语言。如：你好、请、谢谢、对不起、打搅了、再见、好吗等。在社交场合交谈，应彬彬有礼，不要讲刺激性、挑衅性语言。

第三节 接 待 礼 仪

迎来送往，是公共关系接待活动中最基本的形式。尤其是迎接，是给客人留下良好第一印象的最重要环节。只有给对方留下良好的第一印象，才能为下一步深入而友好地接触打下基础。所迎接客人的特点和场合不同，对接待礼仪的要求也不同。

（一）接待远途客人的礼仪

1. 对远途前来访问、洽谈业务、参加会议的客人，应首先了解对方到达的车次、航班，安排与客人身份、职务相当的人员前去迎接。若因某种原因，相应身份的人员不能前往，前去迎接的人员应向客人做出礼貌的解释。

2. 公关人员到车站、机场去迎接客人，应提前到达，恭候客人的到来，决不能迟到，让客人久等。客人看到有人来迎接，内心必定感到非常高兴；若迎接来迟，必定会给客人心里留下阴影，事后无论怎样解释，都难以消除这种失职和不守信誉的印象。

3. 接到客人后，应首先问候，如"一路辛苦了"、"欢迎您来到我们这个美丽的城市"、"欢迎您来到我们公司"等。然后向对方作自我介绍，如果有名片，可送予对方。

4. 公关人员沿途应与客人热情交谈，谈话内容可以涉及当地风土人情、名胜古迹、地方特产等。

5. 主人应提前为客人准备好住宿，帮客人办理好一切手续并将客人领进房间，同时向客人介绍住处的服务、设施，将活动的计划、日程安排交给客人，并把准备好的地图或旅游图、名胜古迹等介绍材料送给客人。

6. 将客人送到住的地方后，考虑到客人一路旅途劳累，公共关系人员不宜久留，让客人早些休息。分手时将下次联系的时间、地点、方式等告诉客人。

（二）引领的礼仪

在公共关系工作中，公关人员时常会引领客人，引领应该有正确的引导方法和引导姿势。

1. 在走廊的引导方法。接待人员在客人二三步之前，配合步调，让客人走在内侧。

2. 在楼梯的引导方法。当引导客人上楼时，应该让客人走在前面，接待人员走在后面。若是下楼时，应该由接待人员走在前面，客人在后面，上下楼梯时，接待人员应该注意客人的安全。

3. 在电梯的引导方法。引导客人乘坐电梯时，接待人员应该先进入电梯，等客人进入后关闭电梯门，到达时，接待人员让客人先走出电梯。

4. 客厅里的引导方法。当客人走入客厅，接待人员用手指示，请客人坐下，看到客人坐下后，才能行点头礼后离开。如客人错坐下坐，应请客人改坐上座（一般靠近门的一方为下座）。

（三）乘车礼仪

1. 乘坐小轿车的礼仪。小轿车的座位，如有司机驾驶时，以后排右侧为首位，左侧次之，中间座位再次之，前坐右侧为末位。

如果由主人亲自驾驶，以驾驶座右侧为首位，后排右侧次之，左侧再次之，而后排中间座位为末位。乘坐小轿车的礼仪如图9-2所示。

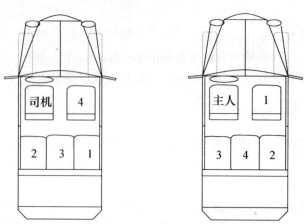

图9-2　乘坐小轿车的礼仪

2. 乘坐吉普车的礼仪。吉普车无论是主人驾驶还是司机驾驶，都应以前排右坐为尊，后排右侧次之，后排左侧为末位。

3. 乘坐旅行车的礼仪。我们在公共关系工作中接待团体客人时，多采用旅行车接送客人。旅行车以司机座后第一排即前排为尊，后排依次为小。其座位的尊卑，依每排右侧往左侧递减。

第四节 餐饮礼仪

随着社会的发展，餐饮已不仅仅只是满足人们基本生存的需要，而成为公共关系交往的重要手段，这就无形中给吃饭这一最平常的日常活动赋予了丰富的内容，也就形成了不同风格的餐饮礼仪。

一、中餐礼仪

（一）桌次和席位排列

正式宴请一般均排桌次和席位，也可只排部分主要宾客的席位，其他人员只排桌次或自由入座即可。宴请活动中的桌次以及席位安排有严格的礼仪规范，除此以外，还应考虑客人间的政治关系、语言沟通和专业兴趣等因素，桌次高低以离主桌远近而定，一般右高左低。

中国人习惯于用圆桌进行宴请，但在宴请用桌方面比较有讲究。两桌和两桌以上桌次的安排有：横、竖、花三种方式，摆放时应根据餐厅的具体要求而定位。

图9-3所示是宴会桌次排列图。

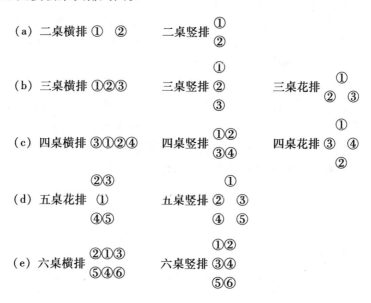

图9-3 宴会桌次排列图

不论是两桌还是10桌、百桌，桌次的排定大致原则基本相同，即主桌排定后，其余桌次的高低以离主桌位的远近而定。越近的桌次越高，越远的桌次越低。平行桌以右桌为高，以左桌为低。

席位的高低与桌次的高低相同，即右高左低，先右后左，同一个桌上，席位的高低以离主人席位远近而定。一般说来，主宾应在第一主人的右侧，副主宾在第一主人的左侧，依此类推（见中式圆桌席位排列一）。如遇主宾身份高于主人，为表示对其尊重，可把主宾排在第一主人的位置，即首席（见中式圆桌席位排列二）。如有夫人同桌就座，按国际惯例，应该男女掺插安排，第一主人的右和左侧安排主宾夫妇，第二主人的右和左侧安排副主宾夫妇，依此类推（见中式圆桌席位排列三）。但我国习惯按个人本身职务安排，以便谈话。如夫人出席，常把女方排在一起，主宾夫人做女主人的右侧。

图9-4　中式圆桌席位的排列

（二）用餐礼仪

赴宴时应注意仪表整洁。无论天气如何炎热，不能当众解开纽扣脱下衣服。赴宴时不宜过早或过迟，如果迟到，要进行解释道歉后方可入席。

进餐时，要正确使用筷子，首先，握筷子的姿势要正确（如图9-6所示）。其次，忌讳敲筷、插筷、舔筷、搅筷（夹菜时在碗碟里乱翻找）、泪筷（夹菜时菜汤散落在桌上）、游筷（夹夹这个菜，又夹夹那个菜，游移不定）。

用餐时切忌狼吞虎咽，吧嗒嘴。席上谈话不应含着食物，饭屑四射。汤和食物如果太热，不可用嘴吹。客人不得中途退席，如确有急事，要向主人说明原因，表示歉意，同时要向其他客人示意，方可离席。客人进餐结束，一般不要离席，应等其他客人吃完。散席时，客人要向主人致以谢意，然后握手与主人及其他客人告别。除主人特别示意作为纪念品的东西外，各种招待品，包括糖果、水果、香烟等都不能拿走。

二、西餐礼仪

（一）桌次和席位排列

西餐和中餐一样，首先还是要排定桌次，西式餐会习惯用长桌，桌子的设置方法可以根据用餐人数和场地来确定，一般有"一"字形、"T"字形、"n"字形、"m"字形等，与中式餐会相同之处也在于右高左低，同一桌上席次的高低以距离主人席位远近而定。图9-5所示的是最常见的两种西餐宴会席位排列。

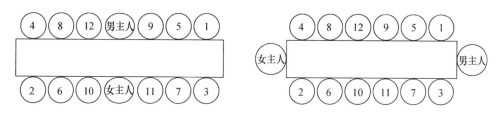

图9-5 西餐宴会席位排列

（二）用餐礼仪

1. 餐巾的使用。西餐餐巾一般用餐巾布，餐巾布方正平整，色彩素雅。经常放在膝上，平时的轻松场合还可以一个餐巾角放在桌上，并用碗碟压住。餐巾布可以用来擦嘴或擦手，对角线叠成三角形状，或平行叠成长方形状，擦嘴时脸孔朝下，以餐巾的一角轻按几下。污渍应全部擦在里面，外表看上去一直是整洁的。若餐巾脏得厉害，请侍者重新更换一条。

用餐巾过程中，千万注意不要有如下失礼之举。

（1）不要当成围兜般塞在衣领。

（2）不要用餐巾擦拭餐具、桌子。

（3）不要用餐巾拭抹口红、鼻涕或吐痰，不要用餐巾擦眼镜、抹汗，应改用自己的手帕。

（4）不要在离席时将餐巾布掉落在地上。

（5）不要把餐巾布用得污迹斑斑或者是皱皱巴巴。

（6）不要将吃剩食物放到餐巾布上。

2. 餐具的使用。餐具的摆放是根据上菜先后顺序从外到内摆放。有的菜用过后，会撤掉一部分刀叉。西餐的餐具主要有刀、叉、勺。

进餐时要右手拿刀，切割食物，不要用刀挑起食物往嘴里送；左手拿叉，捡起适量食物一次性放入口中。叉子捡起食物入嘴时，牙齿只碰到食物，不要咬叉，也不要让刀叉在齿上或盘中发出声响。

刀叉放的方向和位置都有讲究。刀叉放在垫盘上呈八字形，刀口朝内，叉尖向下就表示还要继续用餐；刀叉平行摆放在垫盘上刀口向外，叉尖向上则表示不要用餐。汤勺横放在汤盘内，勺心向上，也表示用汤餐具可以拿走。记住，任何时候，都不可将刀叉的一端放在盘上，另一端放在桌上。

图9-6 握筷子的正确姿势

在正式场合下，勺有多种，小的勺用于咖啡和甜点；扁平的勺用于涂黄油和分食蛋糕；比较大的勺，用于喝汤或盛碎小食物；而最大的勺是分食汤时公用的，常见于自助餐。

3. 西餐进餐过程中应注意以下事项。

（1）面包应在上汤后食用，可用手撕下一块，用刀涂上奶油或果酱，把整个面包拿到手上或用叉子叉着面包吃。鱼刺、鸡骨应用左手掩口吐在叉上放置于盘中。吃其他食物及水果时均要用刀叉，不要用手去拿，更不要用手去为别人拿取食物。

（2）吃东西时别把盘子拿起来，甚至于在吃东西时用手持着盘也是不礼貌的。不要把东西吐在桌上。吃到坏的食物非吐出来不可时，也别吐在盘子里，最好在别人不注意时，吐在餐巾上包起来，并要求更换一块新的餐巾。用餐时打嗝是最大的禁忌，万一发生此种情况，应立即向周围的人道歉。就餐时不可狼吞虎咽。每次送入口中的食物不宜过多，并且应闭嘴咀嚼食物。打喷嚏时，转过脸，用餐巾遮住嘴巴，然后说声："对不起！"

中餐礼仪也好，西餐礼仪也好，都是在人们的日常活动和交往中逐渐形成的。中西各有不同，但又可以互相借鉴。所以我们学习好餐饮礼仪的一个有效方法就是融会贯通，这样在社交和公关活动中就可以做到游刃有余。

 情景导出

小张通过学习发现礼仪的内容有很多，公共关系礼仪是人们在公共关系活动中应该遵守的行为准则。在公共关系场合除了要注意着装礼仪外还应注意自己的言谈举止。另外，在公共关系活动中，应该把握好介绍、握手、接打电话、名片交换等交往礼仪，了解乘车时的座位安排以及接待工作中引领等注意事项，还要掌握好餐饮礼仪。了解了这些公共关系中的礼仪，小张进行了自我反思，对自己的某些举止及行为进行了调整，小张对做好公共关系工作更有信心了。

思考、实训与案例分析

【复习与思考】

1. 什么是礼仪，我们为什么要学习礼仪？
2. 审视自己在日常生活中的着装，有哪些方面需要改进？
3. 电话礼仪中，哪个问题最重要？

【实训】

1. 仪表礼仪训练：女士面部化装，美发训练；男士着西装训练，系领带训练。仪态礼仪：站姿、坐姿、蹲姿、手势、笑容训练。
2. 现代通信礼仪训练：模拟场景进行打电话礼仪训练，接电话礼仪训练，手机应用礼仪训练。

【案例分析】

小李的拜见

刚毕业的小李去拜见一个重要的客户，见了面，彼此寒暄，客人拿出名片递上。小李一只手接过，拿在手里，边交谈边随手将名片转来转去。交谈的过程中，小李的腿总是习惯性地抖来抖去。十五分钟的交谈结束了，小李告辞了。后来再跟那个客户联系，对方非

常冷淡，再也不跟他见面了，小李百思不得其解。

分析与讨论：请问小李有哪些失礼的地方？

失礼的张团长

我国某经贸代表团去韩国进行访问，代表团张团长身穿一名牌夹克，打着领带，出现在欢迎仪式上。张团长在欢迎仪式上正跟对方负责人握手时，突然发现旁边有自己以前进行来访时认识的熟人朴树，于是忍不住在握手的同时又跟朴树热情地打招呼。

分析与讨论：张团长有哪些不符合礼仪的地方？

参 考 文 献

[1]   公关员职业培训与鉴定教材［M］. 上海：复旦大学出版社，2005.

[2]   陶海洋. 公共关系基础理论与实务［M］. 广州：华东理工大学出版社，2005.

[3]   李兴国. 公共关系实用教程［M］. 北京：高等教育出版社，2006.

[4]   〔美〕菲利普·莱斯礼. 石芳瑜，蔡承志，温蒂雅，陈晓开译. 公关圣经［M］. 汕头：汕头大学出版社，2004.

[5]   李莉. 实用社会调查［M］. 广州：暨南大学出版社，2004.

[6]   卞权. 公关策划艺术［M］. 上海：同济大学出版社，2005.

[7]   蒋楠. 公共关系四步工作法［M］. 北京：中国工商出版社，2004.

[8]   张岩松，王艳洁，郭兆平. 公共关系案例精选精析［M］. 北京：经济管理出版社，2005.

[10]   金正昆. 国际礼仪［M］. 北京：北京大学出版社，2008.

[11]   张萍. 公共关系实务［M］. 重庆：重庆大学出版社，2009.

[12]   葛芯岚. 最伟大的推销员传［M］. 哈尔滨出版社，2004.

[13]   张德、吴剑平. 企业文化与CI策划［M］. 北京：清华大学出版社，2003.

[14]   黄昌年. 公共关系学教程［M］. 浙江：浙江大学出版社，2004.

[15]   周安华，苗晋平. 公共关系学［M］. 北京：中国人民大学出版社，2004.

[16]   许成钦. 公共关系实务［M］. 武汉：华中科技大学出版社，2004.

[17]   邱伟光. 公共关系［M］. 北京：中国财政经济出版社，2000.